평생교육 프로그램 개발론

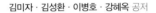

김미자 · 김성환 · 이병호 · 강혜옥 공저

THE THEORY OF
LIFELONG EDUCATION
PROGRAM DEVELOPMENT

학지사

머리말

급속한 변화를 특징으로 하는 현대사회는 평균수명 증대에 따른 성인 인구, 특히 후기 성인 인구가 빠르게 증가하고 있다. 이러한 성인 인구의 증가는 평생학습에 있어 평생교육 프로그램에 대한 관심도 확산되고 있다. 특히 인공지능(AI)과 같은 혁신적인 기술로 대변되는 4차 산업혁명과 COVID-19 등으로 불확실성이 증대되는 사회에서 테크놀로지의 변화에 대처하기 위해서는 평생학습은 우리의 삶에 있어서 필수적인 요건이 되었다. 성인들은 직업생활에 필요한 더 높은 전문지식을 얻고, 계속적으로 경력을 쌓고, 교양 및 취미 등을 통해 경쟁력을 확보하고, 개인의 여가를 즐기고, 삶의 질을 향상하기 위해 다양한 평생교육 프로그램에 참여하고 있다. 평생교육기관은 이러한 성인 학습자의 요구에 대응하기 위해 다양한 프로그램을 개발하고 확보해야 한다.

성인학습자뿐만 아니라 아동·청소년 등의 학습자들 또한 복잡한 현대사회의 변화에 대응하기 위해 새로운 교육 프로그램에 대한 요구가 증대되고 있다. 평생교육 프로그램 개발은 다양한 학습자에게 의미 있는 학습경험을 제공한다는 점에서 중요한 교육 활동이다.

이 책은 대학에서 평생교육을 전공하는 사람이나 평생교육사 자격증을 취득하고자 하는 사람, 또는 평생교육 프로그램에 관심이 있는 모든 사람에게 도움이 되고자 하는 바람으로 쓰였다. 또한, 다양한 평생교육기관에서 종사하고 계시는 평생교육 교수-학습자에게 평생교육 프로그램 개발의 주요 이론적 지식과 실제 개발 사례 등을 제공하여 평생교육기관 현장에서 실질적으로 활용하는 데 조금이라도 도움을 드리고자 노력하였다.

이 책은 총 3개의 부와 13개의 장으로 구성되어 있다.

제1부는 평생교육 프로그램의 이해를 다룬다.

제1장은 평생교육 프로그램의 개발을 위해 평생교육 실천가가 알아야 할 기본이 되는 평생교육의 형성 과정, 개념적 정의, 철학적 기초를 중심으로 내용을 구성하였다. 이를 토대로 평생교육의 개념을 이해하고 평생교육 프로그램의 설계·개발을 위해 필수적이라 갖추어야 할 철학적 관점을 다양하게 형성토록 하였다. 또한 평생교육의 특성에 대해서도 기술하였다.

제2장은 평생교육 프로그램의 의미와 개발을 중요성을 이해할 수 있도록 평생교육 프로그램의 정의와 평생교육 프로그램 개발이 가지는 가치에 대해서 서술하였다. 또한 평생교육이 가지고 있는 가치, 원리, 목적을 살펴봄으로써 평생교육 프로그램을 실행하는 원리를 살펴보고자 하였다. 마지막으로, 우리나라 평생교육 프로그램의 분류를 살펴보고 추구하는 프로그램이 어떻게 구분되는지 체계를 알 수 있도록 하였다.

제3장은 평생교육 프로그램 개발의 이론적 개념과 방법, 개발 과정의 특성과 원리에 대해 살펴보았다. 이 장에서는 평생교육 현장에서 프로그램 개발 시 상황에 따라 적합한 이론을 선택하고 적용할 수 있도록 다양한 이론과 합리적 절차와 원리를 기술하였다.

제2부는 평생교육 프로그램 개발의 과정으로 구성되어 있다.

제4장은 평생교육 프로그램 기획으로, 프로그램 기획을 통해 장래에 대한 불확실성을 감소시키는 효과를 기대해 볼 수 있다. 이 장에서는 기획의 개념과 필요성, 특성과 원리, 기획의 과정, 우선순위와 의사결정에 대해 살펴보았다.

제5장은 요구 분석으로, 요구 분석은 평생교육기관의 프로그램의 타당성을 확보하는 기초적인 자료가 된다. 이러한 측면에서 평생교육기관에서 요구 분석에 대한 이해와 체계적인 활용은 중요하다. 이 장에서는 평생교육 프로그램 요구의 개념, 필요성, 방법에 대해 살펴보았다.

제6장은 우선순위 설정과 의사결정으로 평생교육 프로그램 개발 과정에서 평생교육기관의 한정된 자원과 여건을 고려하여 가장 필요한 요소를 선정하는 과정으로, 우선순위 개념과 우선순위 설정의 이론적 기초, 의사결정의 개념과 기준에 대해 살펴보았다.

제7장은 평생교육 프로그램 목적과 목표 설정에 대해 알아보았다. 먼저, 일반적

인 교육 목적과 목표의 차이를 비교·설명하였고 평생교육 프로그램 개발 과정에서의 목적과 목표 설정에 대한 개념의 이해를 돕기 위해 평생교육 프로그램 목표 설정의 이론과 예시를 들었다. 또한 프로그램 목표의 분류 방법에 대한 이론과 구체적인 프로그램 목표의 진술방법을 제시하여 평생교육 프로그램 설계자들로 하여금 실질적인 도움이 되도록 노력하였다.

제8장은 평생교육 프로그램 기획단계에서 확인된 교육적 요구와 필요를 기반으로 프로그램을 체계화하는 교수설계에 대해 알아보았다. 이 장에서는 프로그램 설계의 개념과 기본 원리, 프로그램 내용 선정 원리와 방법, 학습목표 설정 방법, 교수설계, 평가설계 순으로 프로그램 설계자들의 교수설계 이해를 돕기 위해 여러 이론과 사례를 제시하였다.

제9장은 평생교육 프로그램 마케팅에 관한 것으로, 프로그램 마케팅의 핵심 개념과 구성요소, 프로그램 마케팅의 절차, 마케팅의 기법에 대해 살펴보았다.

제10장은 평생교육 프로그램 실행으로 이 장에서는 프로그램 실행의 의미, 프로그램 실행의 원리와 구성요소, 프로그램 실행 계획 수립에 대한 이해를 통해 평생교육 프로그램의 효율성과 효과성을 제고할 수 있다.

제11장은 평생교육 프로그램에 대한 평가로 프로그램의 목적과 목표 달성도를 파악할 수 있고, 프로그램 기획과 실행과정에서 나타난 문제점을 파악하여 후속 프로그램의 개선 방향을 제시해 준다. 또한, 이 장에서는 프로그램 평가의 개념에 대해 구체적으로 살펴보았다.

제3부는 평생교육 프로그램 개발의 실제와 운영으로 구성되어 있다.

제12장은 프로그램 개발 사례에 대해 살펴보았다. 개발 사례를 통해 학습자들은 평생교육 프로그램 개발 과정을 이해하는 데 도움이 될 수 있다.

제13장은 평생교육 프로그램 운영과 관리로 평생교육 프로그램을 계획하고 그것이 계획대로 수행되고 있는지를 여러 가지 차원에서 관리할 필요성이 있는데, 프로그램 운영과 관리, 프로그램 교수학습 관리에 대해 살펴보았다.

이 책은 대학에서 학생들을 가르치거나 평생교육 현장에서 활동하고 있는 평생교육 전공 박사들이 집필하였다. 각각 해당 분야의 전문가로서 활동한 경험을 바탕으로 평생교육 프로그램 개발에 대해 쉽게 전달하려 노력하였으나 부족한 부분도 많이 있을 것으로 본다. 저자들이 준비한 이 책이 많은 이의 관심과 사랑을 받기를 바란다.

끝으로 이 책을 추천해 주신 '온정적 합리주의 평생교육박사회(CRD)'와 이 책 출판을 위해 아낌없는 지원을 해 주신 학지사 김진환 사장님께 깊은 감사를 드린다.

2023년 3월
저자 일동

차례

제2부　평생교육 프로그램 개발의 과정

제1부

평생교육 프로그램의 이해

평생교육 프로그램의 필요성

교육이란 알지 못하는 바를 알도록 가르치는 것을 의미하는 것이 아니라. 교육은 사람
들이 행동하지 않을 때 행동하도록 가르치는 것을 의미한다.

―마크 트웨인―

학습목표

1. 평생교육의 개념을 이해하고 설명할 수 있다.
2. 평생교육의 철학을 이해하여 평생교육적 관점을 다양하게 한다.
3. 평생교육의 특성을 파악한다.

학습 개요

　평생교육은 전 생애에 걸쳐 언제 어디서나 학교나 학교 밖의 장소에 구애받지 않고 일어
나는 모든 교육활동을 의미한다. 전 생애에 걸쳐 의도성과 조직성을 가지고 실생활의 문제해
결과 학습자가 가지고 있는 관심 주제를 교육내용으로 하는 특징을 가진다. 또한 방식에 있
어서도 자기주도적이며 구성원들과 상호작용을 통해 학습이 이루어진다.
　제4차 산업혁명으로 인한 기술혁신에 따른 생활양식의 변화와 미래 예측과 전망이 갈수
록 어려워지는 사회에서 이를 대비하기 위해서는 전 생애에 걸친 배움을 통해 새로운 인생
을 설계해야 하는 시대에 살고 있다. 이러한 관점에서 평생교육 프로그램의 개발은 매우 중
요하다고 할 수 있다. 이 장에서는 평생교육의 개념과 철학 그리고 평생교육의 특성과 평생
교육 프로그램 개발에 대하여 살펴보고자 한다.

1. 평생교육의 개념과 철학

1) 평생교육의 개념 형성 과정

평생교육(lifelong education)은 1919년에 영국 성인교육위원회(Adult Education Committee)에서 평생교육의 원칙을 제시한 보고서에서 처음 사용되었다. 이 보고서는 평생교육을 '제한된 사람들을 위한 사치가 아니라 사회생활의 통합요소'로 보았고 '모든 사람이 항상 참여할 수 있도록 평생교육이 조직되어야 한다.'라고 하였다 (김진화, 2006). 이 보고서에서 제시한 계획은 전쟁, 불황 등의 영향으로 구체적으로 실현되지는 못하였고, 1960년도에 몬트리올에서 열린 제2차 세계 성인교육회의까지는 휴면 상태에 있던 아이디어였다(Dave, 1976).

1965년 12월 파리의 유네스코(UNESCO) 회의에서 Lengrand가 「평생교육이론」 논문에서 '평생교육'이란 용어를 사용하였다. 1970년에 유네스코회의에서 평생교육의 원리를 기본 이념으로 채택하면서 평생교육이 교육의 중심 개념이 되는 계기를 만들었다(김종서, 김신일, 한숭희, 강대중, 2009; 홍기형, 이화정, 변종임, 2006). Faure는 1972년 교육발전에 관한 국제위원회에 제출한 보고서에서 모든 선진국과 개발도상국에서 평생교육이 실시되어야 함을 제안하였다. 마침내 1972년 도쿄에서 열린 제3차 세계 성인교육회의에서 평생교육이 공식적인 국제 용어로 채택되면서 평생교육의 개념과 원리가 세계 여러 나라로 확산되기 시작하였다(홍기형 외, 2006).

우리나라에서는 1973년 유네스코 한국위원회가 개최한 평생교육 발전을 위한 세미나에서 평생교육의 개념과 원리가 소개된 이후로 평생교육에 대한 세미나, 정부 정책 및 학술 연구, 관련 공공기관 및 학과의 신설 등 평생교육의 기반이 마련되어 지금에 이르고 있다(박경실 외, 2014). 한편 1980년 대한민국 「헌법」에 '국가의 평생교육 진흥 의무'를 명문화하였고, 1982년에 「사회교육법」이 제정 및 공포되면서 평생교육을 국가 차원의 의무로 규정하여 평생교육 정책 추진의 제도적 기반을 마련하였다. 이를 통해 학력인정, 평생교육시설 운영, 대학사회교육원(평생교육원) 설치, 학교와 연계된 지역사회 교육 확대, 언론사 및 백화점 부설 문화센터 등을 통한 민간 평생교육 확대, 사내대학 설치 등의 사업이 시작되었다. 또한 1990년에 「정부조직

「법」 개편을 통해 교육부 장관에게 평생교육 관련 업무를 수행할 의무를 명시하였으며, 「독학에 의한 학위취득에 관한 법률」 또한 제정되었다. 1997년에는 「학점인정 등에 관한 법률」이 제정되었고, 1999년에는 「사회교육법」에서 「평생교육법」으로 개정되었다. 이 시기에 독학학위제(1990년) 및 학점은행제(1998년) 등 성인 고등교육 참여 확대가 추진되었고, 1997년에는 평생교육백서를 발간하기 시작하였다. 2000년에는 한국교육개발원 내에 평생교육센터가 설치되었고, 16개 시도에 23개 지역에 평생교육정보센터 또한 지정되었다.

2002년에는 제1차 평생교육진흥기본계획(2002~2006년)이 수립되었고, 2007년에는 「평생교육법」이 전부 개정되었다. 한편 기존의 「사회교육법」과 1999년의 「평생교육법」을 비교하면 다음의 특징을 가지고 있다. 「사회교육법」은 국가의 평생교육 진흥 의무를 선언하였으나 추진 체제와 관련된 규정이 없었다. 반면에 1999년의 「평생교육법」은 국가의 평생교육 진흥 의무를 유지하면서 전담 조직 체제를 구축하였으며, 평생교육시설을 세분하여 제시하였다. 또한 평생교육사 자격을 도입하고, 학습 휴가 및 학습지 지원 규정도 신설하였다. 이후 2007년의 「평생교육법」은 평생교육의 기회를 보장하기 위한 전달 체계를 정비하였다. 국가 수준의 평생교육 총괄 기구로 국가평생교육진흥원, 광역자치단체 수준의 시도평생교육진흥원을 설치 또는 지정하는 근거를 마련하였다. 여기에는 성인문해교육에 관한 학력인정제도와 평생학습계좌제의 법적 근거도 포함되었다(국가평생교육진흥원, 2020).

2) 평생교육의 개념

평생교육의 개념과 관련해서는 학자별로 다양한 견해를 제시하고 있다. Lengrand (1975)은 평생교육을 '개인의 출생에서 시작하여 죽을 때까지 생애에 걸친 교육(수직적 차원)과 개인 및 사회 전체의 교육(수평적 차원)의 통합 원리'로 정의하였다.

유네스코는 평생교육의 체계화 과정에서 아동과 청소년 이외에 성인에게도 계속적인 교육의 필요성을 주장하면서 교육의 개념을 점차 확대시켰다. 또한 인간은 교육을 통해 자신을 실천해 가는 존재, 즉 자신을 교육하는 존재(a man educating himself)임을 강조하였고, 평생교육이 자기교육을 지향하고 자아실현을 목적으로 한다는 점에서 '존재를 위한 학습(learning to be)'으로 귀결된다고 하였다(Faure et al., 1972).

Dave(1976)는 평생교육을 '개인과 집단 모두의 삶의 질을 계속적으로 향상시키기 위하여 평생에 걸쳐 실시되는 개인적·사회적·직업적 발달을 성취하는 과정'으로 정의하였다. 또한 평생교육의 교육형식은 형식적(formal)·비형식적(nonformal)·무형식적(informal) 학습을 망라하며, 학교교육, 가정교육, 사회교육을 포괄하는 총체적인 교육이라고 하였다.

황종건(1992)은 평생교육이란 '요람에서 무덤까지 평생에 걸친 배움을 강조하는 이념으로 가정교육, 학교교육, 사회교육의 삼위일체적 교육통합론'이라고 정의하며 수직적 교육과 수평적 교육의 통합을 특히 강조하였다. 최운실(1990)은 평생교육의 교육개념은 광역성과 통합성, 교육 시기의 계속성과 항상성, 교육 대상의 평등성과 전체성, 교육에 대한 접근방식의 다양성과 상대성 그리고 교육체제의 개방성과 탈정형성을 특징으로 하는 교육 패러다임이라고 주장하며, 최종적으로 학습자의 자율적 학습 수행을 지향하고 교육 선택의 자유를 통한 학습권이 보장되는 학습사회 지향 교육이념이라고 정의하였다.

유네스코에서는 '평생교육이란 평생을 통해 이루어지는 계속적인 교육을 의미하며, 일정한 나이에 해당하는 사람들을 대상으로 하는 학교교육과 학교교육 이외의 모든 교육자원을 효율적으로 활용하여 교육능력을 극대화하고자 하는 종합적인 노력이다.'라고 정의하였다(박경실 외, 2014).

이상의 평생교육에 대한 다양한 개념을 정리하면 평생교육이란 특정한 시기에 국한하지 않고 전 생애에 걸쳐 실시되는 교육과 학교 또는 학교 밖에서 이루어지는 학습을 통칭하는 개념이라고 할 수 있다.

한편, 서구 여러 나라에서는 학교 외 교육을 계속교육(continuing education) 또는 성인교육(adult education)이라는 용어를 사용하며 발전해 왔는데(림영철, 림광영, 2001), 우리나라에서는 1982년에 제정된 「사회교육법」이 1999년에 「평생교육법」으로 전부 개정되면서 사회교육이라는 용어를 사용하지 않고 평생교육이라는 용어를 쓰게 되었다. 그럼에도 불구하고 우리나라의 경우에는 평생교육과 성인교육을 동일한 개념으로 혼용하고 있기도 하다. 또한 평생교육은 태어나서 죽을 때까지 평생을 두고 이루어지는 교육으로 교육과 다를 바가 없다고 하는 견해도 있다(박경실 외, 2014).

우선 「사회교육법」에 따른 사회교육의 정의를 구체적으로 살펴보면, '사회교육'이라 함은 다른 법률에 의한 학교교육을 제외하고 국민의 평생교육을 위한 모든 형태의 조직적인 교육활동을 말한다(「사회교육법」 제2조 제1호). 반면, 「평생교육법」에 따른 평생교육의 정의를 살펴보면 다음과 같다. '평생교육'이란 학교의 정규교육과정을 제외한 학력보완교육, 성인 문자해득교육, 직업능력 향상교육, 인문교양교육, 문화예술교육, 시민참여교육 등을 포함하는 모든 형태의 조직적인 교육활동을 말한다(「평생교육법」 제2조 제1항). 결국 평생교육의 분야를 언급하고 있을 뿐 학교에서 이루어지는 정규교육은 제외가 된다는 공통점 등을 고려하면 이전의 사회교육 개념과 거의 동일하다고 볼 수 있다.

평생교육 개념은 〈표 1-1〉과 같이 광의의 개념과 협의의 개념으로 구분될 수 있는데, 광의의 개념은 태어나서 죽을 때까지 전 생애에 이루어지는 교육으로 학교교육과 학교 외 교육을 포괄하며, 시간과 장소의 수평적 · 수직적 통합을 의미하는 것으로 볼 수 있다. 협의의 개념은 학교의 정규교육과정을 제외한 개념으로, 평생교육의 개념을 상대적으로 좁게 보고 있다. 협의의 정의가 이루어지는 까닭은 교육 현상을 규율하는 「초 · 중등교육법」 및 「고등교육법」과의 관련성 등을 고려하여 법적으로 충돌하지 않는 범위에서 평생교육에 대한 개념 규정이 이루어져야 하는 현실적인 부분을 고려한 정의이며, 넓은 의미에서 평생교육의 정의는 평생교육의 이념과 원리에 입각하여 개념화한 것으로 볼 수 있다(김한별, 2015).

표 1-1 평생교육의 개념 구분

구분	내용
광의의 평생교육	• 태어나서 죽을 때까지 전 생애에 이루어지는 교육 • 학교교육과 학교 외 교육 포괄 • 교육의 수평적 · 수직적 통합 • 형식적(formal) · 비형식적(nonformal) · 무형식(informal) 교육을 통칭
협의의 평생교육	• 학교의 정규교육과정을 제외한 교육(「평생교육법」) • 이전의 사회교육 • 성인교육(adult education)

출처: 오혁진(2012), p. 23을 재구성하였다.

3) 평생교육의 철학

교육을 바라보는 철학적 입장에 따라 개인과 조직이 추구하는 교육목표와 실제 이루어지는 현실에서의 모습은 매우 다르게 나타날 수 있다. '우리는 왜 교육을 해야 할까?' '누구를 대상으로 교육을 해야 할까?' '언제 교육을 해야 하지?' '교육은 어떤 방법을 사용해야 할까?' '평가는 어떻게 해야 하지?' 등 교육을 구성하는 모든 것이 어떠한 교육철학을 가지고 있는가에 따라 영향을 받는다. 특히 평생교육의 현장에서 교육을 실시하는 담당자들이 어떠한 교육철학을 가지고 있는가에 따라 그 프로그램의 목표, 내용, 교수자와 학습자의 역할, 프로그램의 내용, 정책 등이 달라지고 결정되기 때문에 교육자의 철학은 매우 중요하다고 할 수 있다(기영화, 2002; 배을규, 2006; Elias & Merriam, 1994).

성인교육자는 자신의 교육적 행동의 근거라고 할 수 있는 교육철학을 검토하고 규명함으로써 자신의 교육활동을 성공적으로 수행할 수 있으며, 다음과 같은 혜택을 누릴 수 있다(배을규, 2006).

① 성인교육 활동과 관련된 정책 수립과 의사결정을 위한 보다 효과적인 지침을 갖게 된다(Merriam & Brockett, 1997).
② 성인교육 활동에서 가치 있는 것과 그렇지 않은 사소한 것을 구분할 수 있다 (Maxcy, 1980).
③ 성인교육자로서 개인적 삶의 의미를 보다 증진시킨다(Apps, 1973).
④ 성인교육자의 생애 전반에 걸쳐 발생하는 신념과 행위 간의 갈등을 인식하고 해결할 수 있도록 한다(Phenix, 1958).
⑤ 성인교육자와 학습자, 학습자와 교육내용, 교육내용과 세계 사이의 관계에 대한 통찰력을 갖게 된다(Maxcy, 1980).
⑥ 자신이 수행한 교육활동이 학습자와 사회의 중요한 문제에 어떻게 연계되는지를 분명히 할 수 있다(Apps, 1973).
⑦ 성인교육자가 교육 프로그램을 수립하고 개발할 때 유용한 질문과 해답을 찾을 수 있다(Apps, 1973).
⑧ 성인교육자가 자신을 전문가로 인식하게 하여 자기주도적인 지도력을 발휘토

록 하고 갈등 상황을 해결할 수 있게 한다(Apps, 1973).

다음에서는 평생교육을 바라보는 대표적인 철학적 입장인 인문주의, 진보주의, 행동주의, 인본주의, 급진주의 등에 대하여 살펴보고자 한다.

(1) 인문주의

인문주의는 플라톤 아카데미부터 인문주의의 대표적인 프로그램이라고 할 수 있는 고전 읽기 프로그램까지 서구에서 가장 오랫동안 지속되어 온 교육철학으로, 고전 휴머니즘, 항존주의(perennialism), 이성적 휴머니즘, 인문교육, 전인교육 등으로 통하고 있으며, 인문(교양)학습, 조직화된 지식, 지적 능력 개발 등을 강조하고 있다 (Elias & Merriam, 1994).

인문주의 전통은 시대적 · 사회적 · 문화적 조건 등에 따라 달라지는 인간의 구체적인 삶을 초월하여 존재하는 보편적 윤리, 도덕, 논리, 지식 등 인류가 추구해야 할 절대 진리의 가치에 주목한다(김한별, 2015). 또한 인문주의 성인교육은 인간 정신의 지적 능력 개발을 강조하고 보다 넓은 의미에서 지적 · 도덕적 · 영적 · 미적 차원의 폭넓은 교양인을 양성하는 데 목적을 두고 있다(배을규, 2006).

인문주의자들은 진보교육이 출현한 이래로 실용주의 교육이나 직업교육을 비판해 왔으며, 인문주의 교육은 사실적 지식의 전달 및 흡수, 기술 개발보다는 개념과 이론적 이해를 중시해 왔다(Elias & Merriam, 1994).

인문주의 교육에서는 오랜 시간 인류가 축적해 온 문화적 유산인 고전을 통해서 영원한 진리를 깨닫도록 하기 위한 언어학, 역사, 수학, 자연과학, 예술, 철학 등 교양교육을 강조한다(권대봉, 2002).

Friedenberg(1956)는 「인문주의 교육과 실패에 대한 두려움」이란 논문에서 인문주의의 네 가지 기능을 다음과 같이 언급하였다(Elias & Merriam, 1994).

① 인문주의는 사람들에게 자유의 가치를 가르치고, 그 가치를 활용할 수 있는 능력을 가진 사람이 되도록 도와준다.
② 인문주의는 성인들이 주체와 객체 간의 차이, 즉 그들이 직접 참여한 사안과 그 사안에 대한 감정 간에 차이가 발생할 때 그 차이에 대해 적절하게 반응하

도록 도와준다.
③ 인문주의는 인간 경험의 범위를 확장시켜 줌으로써 인간이 반응할 수 있는 영역을 넓혀 준다.
④ 인문주의는 시민의 자질 향상, 여가 선용, 자아관 개선, 인간의 존엄성 자각 등의 목적에도 기여한다.

제4차 산업혁명으로 대변되는 불확실성 사회에서는 급격한 변화에 신속하게 대응해야 하기에 생애교육과 직업교육을 강조하는 실용적 교육이 매우 중요하다. 그럼에도 불구하고 인간의 끊임없는 진리 추구 성향과 더불어 인문주의 학습을 통해 기존의 가치와 새로운 기술의 융합을 추구하려는 시도가 혁신의 주요한 변화 흐름으로 주목받고 있다. 제4차 산업혁명 시대에도 인문주의는 과거의 유물로서 존재하는 것이 아니라 현대의 정치, 경제, 사회, 문화, 기술 각 분야에서 새로운 가치와 융합되어 사라지지 않고 새롭게 재탄생하고 있다.

인문학 열풍의 민낯

인문학은 정답을 알려 주는 학문이 아닙니다. 인문학은 성찰을 통해 내면에서 일어난 의문을 스스로에게 묻게 하는 학문입니다. 답을 구하는 학문, 즉 노하우(know-how)를 알려 주는 학문을 일러 사회과학이라고 합니다. 사회과학은 우리의 20세기를 지배한 학문이기도 합니다. 우리의 20세기는 민주화를 이루기 위한 노하우, 기술을 습득하기 위한 노하우, 돈을 벌기 위한 노하우 등 다양한 노하우를 터득하기 위한 분투의 시기였습니다. 인문학은 노와이(know-why)의 학문입니다. 섣불리 답을 구하기보다는 성찰과 질문을 통해 삶의 의미를 찾아나서는 사색의 여정입니다. 인문학은 또한 모두가 그렇다고 하는 것에 의문을 제기하는, 그래서 도리 없이 불온한 학문입니다. 다른 시각, 다른 관점을 찾는 삶의 자세입니다. 인생의 정답을 알게 된다면 얼마나 좋겠습니까만 사람은 누구나 저마다의 삶을 살 뿐 정답이라고 내세울 삶이란 존재하지 않습니다. 바로 그 점을 깊이 인식하면서 각자가 삶의 주체로 거듭나기 위해 삶에게 어떤 질문을 던져야 할지를 알려 주는 것이 인문학입니다.

·······〈중략〉······

인문학 열풍이 부는 건 바람직한 일입니다. 제가 사는 수원도 인문학 중심 도시를 표방하고 있습니다. 반가운 일입니다. 그러나 섣부른 표방보다 중요한 건 인문학과 인문정신에 대한 치열한 문제의식을 갖는 것입니다. 바라기는 인문정신을 통해 난마처럼 얽힌 현실을 슬기롭게 극복하는 것입니다.

출처: 최준영(2017. 3. 15.). 인문학 열풍의 민낯. 중부일보. https://news.joins.com/article/21374287

(2) 진보주의

진보주의는 개인의 사회적 적응과 사회 전체의 복지 증진을 위하여 학습자가 현실적인 문제를 해결할 수 있도록 과학적 탐구와 실천적 지식을 함양시키는 데 그 주된 목적을 두고 있다(배을규, 2006). 진보주의 입장에서 문제해결을 위한 교육이 되게 하기 위해서는 학습자 자신이 가지고 있는 관심, 요구, 경험 등이 주요한 학습의 재료로서 활용되기에 교육자는 지식을 전달하는 사람이라기보다는 학습자의 학습을 촉진시키는 역할, 학습자의 경험을 문제해결에 연결시켜 주는 것에 주안점을 두고 있다. 따라서 교육은 문제해결, 경험 중심, 협동학습 등의 방법으로 수행된다. 진보주의 교육성향을 가지고 있는 학자로는 Dewey, Lindeman, Bergevin, Benne, Blakely 등이 있다(Elias & Merriam, 1994).

특히 진보주의 교육운동의 대표적 학자라고 할 수 있는 John Dewey는 사회개혁을 위한 교육의 중요성을 강조하며 다음과 같은 성인교육 실천 원칙을 제시하였다(배을규, 2006).

① 인문주의 교육을 뛰어넘는 보다 확장된 교육활동
② 교사에 의해 부여된 교육내용보다는 학습자 스스로의 요구와 경험을 중시
③ 문제해결과 경험을 기반으로 한 학습과 과학적 방법론의 활용
④ 교사관을 권위적 교사에서 학습의 촉진자로 변화
⑤ 사회적 행위와 변화를 이끄는 도구로서의 교육

경험학습에서는 교육생들이 교육을 받은 이후에 교육을 활용함에 있어 형식적이

고 추상적인 것보다는 실제적이고 경험 중심적인 접근법을 강조한다. Dewey가 제
시한 경험학습은 문제를 인식하고, 아이디어를 창출하고, 반응을 시험해 보고, 결과
를 유도하고, 이전의 개념을 확인하고 수정하는 일련의 '시도해 보는 과정'이며, '경
험하는 과정'으로 실천에 의한 학습(learning by doing)을 강조한다(기영화, 2005).

　진보주의자들이 선호하는 수업방식은 지식에 이르는 과학적인 방법으로 문제
해결방법(problem-solving method), 프로젝트방법(project method), 행동방법(active
method) 등 다양한 이름으로 불리는데, Dewey가 묘사한 이 방법은 문제해결을 위
하여 문제를 보다 명료화하고 이 문제에 대한 아이디어나 가정을 발전시키고 경험
적 증거를 조사하여 가정을 시험하는 방법을 말한다(Elias & Merriam, 1994).

　진보주의는 인문주의와 대비되는 이론으로서 진보주의 학자들은 인문주의가 교
사 중심적이고 수동적인 학습자 상을 제시한다고 비판하며 아동 중심·경험 중심
교육을 강조한다(박경실 외, 2014). 이러한 진보주의 교육운동은 미국 진보주의교육
협회(The Progressive Education Association)에서 제시한 다음과 같은 강령을 바탕으
로 1920년대와 1930년대에 미국에서 널리 확산되었으나, 1940년대에 이르러서는
그 영향력이 약화되기 시작하였다(박의수, 강승규, 정영수, 강선보, 2008).

① 아동은 외부의 권위에 의하지 않고 자신의 사회적인 필요에 의해 자연스럽게
　성장할 수 있는 자유를 누려야 한다.
② 학습자의 흥미와 욕구에 대한 충족이 모든 학습 및 활동의 동기가 되어야 한다.
③ 교사는 아동의 활동을 격려하고 정보가 적절히 제공되도록 하는 안내자가 되
　어야 한다.
④ 아동에 대한 평가는 아동의 신체적·정신적·도덕적·사회적 특징에 대한 평
　가가 포함되도록 하여야 하고, 아동의 발달 및 지도에 도움이 되어야 한다.
⑤ 아동의 건강이 가장 중요하게 고려되어야 할 것이며, 이를 위해 학교의 환경과
　시설, 인적 조건이 적절해야 한다.
⑥ 학교와 학부모는 긴밀하게 협조하며 아동의 교육에 노력해야 한다.
⑦ 진보주의 학교는 좋은 전통을 바탕으로 새로움을 담아내는 실험적인 학교로
　서 교육개혁 운동의 핵심이 되어야 한다.

이러한 진보주의 교육의 약점은 특히 인문주의자들에 의해서 지적되곤 하였는데, 이 시기의 진보주의 철학은 인문학, 역사, 문화와 예술을 무시하고 과학만을 강조하였고, 지나치게 교사의 역할을 경시한다는 비판을 받았다(Elias & Merriam, 1994).

(3) 행동주의

Pavlov, Thorndike, Skinner, Hull 등을 대표 학자로 꼽는 행동주의는 20세기 초반에 급속하게 발전한 심리학적 이론으로 Watson이 설립자이다. 심리학이 과학이되기 위해서는 신뢰성을 높게 측정할 수 있는 주제가 필요하다고 보았으며, 이러한 관점에서 '행동'을 주제로 삼았으나 의식에 대한 연구는 다루지 않았다(한국교육심리학회, 2006).

Pavlov는 고전적 조건화 이론, Thorndike는 도구적 조건화 이론, Skinner는 조작적 조건 형성, 긍정적·부정적 강화, 행동의 소멸이나 회피, 강화 스케줄, Hull은 체계적 행동이론을 통해 인간의 학습을 설명하고자 하였다(Elias & Merriam, 1994).

행동주의는 논리실증주의에 기반하여 발전하게 되었는데, 인간의 행동은 관찰과 측정이 가능하다는 기본적인 원리를 바탕으로 이를 교육 현장에 적용하였다. 행동주의 학자들은 인간의 행동이란 환경 속에서 주어지는 특정 자극들에 대한 배치의 결과라고 믿었고, 행동에 대한 보상이나 강화가 이루어지면 행동은 지속될 것이며, 그렇지 않는다면 행동은 소멸할 것으로 믿었다(Merriam & Bierema, 2013). 이러한 행동주의 이론은 평생교육 현장에서 다양하게 적용되는 모습을 보여 주고 있다. 예를 들어, 교육 전반에서 활용되고 있는 목표 설정, 역량중심 교육과정, 교수설계모형, 평가모형 등은 많은 부분이 행동주의 철학에 기반하고 있다. 특히 행동주의 교육철학에 기반을 둔 프로그램은 기업이나 군대에서 이루어지는 교육훈련의 설계, 실행, 평가에서 활용되고 있다.

행동주의 교육은 성인의 행동 변화[특히 사회적 기대 수준과 목표(기준) 달성에 초점을 맞춘 성인의 행동 변화]에 목적을 두고 있기에 학습자는 환경에 영향을 받고 있으며 또한 학습 환경의 조절로 통제 가능한 대상으로 보고 있으며, 이에 교육자는 학습자의 학습 결과를 예측하고 학습활동을 관리, 통제, 지도하는 역할을 수행한다(배을규, 2006).

Karen(1974)은 바람직한 학습 행동을 위하여 몇 가지 효과적인 관리 원칙을 다음과 같이 제시하였다(Elias & Merriam, 1994).

① 결과 규명(consequence identification)
교육 프로그램의 결과는 학생의 행동에 대한 강화 요소와 처벌자가 미친 영향을 고려해 교사가 아닌 학생에 의해 규명되어야 한다.

② 자동성(automaticity)
행동과 결과 간의 관계에서 이루어지는 일은 자동적으로 학생의 행동에 영향을 준다.

③ 적절한 기준
교육적 성취 결과는 성취 기준과 밀접하게 관련되어야 한다.

④ 일관성
학생 행동의 결과는 일관된 방식으로 나타나야 한다.

⑤ 즉각성
결과는 상응하는 행위에 따라 즉시 나타나야 한다.

⑥ 빈도
강화는 바람직한 행동을 충분히 이끌만큼 작용해야 한다.

⑦ 소단원(small steps)
교육자료는 합리적인 강화 스케줄을 허용하도록 한, 단원 혹은 소단원으로 구성되어야 한다.

⑧ 비계획적 처벌 효과
위협이나 가능한 강화를 취소 또는 처벌하는 것은 긍정적 강화의 사용 효과를 약화시킨다.

⑨ 효과적 계약
학생과 교사 간의 학습 계약은 명확하고 공평하고 정직해야 한다.

평생교육의 이론적 기초를 닦은 Tyler와 인적자원개발론의 이론적 기초를 마련한 Nadler 또한 행동주의적 입장을 취하였다(기영화, 2005).

행동주의의 교육적인 기여에도 불구하고 행동주의적 입장은 학습자를 자율적인 능동적 존재가 아닌 조정과 통제가 가능한 존재로 가정하고 있으며, 교사는 바람직한 반응을 유도하기 위한 환경을 제공하는 역할을 수행하는 존재로 보고 있다. 또한 행동주의적 목표로 전환될 수 없는 교육과정의 배제, 측정 가능한 결과에만 관심을 가지는 점 등의 한계점을 가지고 있어서 비판을 받기도 한다.

(4) 인본주의

인본주의는 인간의 존엄성과 자율성을 강조하는 입장으로 개인의 성장과 인류 복지 증진의 목표를 달성하는 수단으로서 교육에 큰 가치를 두고 있다. 인본주의 기원은 아리스토텔레스(Aristotle)로 거슬러 올라갈 수 있는데, 인본주의 철학을 처음으로 완전히 표현한 것은 이탈리아 르네상스 시대로 용어 자체는 15세기 이탈리아어의 교사를 의미하는 '휴매니스타(humanista)'에서 비롯되었다(Elias & Merriam, 1994). 인본주의의 주요 관점은 ① 인간의 본성은 태어날 때부터 선하며, ② 자유와 자율성을 가지고 있으며, ③ 각 개인의 개인성이나 유일성을 인식하고 이에 대한 의미와 가치를 두고 있으며, 각 개인의 잠재성을 무제한적으로 본다. ④ 인본주의는 자아를 강조하는데, 자아는 태도, 육체, 가치, 느낌, 지성 등 다른사람과 그 사람을 구별짓는 것들의 총합으로서 자아는 행위의 결정자이고 개인의 성장과 개발 능력에 영향을 미치며, ⑤ 성장(growth), 자아실현 혹은 자아 초월(self-transcendence)은 인간의 타고난 특성이다. ⑥ 행동은 선택적 지각의 결과로서 인간은 내적·외적 자극에 대해 지각한 결과대로 반응한다. ⑦ 자아 및 개인과 자율적 인간에 대한 인본주의의 강조는 자아와 타인에 대한 강한 책임감과 인류애를 수반한다(Elias & Merriam, 1994).

인본주의 입장에서는 학습자 스스로가 잠재적인 역량 개발에 관심을 가지며, 학습자가 학습에 대한 내재적인 동기를 가지고 있으며, 학습 요구를 찾아내고, 학습 내용, 학습방법, 평가방법 등을 결정할 수 있다는 생각을 가지고 있다(배을규, 2006). 따라서 교수자는 자신의 지식을 학습자에게 일방적으로 전달하는 것이 아니라 그들 스스로의 경험과 방식으로 학습하도록 지원하는 역할에 중점을 두고 교육을 수행한다. 인본주의의 대표적인 학자라고 할 수 있는 Rogers는 교수자의 역할은 학습자를 위한 지원자이며, 평생교육에서 교수자는 개인의 성장을 지원하고 자아인식 및 개념 변화를 촉구하고 자기개발을 촉진시키는 매개체로 보았으며, Maslow는 자아 발달과 욕구 단계설을 주장한 사람으로 학습은 수용적인 분위기에서 촉진되며, 개인의 자아가 존중될 때 제대로 학습이 이루어진다고 하였다(기영화, 2005). Rogers 는 인본주의의 철학적 가정을 반영하여 상담과 교육 분야에서 격려하는 방법과 질적인 부분을 향상시키는 지침을 다음과 같이 제시하였다(Elias & Merriam, 1994).

- 촉진자는 집단 혹은 학급의 경험을 위한 첫 분위기를 마련한다.
- 촉진자는 학급 내에서 개인과 집단이 추구하는 일반적인 목표를 도출하고 이를 명료화하도록 돕는다. 그리고 다양성 목적 추구를 인정한다.
- 촉진자는 각 학생들에게 의미 있는 목적이 실행되도록 독려하고 이것이 중요한 학습의 동기가 되도록 한다.
- 촉진자는 가능한 한 많은 자료를 쉽게 이용할 수 있도록 노력한다.
- 촉진자는 스스로를 집단이 이용할 수 있는 유용한 자원으로 간주한다.
- 촉진자는 학급 내의 집단의 의사에 대해 반응하면서 지적 내용과 감정적 태도를 수용하여 개인과 집단에게 적절하게 강조하기 위해 노력한다.
- 촉진자는 학습 분위기를 수용적으로 조성하기 위해 동반자적 학습자가 되기도 하고, 집단의 구성원이 되기도 하며, 때로는 한 개인으로서 그의 견해를 표현한다.
- 촉진자는 자신의 느낌이나 생각을 집단과 공유하는 데 앞장선다.
- 학습 경험을 통해 촉진자는 강한 느낌이나 직설적 표현을 삼간다.
- 학습의 촉진자 역할을 할 때, 촉진자는 자신의 한계를 인식하고 수용하기 위해서 노력한다.

Rogers는 고객 중심 치유 접근법으로 학습에 대한 교수자 중심 접근법에 맞서 학습자 중심 접근법을 정립한 공로를 인정받고 있으며, 그에 따르면 교수자는 단순한 지식의 제공자라기보다는 자기주도학습을 위한 촉진자(facilitator)로서의 역할을 담당한다(Merriam & Bierema, 2013).
인본주의가 평생교육에 기여한 바는 기존의 교수자 중심의 학습을 학습자 중심으로 전환하였다는 데 있다. 교수자가 일방적으로 프로그램을 편성하는 것이 아니라 학습자의 요구와 흥미를 찾아내고, 학습자를 격려하며, 학습자 간의 상호작용을 강조하고 촉진하며 학습자 개인의 특성을 반영한 교육을 실시하고자 노력했다는 데 의의가 있다.

(5) 급진주의

급진주의는 Marx의 사상을 받아들였다. 제도화된 교육은 사회의 불평등한 현상을 개선하지 못하게 하고, 오히려 기득권의 유지 및 강화시키는 도구로서 활용된다고 주장하는 입장이다. Illich(1970)는 『탈학교사회(Deschooling society)』를 통하여 불평등하고 억압적인 자본주의 체제의 권력 및 권력 재생산을 극복하기 위하여 제도화된 교육에서 탈피해야 한다고 주장하였고, Freire는 더 나아가 교육은 억압적인 것뿐만 아니라 변혁적이고 해방적인 특징도 가지고 있다고 하였다(배을규, 2006).

특히 급진주의의 대표 학자라고 할 수 있는 Freire는 소외되고 억압받는 성인을 단지 교육의 대상 혹은 교육의 객체로 여기지 않고 당당한 교육의 주체로 보았다. Freire는 억압받고 소외된 이들을 주체로 만드는 과정에서 객관적이고 과학적으로 받아들이는 지식, 가치, 경험 등을 활용하기보다는 이들이 어릴 때부터 배우거나 습득한 지식, 경험, 가치를 인정하고 활용하려고 하였다. 그가 발전시킨 문제제기식의 교육방법은 이론을 현실화하는 데 적합한 방식으로 가르치는 사람과 배우는 사람을 평등한 관계로 놓으며, 상호 학습 과정을 강조하고, 문제를 비판적이고 분석적으로 보는 것에 그치지 않고 문제해결을 위해 직접 실천할 필요가 있다고 주장하였다 (신미식, 2001).

표 1-2 평생교육 철학

구분	인문주의	진보주의	행동주의
목표	인간 해방, 신사 양성	개인의 성장과 사회 발전	조직의 효율성
역사적 발전	• Socrates, Platon(지적인 교육) • 중세교회(성경 이해) • 450~1850년(문화인) • 1850년 이후(과학의 중요성 고려)	• Rousseau, Pestalozzi, Spencer, Darwin, Comenius부터 영향을 받음 • 사회적 · 정치적 · 경제적 변화로 새 교육관 탄생 • 실용주의의 영향	• 물질주의의 영향 • 경험주의의 영향 • 실증주의의 영향

기본 원리	• 인간은 이성적 · 도덕적 · 정신적 존재이다. • 인간의 지적인 본성 강조	• 교육의 관점 확대(직업교육, 비의도적 학습, 여가 및 직장교육 포함) • 경험의 중시 • 과학적 탐구 및 문제해결방법 • 요구와 관심에 초점 • 교사와 학생의 관계를 상호 의존적 관계로 명시 • 교육을 사회 변화의 도구로 인식	• 직업 기술 획득 강조 • 경쟁을 비강조 • 전문인 계속교육, 성인기초교육, 산업교육 강조 • 행동주의적 목표에 의한 관리 • 책무성
교육 과정	고전서 중심(개인차 및 개인의 요구 무시)	• 학습자의 경험과 관련된 문제 중심의 교육과정 • 자유주의적이고 실천적인 교육과정	광범위한 내용 포함
교수 방법	강의법, 교사 중심	과학적 방법, 문제해결방법	• 프로그램화된 교수방법 • 컴퓨터 보조학습 • 완전학습 • 계약학습
교사의 역할	권위자, 지식의 원천, 학습계획자	조력자, 협력자	환경의 통제자, 가능성 관리
학습자의 역할	교사에 의존적인 존재, 수동적 학습자	독립적	능동적 주체
프로그램	초 · 중 · 고 및 대학의 프로그램, 고전읽기 프로그램	• 성인직업교육 • 확장교육 • 외국출생자교육 및 시민권취득교육 • 가족 및 부모 교육 • 지역사회교육 • 미국화교육	• 능력 위주의 교육(개인차 인정, 시간의 유연성) • 프로그램화된 학습
지지자	Kallen, Van Doren, Hutchins, Adler	Houle, Lindman, Bergevin, Benne, Blakely	Tyler, Nadler
비판점	• 엘리트주의 교육 • 비자유주의적 방법 • 직업교육에 대한 반감	• 교과목 경시 • 교사 역할에 대한 불명확한 정의 • 반지성주의	• 행동주의적 목표로 전환될 수 없는 교육과정 배제 • 수단과 외적 행동에 관심 • 측정 가능한 결과에 관심

출처: 기영화 역(2002). p. 83, p. 124, p. 159.

구분	인본주의	급진주의
목표	개인의 발전	사회 변화
역사적 발전	• 실존주의의 영향 • 인간주의 심리학의 영향	• 무정부주의 • 마르크스주의 전통 • 좌파 프로이트
기본 원리	• 인간의 본성은 선하다. • 자유와 자율성을 강조 • 자아개념 강조 • 선한 삶을 살려는 개인의 잠재성 • 인간은 자아실현을 위해 노력한다. • 책임성과 인간애	• 사유와 안다는 것은 역사와 문화에 달려 있다. • 인간의 목표는 대화식 교육에 의한 자유화이다.
교육 과정	학습자의 요구와 흥미	문제 중심
교수 방법	• 집단방법에 초점 • 발견학습	해방, 대화, 문제제시식 교육
교사의 역할	격려자	학습과정에 제안 및 조언(개인해방과 사회변화 촉진)
학습자의 역할	학습자의 자유와 책임 중심	자신에 대해 의식화
프로그램	• 자기주도학습 • 집단역동성 • 집단관계훈련 • 인카운터집단	• Freire의 문해교육 캠페인
지지자	Maslow, Rogers, Knowles, Tough, Mckenzie.	Illich, Ohliger, Freire
비판점		미국 성인교육에 직접적인 영향을 미치지 못함

출처: 기영화 역(2002). p. 196, p. 239, p. 275. 최은수 외(2020). p. 30을 재구성하였다.

이러한 급진주의 철학은 민중교육(popular education)의 개념으로 설명할 수 있는데, 사회적으로 소외된 이들에게 공평한 교육의 기회를 제공하고 누구나 인간다운 삶을 살아갈 수 있도록 지원할 것을 강조한다(김한별, 2015).

현대에도 이러한 명맥은 이어져 이러한 급진주의 평생교육 프로그램은 소외된 계층이나 억압과 착취를 받고 있는 지역사회 주민들을 대상으로 실상을 깨우치고 계몽하기 위한 의식화 교육과 문해교육에 초점이 맞추어지고 있다(김진화, 2010).

2. 평생교육의 특성과 평생교육 프로그램 개발

1) 평생교육의 특성

평생교육의 특징은 다음과 같다.

(1) 전 생애주기 실시 및 장소의 다양성

평생교육은 기존의 정규교육 체제에 비해 장소에 국한받지 않고 전 생애에 걸쳐 일어나는 교육활동이다(이해주 외, 2020; 한상길, 2011; Lengrand, 1975). 평생교육은 시계열적으로 특정 시기의 아동 및 청소년뿐만 아니라 성인기 및 노년기에 이르기까지 전체를 다루며, 공간적 측면에서는 가정, 학교, 사회를 포함한 모든 공간에서 가르치고 배우는 학습 행위이다(한상길, 2011). 「평생교육법」 제1조에서도 평생교육의 목적을 "모든 국민이 평생에 걸쳐 학습하고 교육받을 수 있는 권리를 보장함으로써 모든 국민의 삶의 질 향상 및 행복 추구에 이바지함"에 두고 있는 것을 볼 때 전 생애에 걸쳐 이루어지는 학습활동이라고 할 수 있다.

(2) 의도성과 조직성

평생교육은 모든 형태와 방법의 교육을 지향하고 다양한 역할을 수행하고 있지만 교육이라는 활동 개념상 "인간 행동의 계획적 변화"(정범모, 1966)이고 의도적으로 이루어지며 조직적으로 이루어지는 활동이라고 할 수 있다(이해주 외, 2020). 「평생교육법」 제2조에서도 "평생교육이란 학교의 정규교육과정을 제외한 학력보완교

육, 성인 문자해득교육, 직업능력 향상교육, 인문교양교육, 문화예술교육, 시민참
여교육 등을 포함하는 모든 형태의 조직적인 교육활동을 말한다."라고 규정하고 있
다. 다만 평생교육은 계획적이고 의도적인 학습뿐만 아니라 우발적 학습까지도 포
함하는 모든 형태의 교육을 통합하려는 교육(나항진 외, 2011 재인용)이라는 확대의
개념을 고려하여 실제 일터에서 자연스럽게 이루어지는 경험적 또는 실행적 학습
인 무형식(informal) 학습이 강조되는 상황을 고려할 때(장원섭, 2011), 교육의 의도
성과 조직성을 뛰어넘는 개념으로 평생교육은 확장될 수 있다.

(3) 실생활 문제해결 및 학습자 중심의 교육내용

성인의 학습 참여 동기와 목표는 실제 생활 속에서 나타나는 문제들을 스스로가
해결하고자 하는 현실성과 자신만의 정신건강과 행복한 삶을 성공적으로 추구하고
자 학습활동에 참여함을 그 특성으로 꼽을 수 있다(한상길, 2011). 학교교육이 삶을
영유하기 위한 기본적인 소양을 쌓는 것, 전인교육을 실시하는 것을 목적으로 한다
면, 평생교육은 전 생애에 걸쳐 이루어지며 교육에 참여한 학습자는 자신이 현재 직
면하고 있는 문제에 대한 교육요구를 가지고 있으며 교육을 통해 문제를 해결하고
자 한다. 따라서 평생교육은 학습자가 현재 원하고 해결해야 하는 문제에 대해 학습
자 중심의 교육 형태와 방법으로 학습을 제공한다.

(4) 자기주도적 참여로 이루어지는 교육활동

평생교육은 학교교육과는 달리 대부분 강제적으로 참여해야 하지 않기 때문에
학습자의 자발적 참여에 의해 교육이 실시되고, 요구 진단, 학습 참여, 학습 주제 및
내용 선정, 학습 방법 및 장소, 학습결과 평가 등 교육 전반에 걸쳐 자기주도적으로
실시된다(한상길, 2011). 「평생교육법」제4조 제2항에서는 "평생교육은 학습자의 자
유로운 참여와 자발적인 학습을 기초로 이루어져야 한다."라고 규정하고 있다.

따라서 평생교육 학습자의 입장에서 그들의 주어진 상황이나 환경에 따라 다양
한 학습방법, 학습장소, 학습기간, 학습시간 조정 및 선택이 가능한 융통성이 발휘
되어야 한다(한상길, 2011).

(5) 상호작용적 학습활동

평생교육에서는 교수자와 학습자가 일방적으로 배우거나 명령적 · 지시적 · 수직적 관계가 아닌 수평적이고 대등한 관계에서 상호작용하며, 교수자와 학습자가 서로 가르치고 배우는 특성을 가지고 있다(한상길, 2011). 누구든지 교수자가 될 수 있으며, 때로는 자신의 문제해결을 위해서 학습자가 될 수도 있다. 따라서 평생교육에서 교수자는 교사로서의 역할이 강조되는 것이 아니라 학습촉진자(facilitator), 안내자(guide), 조력자(helper)로서의 역할이 강조되고는 한다(이해주 외, 2020).

이상의 평생교육이 갖는 개념을 종합해 볼 때, 평생교육은 전 생애에 걸쳐 다양한 장소에서 이루어지는 의도적이고 조직적인(때로는 무형식적이고 우발적인 학습을 포함하는) 교육활동이라고 할 수 있다. 그 내용에 있어서는 학습자가 자신의 삶에서 발생하는 문제해결 중심의 교육이며, 이의 해결을 위한 삶의 질 향상에 목적이 있기에 학습자 스스로가 학습내용부터 실행, 평가에 이르기까지 주도적으로 이를 설계하고 실시한다고 할 수 있다. 또한 교수자와 학습자의 관계는 일방향적인 것이 아니라 언제 어디서든 상호작용하고 수평적으로 작동하는 쌍방향적 상호작용 활동이라고 할 수 있다. 평생교육의 개념적 특성에 대해서는 다음의 〈표 1-3〉과 같이 정리할 수 있다.

표 1-3 평생교육의 개념적 특징

기준	구분
생애주기	유아기-아동기-청소년기-성인기-노인기 교육을 모두 포함
교육장소	가정-학교-직장-사회 교육을 모두 포함
학교교육과의 관계	정규 학교교육 외의 교육-계속교육
교육내용	기초문해교육, 학력보완교육, 인문교양교육, 직업능력향상교육, 문화예술교육, 시민참여교육
교육형태	형식교육, 비형식 교육을 포함
생활 관련	일, 여가, 학습의 통합-순환교육(recurrent education)

출처: 황종건(1994), 이해주 외(2020). p. 12.

2) 평생교육 프로그램 개발

　제4차 산업혁명으로 인한 기술혁신에 따른 생활양식의 변화와 미래 예측과 전망이 갈수록 어려워지는 사회에서 이를 대비하기 위해서는 전 생애에 걸친 배움을 통해 새로운 인생을 설계해야 한다(국가평생교육진흥원, 2020).

　평생교육은 궁극적으로는 전 생애에 걸쳐 학습자의 자율적인 학습 수행과 다양한 교육을 제공받을 수 있는 학습권이 보장되는 학습사회를 지향하는 교육이념이라고 할 수 있기에 국가와 사회는 사회 구성원들의 교육적 니즈(needs)를 파악하고 이를 반영한 다양한 학습프로그램을 제공해야 하는데, 평생교육의 성패 차원에서 평생교육 프로그램의 개발은 매우 중요하다(최은수 외, 2020).

　평생교육 프로그램이라고 하면 주로 학교 밖에서 행해지며, 특정한 목적을 이루어 내기 위하여 일정한 학습 과정을 조직화한 계획안이라고 할 수 있다(이해주, 최운실, 권두승, 장원섭, 2020).

　평생교육 프로그램의 주된 대상은 보통 성인이라고 할 수 있는데, 그들을 위한 교육 프로그램의 목적은 다음과 같다. 첫째, 성인의 지속적인 성장과 발전을 도모하게 하고, 둘째, 성인의 실제적인 생활과제와 문제를 해결할 수 있도록 지원해야 하며, 셋째, 직업을 유지하도록 하기 위한, 현재와 미래에 대비가 될 수 있도록 하고, 넷째, 개인과 조직이 원하는 결과에 도달하고 변화에 대응하여야 하며, 다섯째, 시민사회 고양을 위한 기회 제공이 필수적이라고 할 수 있다(Caffarella & Daffron, 2013).

　성인교육 프로그램은 개인, 조직, 사회의 변화를 만들어 내는 매개체이자 실행 수단으로 전체적인 과정과 세부 실천 전략을 보여 주는 설계도라고 할 수 있으며, 다양한 프로그램의 설계 및 제공은 성인교육의 참여를 결정짓는 주요한 요인이라고 할 수 있다(기영화, 2006). 이는 평생교육 프로그램이 "평생교육을 주도하는 기관이 그 기관의 비전에 따라 학습자의 성장과 발전을 돕기 위하여 체계적으로 개발하여 수립하는 지식과 경험을 포함한 모든 학습 지원활동의 사전 계획과 기대하는 결과"라는 정의(이해주 외, 2020)와 Knowles(1978)의 성인의 학습 행위를 실현하는 수단으로서의 프로그램을 고려할 때 평생교육 프로그램의 중요성은 매우 크다고 할 수 있다.

　Darkenwald와 Merriam(1982)은 성인교육을 교수, 상담, 관리, 프로그램 개발의

네 가지 기능으로 구분하였는데, 이 중에 교수, 상담, 관리의 기능은 학교교육에서
도 수행되고 있지만, 프로그램 개발의 기능만큼은 성인교육이 갖는 고유한 기능으
로 명시하였다. 왜냐하면 학교교육이 사회 구성원이 되기 위한 지식과 소양을 쌓는
것을 목적으로 하는 데 비해, 성인교육은 개인의 성장을 추구하면서도 보다 더 문제
해결 중심적이고 세상의 변화에 대해 신속하게 적응함을 목적으로 하기 때문에 성
인교육은 실행 시 융통성 있게 운영되고, 범위가 넓으며, 수요자 중심 프로그램의
제공이 보다 강조된다고 할 수 있기 때문이다.

✋ 토론 문제

1. 평생교육의 개념 형성 과정의 특이점에 대해 토론하시오.
2. 평생교육의 특징과 개념이 실생활에서는 어떻게 나타나는지 토론하시오.
3. 프로그램 기획 과정에서 평생교육의 철학이 가지는 의미에 대해 토론하시오.

참고문헌

국가평생교육진흥원(2020). 2019 평생교육백서. 서울: 국가평생교육진흥원.

기영화(2005). 평생교육방법론. 서울: 학지사.

기영화(2006). 평생교육 프로그램 개발. 서울: 학지사.

김종서, 김신일, 한숭희, 강대중(2009). 평생교육개론. 경기: 교육과학사.

김진화(2009). 평생교육프로그램 개발론. 경기: 교육과학사.

김한별(2015). 평생교육론. 서울: 학지사.

나항진, 김경수, 김형후, 구본영, 박영미, 신정혜(2011). 평생교육론. 경기: 양서원.

림영철, 림광영(2001). 평생교육개론. 서울: 형설출판사.

박경실, 전기선, 진규동, 한우섭, 최영준, 김대식, 김주섭, 송민열, 신재홍, 최용범(2014). 평생
    교육론. 서울: 학지사.

박의수, 강승규, 정영수, 강선보(2008). 교육의 역사와 철학(개정증보판). 서울: 동문사.

배을규(2006). 성인교육의 실천적 기초. 서울: 학지사.

신미식(2001). 프레이리의 성인교육론과 그것의 철학적 배경. 앤드라고지 4장. 서울:학지사.

오혁진(2012). 신사회교육론. 서울: 학지사.

이해주, 최운실, 권두승, 장원섭(2020). 평생교육프로그램 개발. 서울: 한국방송통신대학교출판문화원.

장원섭(2011). 인적자원개발. 서울: 학지사.

정범모(1966). 교육과 교육학. 서울: 배영사.

최은수, 김미자, 윤한수, 진규동, 임정임, 최연희, 이재남(2020). 평생교육프로그램 개발론. 서울: 학지사.

한국교육심리학회(2006). 교육심리학 용어사전. 서울: 학지사.

한상길(2011). 평생교육론. 경기: 공동체.

홍기형, 이화정, 변종임(2006). 학습사회 구현을 위한 평생교육의 이해. 서울: 교육과학사.

황종건(1994). 사회교육의 이념과 실제. 서울: 정민사.

Darkenwald, G. G., & Merriam, S. B. (1982). *Adult education: Foundation of practice*. New York: HarperCollins.

Dave, R. H. (1976). *Foundation of life-long education*. Paris: UNESCO Institute for Education.

Elias, L., & Merriam, S. (2002). 성인교육의 철학적 기초(Philosophical foundations of adult education). (기영화 역). 서울: 학지사. (원저는 1994년에 출판).

Faure. E., Herrera, F., Kaddoura, A., Lopes, H., Petrovski, A. V., Rahnema, M., & Ward, F. C. (1972). *Learning to be: The world of education today and tomorrow*. UNESCO.

Knowles, M. S. (1978). *The adult learner: A neglected species* (2nd ed.). Houston TX: Gulf Publishing Company, Book Division.

Lengrand, P. (1975). *An introduction to lifelong education*. Paris: The UNESCO Press.

Merriam, S. B., & Bierema, L. L. (2013). *Adult learning: Linking theory and practice*. John Wiley & Sons.

평생교육 프로그램의 기초

인간을 지력으로만 교육시키고 도덕으로 교육시키지 않는다면 사회에 대하여 위험을 기르는 것이 된다.

－프랭클린 루스벨트－

학습목표

1. 평생교육 프로그램의 의미와 개발의 중요성을 이해한다.
2. 평생교육 프로그램 개발의 원리와 목적을 설명할 수 있다.
3. 평생교육 프로그램의 체계와 유형을 구분할 수 있다.

학습 개요

프로그램은 조직에서 제공하는 다양한 형태의 학습활동을 포함하는데, 미시적 관점에서 프로그램은 특정 내용을 학습하기 위한 각각의 개별 학습 과정의 설계라고 할 수 있으며, 광의의 프로그램은 넓은 의미에서 인간의 모든 학습활동을 지칭한다. 정보통신의 발전 등 급격한 사회 변화에 맞추어 평생교육 또한 프로그램의 양적·질적 제고의 필요성이 높아지고 있으며, 이에 발맞춰 프로그램 개발의 중요성 또한 강조되고 있다.

이 장에서는 평생교육 프로그램의 의미와 가치, 평생교육 프로그램 개발의 원리와 목적을 제시하고자 한다. 또한 평생교육 프로그램이 어떻게 구분되는지 체계와 유형을 살펴보고자 한다.

1. 평생교육 프로그램 개발의 의미

1) 프로그램

Thomas(1964)가 말한 대로 프로그램(program)만큼 모호하고 광범위하게 사용되는 용어도 없다. 예를 들어, 컴퓨터 프로그램 등과 같이 전산에서 하드웨어의 반대 개념으로 연산방법 또는 소프트웨어로 해석되기도 하고, 음악회 프로그램, 여행프로그램, 야유회 프로그램, 방송프로그램, 심지어는 회식프로그램 등 진행 계획이나 순서를 의미하기도 한다. 그렇다면 평생교육에서 프로그램은 어떠한 개념으로 활용되는지 살펴볼 필요가 있다. 이에 대하여 Kowalski(1988)는 프로그램을 "조직적이고 의도적인 학습활동의 설계이며, 환경, 조직, 프로그램, 학습자 간의 상호작용"이라고 정의하였고, Boyle(1981)은 평생교육 프로그램을 "다양한 기관의 모든 활동에 대한 총칭"이라고 정의하기도 하였다.

이러한 프로그램은 거시적 관점과 미시적 관점, 광의/협의로 구분할 수 있다(기영화, 2006). 거시적 관점에서 프로그램은 조직에서 제공하는 모든 형태의 학습활동을 포함하는 종합 프로그램이라고 할 수 있으며, 미시적 관점에서 프로그램은 특정 내용을 학습하기 위한 각각의 개별 학습 과정의 설계라고 할 수 있다. 광의의 프로그램은 넓은 의미에서 인간의 모든 학습활동을 지칭하는데, 학습은 단지 학교 교실이라는 정해진 장소에 한정해서 행해지는 것이 아니라 가정, 직장, 교회, 지역사회 등에서 지역사회 발전, 전문 인력 개발 직업교육, 상담서비스 등 다양한 프로그램 형태로 이루어지고 있다. 협의의 프로그램은 영어회화, 판매서비스, 노인 모시기 프로그램처럼 구체적인 목적을 위해 세부화된 프로그램을 의미한다.

Schroeder(1970)는 다음과 같이 프로그램을 정의하였다(기영화, 2006).

첫째, 성인들이 지역사회에서 이용할 수 있는 모든 교육적 활동이다.

둘째, 조직이나 기관의 성인교육을 위한 모든 노력이다.

셋째, 특정한 집단을 위해 설계된 교육적 활동이다.

넷째, 이러한 활동들을 서로 관련시키려는 사회적 활동이다.

결국 Schroeder(1970)는 프로그램을 조직과의 관계에서 실행되는 학습활동으로 정의하고 있음을 알 수 있다(기영화, 2006). 또한 프로그램이란 지역사회에서 이루어지는 성인들의 모든 교육적 활동, 기관의 평생교육을 위한 모든 능력과 자원을 포괄하는 개념으로서 대단히 유연성이 있는 용어이기 때문에 한마디로 정의되기는 어렵지만 "특별한 교수 목표를 달성하기 위하여 계획된 학습 경험의 연속"을 의미한다(권이종 외, 2010).

2) 평생교육 프로그램 개발

평생교육 프로그램은 다음과 같은 성격을 가지고 있다(이해주 외, 2020).

첫째, 평생교육 프로그램은 학교교육에서의 교육과정과 유사한 의미로 사용되고 있기는 하지만, 학교교육의 교육과정보다 규제와 형식 측면에서 자유롭고 개방적이며 탄력적인 성격을 지닌다.

둘째, 평생교육 프로그램은 일정한 평생교육기관에서 앞으로 전개될 행동을 미리 예측하여 이를 바탕으로 미래의 행동 노선을 사전에 수립하는 미래지향적인 성격을 가진다.

셋째, 평생교육 프로그램은 제시되는 활동이 최종적으로 실현하거나 도달하려는 결과로서 목표가 명확하게 제시되는 목표지향적인 성격을 지닌다.

넷째, 평생교육 프로그램은 구체적인 목표를 효율적으로 달성하기 위한 최적의 전략을 선정하여 보다 합리적이고 구체적인 방안을 의식적으로 모색하고 제시하는 수단적인 성격을 가진다.

다섯째, 평생교육 프로그램은 평생교육과 관련된 어떤 목표를 달성하는 데 필요한 실제 행동을 전제로 하는 행동지향적인 성격을 가진다.

여섯째, 평생교육 프로그램은 일정한 공간에서 일정 기간 동안에 수행되어야 하는 활동이 변화하고 발전하는 시간적인 연속상태를 내용으로 하는 동태적인 성격을 지닌다.

한편 프로그램(program)과 유사하게 커리큘럼(curriculum)이란 용어가 사용되기도 한다. Niemi와 Nagle(1977)에 따르면, 커리큘럼은 교과목에 관심을 두고 학습 결과가 점수로 평가되어 학점으로 취득되며, 교육과정 설계가 전문가에 의해 이루어짐으로써 학습자의 참여가 배제되는 반면에 프로그램에서는 학습자의 요구와

표 2-1 프로그램과 커리큘럼 특성

구분	커리큘럼	프로그램
주요 관심	교과목	개인의 요구와 문제
학점 인정	학점화	비학점화
설계자	엄선된 전문가와 자문가	학습자와 성인교육자
주제	전문가에 의해 판단된 지식, 기술, 태도, 가치 등	학습자의 요구나 문제해결에 도움이 되는 것
초점	내용 중심	문제 중심
장점	학습목표가 명백하여 학습방향을 제시하며, 학습내용이 체계적으로 조직화되어 계열성을 지닌다.	학습자의 경험을 최대한 이용하며, 학습자의 요구에 즉각 부응한다.

출처: 기영화(2006), p. 22.

문제를 중심으로 전체 교육과정이 설계되기 때문에 학습자의 참여가 중시되고 학습자의 경험을 학습활동에 최대한 활용하여 학습자의 요구 반영이 높다. Niemi와 Nagle(1977)의 프로그램과 커리큘럼의 특성은 〈표 2-1〉과 같이 요약될 수 있다.

평생교육 프로그램 개발은 '평생교육' '프로그램' 및 '개발'이라는 세 단어가 혼합된 용어로서 프로그램 개발은 'programming' 'program planning' 'program building'과 동의어로 사용되고 있다(박경실 외, 2014).

개발(development)과 관련해서도 다양한 정의가 있는데, 권대봉(2003)은 개발은 "직무와 직접적인 관련은 없지만 미래의 어느 순간에 사용될 수 있는 자신의 능력, 기술, 지식을 향상시키는 학습활동"으로 정의하였다. 장원섭(2011)은 개발이란 형식적인 또는 무형식적인 과정을 포함하는 "성장을 도모하는 활동"이라고 정의하였다. Nadler의 정의에 따르면, 개발은 직무에 초점을 두지 않고 개인의 성장을 도모하기 위해서 이루어지는 학습활동이라고 할 수 있다(유승우, 2008). Gilley, Eggland와 Gilley(2002)는 개발을 "조직 내에서 업무의 수행 개선을 위하여 조직원의 지식, 기술, 태도 및 역량을 증진시키는 학습활동"이라고 하였다. Boyle(1981)은 프로그램 개발을 "학습자들이 거주하는 지역사회의 상태, 조건, 상황 등을 증진시키는 데 기여할 교육 프로그램을 설계하는 노력"이라고 하였다.

한편 프로그램 개발은 광의의 의미와 협의의 의미로 나누어지는데, 광의의 프로그램 개발은 프로그램의 기획, 설계, 실행 및 평가를 포괄하는 활동을 의미하고, 협의의 프로그램 개발은 프로그램 기획과 동의어로 본다(박경실 외, 2014).

　통상 프로그램 개발 과정은 기획(planning), 설계(design), 실행(implement), 마케팅(marketing), 평가(evaluation)의 5단계로 체계적, 단계적으로 이루어진다. 그러나 교육 프로그램의 실제에서는 활동이 단계적으로 이루어지지 않으며, 선형적으로 이루어진 부분이 오히려 기대했던 결과를 제대로 가지고 오기 어렵다는 문제 제기도 있어 분석, 설계, 평가를 동시에 중첩적으로 시행하는 개념인 '래피드 프로토타입(Rapid Prototype)' 개발 접근방식 또한 활용되기도 한다(임철일, 연은경, 2015).

　이상의 정의를 요약하면 평생교육 프로그램 개발은 '개인의 전 생애에 걸쳐 학교 및 학교 외에서 이루어지는 형식적인 또는 무형식적인 것을 포함하여 성장과 발전을 도모하는 전문적이고 체계적인 교육활동'이라고 정의할 수 있겠다.

2. 평생교육 프로그램 개발의 원리와 목적

1) 평생교육의 가치

　인공지능, 빅데이터 등을 활용한 폭발적인 기술의 혁신, 노동시간 단축, 일과 생활의 균형 추구, 정보사회의 발달로 인한 네트워크 강화, SNS 등을 통한 커뮤니케이션 방식의 변화, 인간 평균수명의 증대 등의 이유로 평생교육의 수요는 폭발적으로 증가하고 있으며, 급격한 변화에 맞추어 평생교육 또한 프로그램의 양적·질적 제고의 필요성이 높아지고 있다. 이러한 시점에서 평생교육 프로그램이 가져야 할 속성에 대하여 박경실 등(2014)은 다음과 같이 제시하였다.

　첫째, 여가와 학습이 구분되기보다는 동시에 달성되어야 한다. 학교교육이 제도화되면서 노동과 여가가 구분되었지만(신태진, 고요한, 2007), 평생교육 프로그램은 행복하고 전인적인 삶과 공동체 속에서 교육과 여가가 융합된 에듀테인먼트(edutainment) 활동이어야 한다.

　둘째, 평생교육 프로그램은 지속적이고 빠른 변화를 경험하고 있는 사회에 능동적으로 대처하고 생존 능력을 배양할 기회를 제공하여야 한다. 산업사회에서는 학교에서의 형식적 교육만으로도 인간의 삶 전체를 유지할 수 있었으나, 지식정보화 사회에서는 지식의 활용 주기가 점점 짧아지기에 새로운 정보를 습득하고 유용한 정보를 선택할 수 있는 능력을 기를 수 있어야 한다.

셋째, 평생교육 프로그램은 개인의 욕구는 물론이고 지역사회가 직면한 문제해결에 능동적이어야 한다. 평생교육 프로그램에 대한 주민들의 참여 요구가 증가하고 있다. 지역사회는 환경오염, 경기침체 및 다문화가정의 사회 적응 등 다양한 현실문제에 직면해 있다. 평생교육 프로그램은 학습자의 요구를 충족시키는 동시에 지역사회 문제해결에 적절한 독창적인 내용을 다루어야 한다.

넷째, 교육 기회가 균등하게 제공되어야 한다. 평생교육의 이념은 누구나 원하면 어디에서나 학습자에게 교육받을 기회를 제공하는 것이다. 평생교육 프로그램은 이러한 이념을 실천하기 위해서 농어촌과 같은 소외지역을 비롯하여 저소득층의 평생교육으로의 접근성을 제고하기 위해 노력해야 한다.

2) 평생교육 프로그램 개발의 원리

평생교육 학자들은 평생교육 프로그램 개발을 어떤 순서로 진행하여야 하며, 프로그램 과정에서 수행하여야 할 과제는 무엇으로 할 것인지, 어떤 방법으로 실행할 수 있는지에 관심을 가지고 프로그램을 개발하는 담당자가 고려해야 할 사항과 개발 절차 및 원리를 제시하려는 노력을 전개해 왔다(김한별, 2015).

Tyler(1949)는 교육과정을 네 가지 핵심 문제에 대한 답을 순차적으로 확인하는 과정이라고 정의하였는데, 네 가지 핵심 문제는 "학교는 어떤 교육목적을 추구해야 하는가?" "교육목적을 달성하기 위해서는 어떤 교육 경험이 제공되어야 하는가?" "교육목표를 달성하기 위하여 교육 경험은 어떤 방식으로 조직되는 것이 가장 효과적인가?" "교육목표의 달성 여부를 확인할 수 있도록 평가는 어떤 것이 수행되어야 하는가?"이다. 일반적으로 평생교육 프로그램의 개발은 교육의 목표를 수립하고, 이를 달성하기 위해서 교육요구를 분석하고, 프로그램을 설계하고, 매체 등을 개발 및 실행하고, 프로그램을 개선하기 위한 평가의 일련의 순차적인 절차로 이루어진다.

Boyle(1981)은 프로그램 개발은 "학습자와 프로그램 개발자가 공동으로 만들어 가는 일련의 활동과 결정"으로 정의하면서 프로그램 개발 시에 다음과 같은 내용을 고려해야 한다고 하였다.

① 변화가 필요하거나 개선해야 할 문제점과 상황을 분석하고, 의사결정을 위한 조직적인 구조를 개발한다.
② 학습에 필요한 자원, 학습자, 지역사회에 대한 분석 결과를 효과적으로 이용한다.
③ 바람직한 변화의 내용이 학습활동 계획에 포함될 수 있도록 확인이 필요한 문제점과 상황에 우선순위를 매긴다.
④ 주민과 지역사회가 함께 참여하는 프로그램을 통하여 얻을 수 있는 장점을 확인한다.
⑤ 프로그램의 효과적인 홍보와 수행을 위해 동원 가능한 자원과 지원 정도를 확인한다.
⑥ 적절한 학습 경험을 다양한 참여 학습자에게 제공할 수 있도록 활동계획을 설계한다.
⑦ 학술대회, 회의, 워크숍, 개별적인 참고자료와 라디오, TV 프로그램 등을 통해 적절한 학습 기회를 제공하도록 고안한다.
⑧ 프로그램의 가치에 대한 효과적인 판단을 하는 데 필요한 책무가 무엇인지 파악한다.
⑨ 재정관계, 의사결정자, 참여자, 그리고 기타 관심 있는 사람들과 집단을 대상으로 프로그램의 가치를 홍보한다.

김종명 등(2014)은 프로그램 개발의 원리를 다음과 같이 제시하였다.

① 프로그램 개발은 이용자들의 요구와 특성에 적합하게 이루어져야 한다. 프로그램은 서비스 이용자들의 요구를 바탕으로 그 목적과 목표를 정하고, 이를 성취할 수 있도록 구체화해야 한다.
② 프로그램 개발은 그 프로그램이 원활하게 수행하는 데 관련되는 여러 가지 여건 등을 충분히 고려하여 이루어져야 한다. 즉, 프로그램 운영자의 수행 능력과 기술, 재정적인 여건, 자료와 시설의 요소, 행정적 지원, 지역사회의 욕구와 기대, 대외적인 협력관계 등의 현실적인 여건(상황)을 바탕으로 개발되어야 한다.

③ 프로그램 개발은 가능한 한 개발의 전 과정에 서비스 이용자들의 폭넓은 참여가 보장되는 상태에서 이루어져야 한다. 특히 서비스 이용자들의 요구 반영과 자발적인 참여를 전제로 하는 프로그램 개발이 이루어져야 한다.

④ 프로그램 개발은 참여자들의 발달단계에 적합하게 이루어져야 한다. 서비스 이용자들은 계속 변화하기 때문에 특정한 발달 수준에만 국한시킬 것이 아니라, 그들의 전 발달단계를 포괄할 수 있는 프로그램의 개발이 필요하다.

⑤ 프로그램 개발은 참여자들의 균형 있는 성장과 발달을 위해서 그들의 생활영역의 일부보다는 전체 활동과 통합할 수 있는 방향으로 개발할 필요가 있다.

박경실 등(2014)은 평생교육 프로그램의 원리에 대하여 다음과 같이 독창성 원리, 실행가능성 원리, 전문성 원리를 제시하였다.

① 독창성 원리

독창성은 프로그램의 주제 선정, 내용의 구성, 실행의 과정과 활동에서 프로그램이 가진 고유성을 의미한다. 새로 개발된 프로그램은 기존의 프로그램을 모방한 것이 아닌 차별적이고 고유한 특징을 지니고 있어야 한다.

② 실행가능성 원리

실행가능성 원리는 개발된 프로그램이 현장에서 활용되는 활용성을 의미하며, 현실성과 동일한 의미로 사용된다. 프로그램 개발은 평생교육 현장에서 실천을 전제로 하기에 프로그램 개발자는 개발 계획단계에서부터 강사의 확보, 참여자의 참여 제한 요인 등 실제 운영과 관련하여 경험하게 될 다양한 장애요인을 고려해야 한다.

③ 전문성 원리

전문성 원리는 논리성 원리와 동일한 의미로 사용되는데, 프로그램 개발 과정이 전문가들의 이론과 지식 그리고 실천 경험에 근거한 활동임을 의미한다. 프로그램 개발자는 프로그램 개발 과정이 선행 프로그램 개발 과정을 단순히 모방하는 단계를 넘어 평생교육의 원리와 실천적 이론을 바탕으로 전문적인 노력의 과정임을 인식하여야 한다.

이성호(1984)와 Boone(1985)은 평생교육 프로그램 개발의 원리에 대해 다음과 같이 제시하였다(이용교, 임형택, 2010, 재인용).

① 정체감 정립과 비전 제시의 원리

프로그램 개발은 기관을 둘러싸고 있는 시대와 사회의 변화에 적응함은 물론이고, 선도할 수 있는 필수불가결한 절차로 기관의 설립 이념과 취지를 구현하면서 새로운 비전을 제시하여야 한다.

② 체계적이고 총체적인 활동의 원리

프로그램 개발은 교육에 필요한 모든 가용한 자원을 총괄적으로 활용하여 계획, 실시, 평가하는 체계적이고 종합적인 과정이다.

③ 점진적 개혁과 협동의 원리

프로그램 개발은 결코 끝이 있을 수 없는 부단히 계속되는 점진적 개혁 과정으로서 프로그램 개발에 참여하는 사람들은 물론이고 교육에 관계하는 모든 사람의 협동적인 의사결정을 통하여 이루어져야 한다.

유네스코(1998)는 평생교육 프로그램이 개발되기 위해서는 다음과 같은 사항들이 고려되어야 한다고 하였다(유네스코 아시아태평양지역사무처, 1998).

① 평생교육 프로그램은 다양한 수준을 여러 시간대에 걸쳐서 몇 가지 보편적인 요소로 구성하여야 한다. 프로그램의 구성요소로는 성인학습자와 학습자 집단의 요구에 대한 기술, 프로그램 목표의 기술, 기술된 목표를 성취하고 요구를 충족하기 위한 교육전략의 기술 등이 있다.

② 평생교육 프로그램은 장기적 프로그램과 단기적인 활동 계획을 포함하여야 한다. 장기 프로그램은 논리적으로 두 가지 이상의 단기 활동 계획을 포함하여야 하며, 이들 단기 활동 계획은 장기 프로그램의 목표를 효과적으로 달성하도록 구성되어야 한다. 또한 학습자의 전체적인 요구, 프로그램의 일반적인 목적, 프로그램에 사용될 방법의 설계와 운영, 장기간에 걸쳐서 행해지는 평가

는 연간 활동 계획이나 각 단계의 활동 계획 하에 반영되어야 한다.

③ 평생교육 프로그램은 위계적 순서(hierarchical order)로 이루어져야 한다. 프로그램은 장기적이고 광범위한 교육 요구를 충족할 수 있는 일반적인 전략이 있어야 하며, 매우 구체적인 차원에서는 개별 프로그램을 실시하는 데 필요한 구체적인 인력의 활동 계획이 있어야 한다.

3. 우리나라 평생교육 프로그램 분류

배움은 삶의 전 영역에서 시간과 장소를 불문하고 다양한 형태로 이루어져야 하며, 새로운 시대의 고용과 복지를 이끄는 바탕이 되어야 하기에 이를 위해서는 전 국민이 전 생애에 걸쳐 지속적으로 성장하고 혁신할 수 있는 평생학습 체제를 구축하는 것이 무엇보다 중요하다(국가평생교육진흥원, 2020).

우리나라 평생교육 프로그램의 체계 분류와 관련하여 김진화(2010)는 대분류-중분류-소분류로 구분하여 다음과 같이 제시하였다.

평생학습 프로그램은 [그림 2-1]에서 보는 바와 같이, 기초문해교육(01), 학력보완교육(02), 직업능력교육(03), 문화예술교육(04), 인문교양교육(05), 시민참여교육(06)의 6대 영역으로 구분된다.

• 기초문해교육 영역: 기초문해교육(basic literacy education)은 이의 코드로, 내국인한글문해 프로그램(korean hangul literacy program, 11), 다문화한글문해 프로그램(foreigner hangul literacy program, 12), 한글생활문해 프로그램(hangul basic life skills program, 13)이 있으며, 교육의 가장 기본이 되는 것이기에 01의 코드 번호가 부여되었으며, 성인기초 · 문자해득교육의 명칭을 기초문해교육으로 변경하였다. 이는 기초문해교육의 중분류인 기초생활기술교육 영역에 가족문해교육이 포함될 수 있기 때문으로 가족문해교육(family literacy education)은 가족 구성원 중 한 명이 비문해자일 경우, 가족 구성원이 함께 문해교육을 할 수 있도록 하는 것이다. 그러므로 문해교육이 단순히 성인만을 대상으로 한다고 볼 수 없으므로 기초문해교육으로 명칭 변경을 시도하였다.

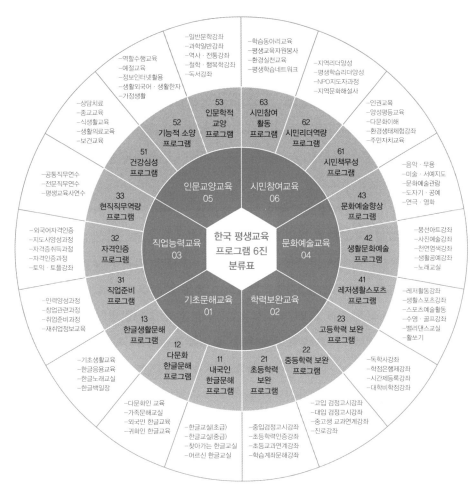

[그림 2-1] 한국 평생교육 프로그램 6진 분류표

출처: 김진화(2010), p. 13.

- 학력보완교육 영역: 학력보완교육(schooling complementary education)의 경우 02의 코드번호가 부여되었는데, 이는 국민 누구나 교육을 받을 권리와 의무를 가지고 있으므로 기초문해교육과 더불어 교육의 기본이 되기 때문이다. 하위영역은 초등학력보완 프로그램(primary schooling complementary program, 21), 중등학력보완 프로그램(secondary schooling complementary program, 22), 고등학력보완프로그램(advanced schooling complementary program, 23)이 있으며, 학력보완교육은 전통적인 제도권 내의 학력 시스템에서 교육을 받지 못하거나 중도에 탈락한 학습자들에게 새로운 시스템이 필요할 경우에 평생학습이 이를

대신할 수 있는 역할을 한다.

- 직업능력교육 영역: 직업능력교육(vocational competency education)은 03의 세상으로 직업준비 프로그램(professional preparation program, 31), 자격인증 프로그램(qualifications and licenses program, 32), 현직직무역량 프로그램(continuing professional development program, 33)이 있다. 한편 직업능력교육은 전통적 교육시스템의 마지막 단계에 해당되는 고등학력인 대학을 졸업하면 직장의 진입과 함께 직업을 평생 가질 수 있도록 도와주기 위해 필요한 것이다.

- 문화예술교육 영역: 문화예술교육(culture and arts education)은 04의 코드로 레저생활스포츠 프로그램(leisure and living sports program, 41), 생활문화예술 프로그램(living cultures and arts program, 42), 문화예술향상 프로그램(advanced cultures and arts program, 43)이 있다. 사회의 어디에서든 그곳의 특성에 맞는 독특한 문화가 존재하기 마련이며, 이러한 문화에 적응하지 못하면 소외될 수밖에 없다. 평생학습은 문화 소외를 겪지 않도록 도움을 줄 뿐만 아니라 문화를 향유할 수 있도록 함으로써 인간다운 삶을 영위할 수 있도록 하는 수단으로 작용할 수 있다. 그러므로 문화적 존재로서 생활하기 위해서는 인간은 평생 동안 학습해야 하며, 이는 문화예술교육 영역의 생활문화예술 프로그램, 문화예술향상 프로그램의 존재 근거를 마련한다고 할 수 있다.

- 인문교양교육 영역: 인문교양교육(humanities and general education)은 05의 코드로 건강심성 프로그램(health and mentality program, 51), 기능적 소양 프로그램(general performance program, 52), 인문학적 교양 프로그램(humanistic liberal arts program, 53)이 있다. 인문교양교육은 학교에서 배우지 못한 인간이 알아야 할 일반론적인 내용에 대한 것을 말하며, 문화예술교육 영역과 더불어 인간다운 삶과 삶의 질을 향상시키기 위해서 필요한 것이다.

- 시민참여교육 영역: 시민참여교육(citizen participatory education)은 06의 코드로 시민책무성 프로그램(citizen responsibility program, 61), 시민리더역량 프로그램(citizen leader competency program, 62), 시민참여활동 프로그램(citizen participatory activity program, 63)이 있으며, 성숙한 시민으로서 사회의 공익에 기여하고 참여할 수 있도록 구성된 프로그램이 해당된다.

1. 프로그램 개발의 원리에 대해 토론하시오.

2. 평생교육 프로그램의 목적에 따라 개인, 기관 및 조직, 사회적 차원에서 어떻게 실현될 수 있을
   지 토론하시오.

3. 평생교육 프로그램 분류와 영역별 프로그램이 왜 필요한지 토론하시오.

참고문헌

권대봉(2002). 평생교육의 다섯마당. 서울: 학지사.

권대봉(2003). 인적자원개발의 개념 변천과 이론에 대한 종합적 고찰. 서울: 원미사.

권이종, 김승호, 소창영, 심의보, 안승열, 양병찬, 이관춘, 임상록, 조용하(2010). 평생교육방법
  론. 경기: 교육과학사.

기영화(2006). 평생교육 프로그램 개발. 서울: 학지사.

김진화(2010). 한국 평생교육프로그램 분류체계 개발 연구. 평생교육학연구, 16(3), 211-236.

김한별(2015). 평생교육론. 서울: 학지사.

박경실, 전기선, 진규동, 한우섭, 최영준, 김대식, 김주섭, 송민열, 신재홍, 최용범(2014). 평생
  교육론. 서울: 학지사.

이용교, 임형택(2010). 교육복지론. 서울: 집문당.

임철일, 연은경(2015). 기업교육 프로그램 개발과 교수체제설계. 경기: 교육과학사.

장원섭(2011). 인적자원개발. 서울: 학지사.

최은실(1990). 한국의 평생교육. 서울: 교육과학사.

신태진, 고요한(2007). 포스트모던 문화교양과 여가교육. 서울: 학지사.

유네스코 아태지역사무처 편, 최운실, 권두승 외 역(1998). 성공적인 성인교육전략: 유네스코
  ATLP-CE 자료를 중심으로. 서울: 교육과학사.

유승우(2008). HRD 101:인간자원개발 원론. 서울: 문음사.

Boon, E. J. (1985). *Developing programs in adult education*. New Jersey: Prentice-Hall.

Boyle, P. G. (1981). *Planning better programs*. New York: McGraw-Hill Book Company.

Caffarella, R. S. (1994). *Planning programs for adult learners. A practical guide for
  educators, trainers, and staff developers*. San Francisco: Jossey-Bass.

Caffarella, R. S. (2013). *Planning Programs for Adult Leaners*. San Francisco: Jossey-Bass.

Dworkin, M. S. (2013). 존 듀이 교육론(Dewey on education: selections). (황정숙 역). 서울: 씨아이알. (원저는 1959년에 출판)

Thomas, A. M. (1964). The concept of program in adult education. In G. Jensen, W. Liveright, & W. C. Hallenbeck (Eds.), *Adult education: Outlines of an emerging field of university study*. Washington DC: Adult Eduction Association of the United States.

Tyler, R. W. (1949). *Basic principles of curriculum and instruction*, Chicago: University of Chicago Press.

「사회교육법」

「평생교육법」

평생교육 프로그램 개발 이론과 모형

좋은 프로그래머는 자기 두뇌를 사용한다.

그러나 좋은 표준 지침은 모든 사례를 고려해야 하는 노력을 줄여 준다.

−프랜시스 글래스보−

학습목표

1. 프로그램 개발의 이론적 개념과 방법에 대해 이해할 수 있다.
2. 개발 과정의 특성과 원리에 대해 이해할 수 있다.
3. 프로그램 개발 시 상황에 따라 적합한 이론을 선택하고 적용할 수 있다.

학습 개요

평생교육 프로그램 개발 이론과 모형은 평생교육 현장에서 프로그램을 개발하는 과정에 대한 합리적 절차와 원리에 대한 규범적 개념을 기술하고 설명하는 논리체계이다. 프로그램 개발 과정에서의 실제적·해석적인 의미 부여를 통해 산출된 논리체계와 의미체계를 포함하며, 사회과학이론의 근거는 논리실증주의와 구성주의를 바탕으로 한다. 논리실증주의는 객관주의를 지향함으로써 경험주의와 조직주의에 근거하며, 구성주의는 상호 주관성을 기반으로 의미 부여를 통해 산출된다. 이 장에서는 평생교육 프로그램 개발의 개념과 원리, 개발 과정에 대해 구체적으로 살펴보고자 한다.

1. 평생교육 프로그램 개발 이론

1) 프로그램 개발 이론의 기능

교육 프로그램 개발 이론들은 프로그램 개발 과정에서의 현상을 설명하기 위해 다양한 관점을 지니고 있다. 좋은 이론만큼 실제적인 것은 없지만, 실제적인 것을 완벽하게 이론으로 담아내기란 쉽지 않다(이수연, 박상옥, 2017). 모든 이론은 현실에서 포착해 내지 못한 부분이 발견되면서 제한점이 생기기 때문이다. 이러한 점은 이론을 다루는 연구자들의 몫이며, 다양한 사람으로부터 평가되고 진화해 갈 것이다.

프로그램 개발 시 이론의 탐색은 프로그램 개발에 대한 전반적인 과정을 이해하고 주요쟁점을 발견하는 데 도움이 된다. 프로그램 개발 이론의 일반적 기능은 첫째, 연구 수행을 위한 틀로서의 역할을 수행한다. 둘째, 구체적인 정보를 위한 조직된 틀을 제공한다. 셋째, 명백히 단순하게 보이는 사태가 갖고 있는 복잡성을 입증한다. 넷째, 선행 경험을 재조직한다. 다섯째, 복잡한 사태에 대한 작업 모형로서의 기능을 한다(Suppes, 1974).

2) 프로그램 개발 이론의 형성 과정

1960년대 이전에는 미국의 주립대학교와 각 지역의 확장교육센터를 중심으로 지역사회에서 이루어지는 교육 프로그램을 개발하는 실천 원리를 세우는 데 초점이 맞춰져 있었다. London(1960)은 최초로 프로그램 개발에 대한 종합적인 연구를 수행하였으며, 교육의 다양한 프로그램 계획 접근방식을 종합화하여 효과적인 프로그램 계획에 필요한 주요요소를 파악했다. 1970년대 이후 Boons, Boyle, Freire, Houle, Knowles, Tyler, Kidd와 같은 다양한 연구자에 의해 평생교육 프로그램 개발 이론이 형성되기 시작하였고, 지금까지도 끊임없이 관련된 논의가 이어져 오고 있다(강혜옥, 2019). 과거의 프로그램 개발 연구는 주로 평생교육 현장의 문제를 해결해 주고, 프로그램 개발 원리에 대해 개발자가 어떻게 인지하고 있는가를 파악하는 것에 집중했다. 1980년대에는 산업교육, 보건교육, 청소년교육 등 다양한 영역으로 평생교육이 확산되었다. 1990년대에 들어서며 산만했던 기존의 프로그램 개발의 모형들을 종합적으로 파악하고 분석하여 일반화된 이론으로 발전시켜서 학문적으로 보다 체계화되고 전문성을 갖추어 가고 있다.

3) 프로그램 개발 관련 이론

평생교육 프로그램 개발의 이론은 전통적 합리성 이론, 맥락적 상호작용 이론, 체제이론, 비판적 실천 이론의 네 가지로 크게 나누어 볼 수 있다.

(1) 전통적 합리성 이론

전통적 합리성 이론(classical rationality theory)은 프로그램 개발의 다양한 이론 중에서 가장 처음 제시되었으며, 지금까지도 가장 많이 활용되고 있다. Tyler의 이론을 토대로 하고 있어 타일리언 모형(tylian model)로 불리기도 한다. 전통적 합리성 이론은 기술적 및 과학적인 원리에 따라 교육목표, 학습 경험, 학습 경험의 조직, 학습 경험의 평가로 이어지는 선형적인 통제 과정을 강조하고, 기술적 · 과학적 · 논리적 · 처방적으로 설명하는 주된 특성을 가지고 있어 실증주의 패러다임에 기초하고 있다(이수연, 박상옥, 2017).

이 이론은 교육 프로그램 개발에 있어서 목적과 목표를 명세화시키고 내용과 활동을 목표에 일치하도록 계열화시키며, 학습 성과는 목적과 목표에 의해 평가된다는 입장을 취하고 있다(김진화, 정지웅, 1996). 또한 프로그램 개발에서 이루어지는 일련의 기술적 · 순차적 절차와 이에 대한 기술적 지식을 제시하는 것을 강조한다.

전통적 모형에 속한 몇 명의 연구자들은 교육 프로그램 개발의 비선형성(non-linear)과 모든 과업의 상호작용성을 강조하기도 하지만, 대부분의 연구자들은 교육 프로그램 개발의 선형성에 기초한 과업들의 나열에 매우 익숙하여 다이어그램을 많이 사용한다(Sork, 1990).

크게 다음의 네 가지의 근본적인 물음을 통하여 교육과정과 수업지도의 원리를 설명하고, 실제적으로 학습자들이 어떻게 참여할 것인가에 대해 초점을 맞추고 있다.

① 교육목적을 달성하기 위해 어떤 노력을 해야 하는가?

② 교육목적을 달성하기 위해서 어떤 경험이 제공될 것인가?

③ 이러한 교육 경험을 어떻게 효과적으로 구성할 것인가?

④ 교육목표의 달성 여부는 어떻게 결정하는가?

(2) 맥락적 상호작용 이론

맥락적 상호작용 이론(system theory)은 교육 프로그램 개발 과정에 참여한 모든 이해관계자의 신중한 논의와 실제적 합리성의 역동적인 상호작용이 중시되는 이론으로서 실제적·해석적 패러다임, 구성주의 패러다임에 기초한다. 따라서 프로그램 개발 과정이 전통적 합리성 이론처럼 맥락이나 체계에 따라 제한받거나 선형적인 단계를 따르지 않는다. 맥락적 상호작용 이론에서 교육 프로그램 개발의 출발점은 문제 탐색이 되며, 실제 학습하는 교육내용이 교육목표 설정보다 우선시된다.

Walker, Skilbeck, Caffarella 등이 맥락적 상호작용 이론을 연구한 대표 학자이며, 프로그램 개발의 실제에서 선형적인 단계나 절차를 밟지 않고 프로그램 개발자와 현실 상황 사이의 상호작용을 중시하는 상황이론에 따른다. 프로그램 개발에 참여하는 모든 구성원의 역동적인 상호작용을 강조하고 있으며, 프로그램 개발자는 프로그램 개발 과정에 개입되는 다양한 요소의 변동성을 고려하고, 서로 간의 상호작용을 능동적으로 해석하여 구성하는 능력을 필요로 한다. 맥락적 상호작용 이론은 순차적인 절차를 강조하는 고전적 이론에 비해 상대적으로 유연하다는 장점이 있다.

① 교육 프로그램은 학습자가 실제로 학습한 내용이 학습자와 기관 그리고 사회적 규범과 이슈들을 어떻게 반영하여 내용을 구성하는가에 초점을 맞추어야 한다.

② 프로그램 개발 과정에서 사전에 계획된 체계적인 과업 수행과 동시에 상황에 따라 요구되는 즉각적인 판단과 결정을 포함한다.

③ 프로그램의 개발은 기관의 우선순위, 과업, 이해관계자, 이슈 등의 복합적인 상호작용이다.

④ 성공적인 프로그램 개발의 완성은 조직의 후원자와 프로그램 개발자 간의 상호 협조가 필요한 협동적 노력의 산물이다.

⑤ 프로그램 설계는 실제적인 예술이다.

⑥ 유능한 프로그램 개발자는 현장 적용과 실습을 통해 프로그램 개발방법을 익힐 수 있다.

(3) 체제이론

체제이론(system theory)은 Bertalanffy(1968)가 발표한 '일반체계이론(general system theory)' 이후에 사회과학의 대부분의 분야에서 활용되고 있다(강혜옥, 2019). 체제란 정보, 에너지, 자원 등을 교환하며 역동적으로 존재하는 실체이며, 또한 여러 부분이 하나로 합쳐져 이루어진 전체이다(신용주, 2017). 체제이론에서 전체의 목표를 달성하려면 여러 구성요소가 각기 독립성을 지니고 상호 의존, 상호작용을 가지면서 외부 환경과 영향을 주고받아야 한다(김진화, 2009). 이러한 체제는 투입, 과정, 결과가 있으며, 각각의 하위 체제가 있다(윤옥한, 2014; 최은수 외, 2016).

Kaufman(1972)은 체제적 접근에 대하여 첫째, 요구에 의한 문제 분석, 둘째, 문제해결을 위한 목표 설정, 셋째, 대안적 해결방안과 전략 선정, 넷째, 실행 및 평가, 그리고 수정 과정을 거치는 일련의 논리적·합리적인 과정이라고 정의하였다(박진애, 2018). 체제적 접근의 개념에 대하여 체제를 구성하고 있는 구성요소 사이의 맥락을 검토하고, 목표를 상세화한 후에 과업 수행이 완료되면 결과를 목표에 대비하여 평가 및 수정하는 체계적인 방법이다(Heinich et al., 1996). 체제이론은 교육 프로그램 개발을 하나의 체제로 간주하고, 교육 프로그램 개발에 필요한 요소와 맥락을 강조한 이론으로서 실증주의 패러다임에 기초한다. 체제이론은 단계적이고 총체적인 순환 과정을 따르며, 최종 목적 달성을 추구하고, 각각의 요소들은 물론이고 외부 환경과 상호작용한다. 체제이론은 1950년대 냉전체제 하에서 미군이 자동전자시스템을 구축하는 과정에서 본격적으로 연구되었으며, 1960년대의 교육 분야에도 도입되었다. 체제란 정해진 공동의 목적을 달성하기 위해 협력하는 상호 관련된 요소들의 집합체이며(Dick & Carey, 1996), 프로그램 개발에 필요한 요소와 맥락을 강조한다. 체제의 기능은 각 요소의 상호 관계성에서 나타나는 것으로, 특정 부분이나 어느 하위 집단의 한 가지 요인으로 인해 나타나는 것이 아니다. 체제의 범위와 구성요소는 체제 구성에서의 특정 관점인 목적에 따라 달라질 수 있으며, 체제 내의 구성요소들은 여러 유형의 유기체적 관계의 특성이 있다(박성익 외, 2007). 체제이론에서 교육 프로그램 개발자는 맥락 안의 다양한 경쟁적 대안 중에서 하나의 최선을 선택해야 하는 역할이기 때문에 개발자의 의사결정이 중요하게 작용한다.

(4) 비판적 실천 이론

비판적 실천 이론(critical practice theory, 해방교육모형)은 교육자와 학습자가 함께 교육 프로그램 내용을 구성하고 비판적으로 반성하는 통합적 과정 자체를 교수학습 과정으로 간주함으로써 학습자의 참여를 강조하는 이론으로 비판주의 패러다임(criticism paradigm)에 기초한다(이수연, 2016). 비판주의 패러다임에서 '지식'이란 사회적 구성물이라는 점을 전제하여 학습자가 교육의 주체로서 스스로 지식의 구성 과정에 참여하고, 이것의 갈등적 의미를 비판적으로 검토하여 자신의 임파워먼트를 회복하는 것을 중요시한다(김진화, 2009).

대표적인 학자인 Freire는 학습자의 다양한 경험으로 이루어진 현실적인 삶 속에서 학습내용을 탐색하였으며, 스스로 학습 주체가 되어 지식을 구조화하는 과정적 행위인 '대화'를 통한 학습을 중요시하였다. Freire의 이론에 대해 Cervero와 Wilson은 불공평하며 권력관계가 이동하는 세계에서 판단이 이루어지기 때문에 프로그램 개발자는 기술적이지 않으며, 내재적으로 윤리적이고 정치적이라고 하였으며, 따라서 개발자의 관심사를 확립하고, 더욱 평등하며, 인간적인 사회를 만들기 위한 판단 기준을 명확히 할 것을 강조하였다(이수연, 박상옥, 2017).

비판적 실천 이론은 전통적 합리성 이론과 맥락적 상호작용 이론이 교육 프로그램 개발을 가치중립적인 것으로 설정하였음을 문제 제기하며, 교육 프로그램 개발을 개인적·사회적 해방 가능성 모색을 위한 사회적인 노력으로 간주하며 정치적 행위임을 강조한다(이수연, 박상옥, 2017). 교육 프로그램 개발은 제3자에 의해 구성되는 것이 아닌 교수자와 학습자가 상호작용하는 학습 상황에서 발생하는 비판적 실천(praxis) 과정이다. 따라서 교육 프로그램 개발의 핵심 요소는 교수자와 학습자의 협동적 실천 연구이며, 개발 과정에 있어 개발자는 교수자이면서 학습자와 함께하는 참여자이자 파트너라는 특징을 지닌다.

2. 평생교육 프로그램 개발 접근법

평생교육 프로그램 개발 접근법은 프로그램 개발자가 일반적으로 적용할 지침, 실제 적용 가능한 다양한 형식과 전략을 의미한다. 프로그램의 목적에 따라 각각 다른 접근법을 적용할 수 있으며, 프로그램의 성격이나 기관의 특성에 따라 결정된다.

1) 점증주의 접근

인간이 본질적으로 지닌 기획력과 사고에 기초하여 접근하는 방식을 의미한다. 단 한 번의 계획으로 모든 과정이 이루어지는 것이 아닌 끊임없는 기획과 구성을 반복하며 목표를 향해 접근한다. 이 방법은 평생교육 현장에서 기초적인 수준으로 자주 사용되고 있다.

프로그램 개발을 위해 다른 기관의 프로그램을 우선적으로 벤치마킹한 후, 그 내용을 수용, 수정, 모방을 거쳐 점차 자신의 기관에 적합한 교육 프로그램으로 재조정하여 정착시키는 접근법이다.

2) 기술공학적 접근

행동주의 학습이론과 기계론적 교육관에 근거를 둔다. 교육목표는 프로그램 참여자의 외현적 행동 변화이다. 기술공학적 접근법은 교육목표, 방법, 내용, 평가 등의 과정을 하나의 계열적 성격을 띤 체계를 가짐으로써 프로그램 개발 과정에서 발생할 수 있는 다양한 문제를 단순화시킨다. 목표 달성을 위한 접근법이며, 전문가 집단에서 주로 이용된다. 이러한 접근법은 시간을 절약하고, 명확한 방향제시가 가능하다는 장점이 있다.

3) 체제적 접근

체제적 접근은 평생교육 현장에 적용되는 중요한 문제와 요구를 규명하고 해결하는 데 주로 적용된다. 이 접근법은 경험주의(empiricism)에 근거한 논리적인 문제 해결 과정이며, 더욱 효과적이고 효율적으로 결과를 산출하고 목적을 달성하기 위한 과정 도구이다. 이 접근법은 평생교육기관을 하나의 사회체제로 간주하고 학습자, 사회교육기관 및 조직체, 환경 등과 상호작용을 통해 프로그램을 개발한다. 학습자와 사회 요구에 부응하도록 참여자의 역할을 강조하며, 질서 정연한 프로그램 개발 과정을 형성한다.

4) 참여 계획 접근

참여 계획 접근법은 프로그램 개발 관계자 모두를 대상자로 포함하여 함께 프로그램을 완성해 가는 방법이다. 민주적인 방법으로서 의사결정 후에 관련 집단의 요구사항, 문제, 자원 등이 모두 고려되기 때문에 가장 합리적인 방법으로 인정된다. 단, 시간이 많이 소요된다는 단점이 있으며, 개발자의 협상 능력과 촉진 능력에 따라 결과가 크게 달라지므로 개발자의 전문성이 반드시 요구된다.

5) 경영 관리적 접근

경영 관리적 접근은 평생교육기관이 점차 전문화, 제도화, 조직화되어 감에 따라 부각된다. 경영 관리적 접근법은 프로그램 개발자가 설정된 교육목표를 달성하기 위해 인적 자원과 물적 자원을 동시에 효율적으로 중재하는 것이며, 프로그램의 유지보다는 재조직과 개발에 주력하여 프로그램의 전문성과 효율성을 강조한다.

6) 자원 활용 계획 접근

자원 활용 계획 접근은 투입할 수 있는 인적·물적·사회적 자원을 최대한 활용하는 접근법이다.

7) 요구 분석 접근

일반적으로 요구 분석이란 바람직한 상태와 현재 상태의 차이를 확인하고, 이러한 차이가 발생된 원인을 분석하고, 도출된 해결안 중 제한 조건과 가용 자원을 고려하여 우선순위를 결정하는 체계적인 과정과 절차를 의미한다(임철일, 연은경, 2015). 따라서 이 접근법은 프로그램의 소비자인 학습자에게 최적화된 프로그램을 개발하기 위한 방법이다. 프로그램을 계획하기 이전에 교육 대상 또는 예비자들을 대상으로 교육에 대한 요구나 기대사항을 측정하여 프로그램에 반영하는 것이다.

8) 직무 분석 중심 계획 접근

직무 분석 중심 계획 접근이란 직무와 관련하여 해당 직업에 종사하는 사람들의 직무내용을 구체적으로 기술하고, 직무명세서, 직업명세서, 작업명세서 등을 작성하여 그 직무의 성격과 체계, 기능, 그 외 직무 수행에 필요한 사항들을 중심으로 분석하는 것을 의미한다. 이러한 접근법은 해당 직무를 수행함에 있어 요구되는 사항을 조사하고 발굴하여 작업 수행에 필요한 기술, 태도, 지식, 도구 등을 학습내용에 포함하는 방법을 의미한다. 직업과 관련된 개발에 많이 활용되고 있다.

3. 평생교육 프로그램 개발 모형

평생교육 현장에서 교육 프로그램을 개발하기 위해서는 사전에 철저한 계획과 과정이 필요하다. 교육이 프로그램을 통해 만들고자 하는 변화는 학습자의 심리적·인지적 변화뿐만 아니라 집단, 문화, 환경의 변화까지 고려하는 것이 특징이다(이수연, 박상옥, 2017). 교육 프로그램은 변화 적응과 동시에 변화 주도를 위한 교육의 실체이다. 이때 효과적인 프로그램 개발을 위해 다음의 모형들을 활용할 수 있다.

1) 고전적 이론에 따른 프로그램 개발 모형

고전적 이론은 선형적 접근방식으로, 프로그램 개발 과정에서 절차를 매우 강조하는 가장 오래되고 널리 활용되는 이론 중 하나이다. Tyler(1949)는 프로그램 개발에 관한 전통적 이론가 중 대표적인 학자로서 고전적 이론은 대부분 그가 제시한 모형을 기초로 삼고 있다(강혜옥, 2019). 미국 진보주의 교육협회에서 추진한 '8년 연구'의 평가 분야를 총괄하던 Tyler는 1949년에 출간한 『교육과정의 기본원리(Basic principles of curriculum and instruction)』에서 프로그램을 개발하는 과정은 합리적이고 조직적일 필요가 있다고 주장하였다. Tyler의 프로그램 개발 모형을 그림으로 제시하면 [그림 3-1]과 같다.

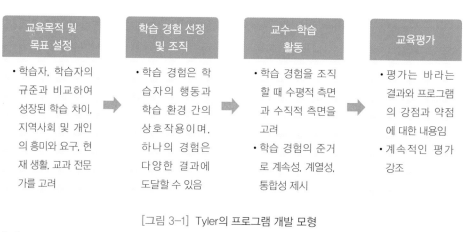

[그림 3-1] Tyler의 프로그램 개발 모형

출처: Tyler (1949).

고전적 이론의 특징은 목표 지향적이다. 따라서 프로그램 개발에서 학습목표 설정이 중요한 관심사이고, 학습내용은 목표 달성을 위한 수단으로 간주하여 이 수단이 목표를 성취했는지 결정하는 과정을 주로 기술하고 있어 '수단-결과 모형(means-ends model)'이라고도 한다(최은수 외, 2016).

고전적 이론은 명확한 학습목표, 체계적인 학습활동, 학습목표에 근거한 평가 등 논리적이고 단계적인 절차를 제시하였다는 점에서 높은 평가를 받고 있으나, 프로그램 개발 과정을 지나치게 단순화시켜서 유연성이 부족하다는 비판을 받고 있다(최은수 외, 2016). 또한 교수와 학습 과정은 예측이 불가능한 역동적인 상호작용 과정이며, 교수자들은 프로그램을 개발할 때 논리적인 단계를 따르기보다는 이미 알고 있는 내용부터 출발한다는 점에서 적용에 한계가 있다는 지적을 받고 있다(강혜옥, 2019).

2) Boone의 프로그램 개발 모형

Boone은 평생교육 프로그램 개발에 있어서 기관에 영향을 미치는 사회기능적 맥락, 사회문화적 맥락의 역학관계를 강조하고 전체적 체제의 개념을 제시하였다(신용주, 2017). Boone의 모형에서는 조직의 목적, 학습자의 욕구 분석, 평가를 실제처럼 명료화하는 것을 중시한다. 프로그램 개발 과정에서의 개발자의 여러 영향력을 중요시 여긴다. 개발자의 교육에 대한 기본 신념과 학습자들의 교육 욕구 분석, 평가, 분석하기 위해 조직(파트너, 리더 등)과 효과적으로 상호작용할 것을 강조했다. 이 과정에서 교육기관은 프로그램에 필요한 인적 자원, 물적 자원 지원과 실행을 위한 환경을 조성하며, 학습자는 조직의 철학과 신념, 과정, 기능 구조의 역동성에 영향을 받는다. Boone은 프로그램의 기획, 실행, 평가의 3단계로 구분하고, 실행 과정을 다시 생활활동계획, 활동전략으로 세분화하였다. 각 단계별 내용은 다음과 같다.

① 1단계(기획): 이 단계는 행동 변화를 목표하는 프로그램 기획 단계로서 미시적 · 거시적 욕구 및 관련 목표 진술, 교육전략, 산출 결과를 세분화한다.
② 2단계(실행): 이 단계는 프로그램을 실행하는 단계로서 활동 계획과 활동 전략으로 세분화된다. 활동 계획은 구체화된 교수 계획으로서 학습자의 욕구 실현, 장기적인 목표 달성을 위해 세부적인 학습자의 행동 방향을 제시한다. 활동 전략은 프로그램의 계획내용을 실행하는 과정에서 연관되는 시장조사, 인적 · 물적 자원의 획득, 개발 및 실행, 교육활동 조정, 교육과 학습자 강화 등 최적화된 효과 창출을 위한 교수활동의 피드백이다. 이러한 계획과 실행 과정은 학습 참여자의 욕구 충족을 위한 조직 차원의 노력이다.
③ 3단계(평가): 이 단계는 프로그램 과정의 조사 및 측정, 학습자와 교수자, 기관, 재정 자원, 교수진의 책무성과 기관 회복, 프로그램 투입 사정 등 프로그램 수

정을 위한 내용으로 구성된다. 학습자가 프로그램에 참여한 결과로 획득한 지식, 기술, 태도 등의 변화를 측정하여 목표 달성 정도를 조사한다. 프로그램의 실행 결과를 조사하고 측정함으로써 프로그램 투입에 대한 이해를 증진시키고 개선을 위한 프로그램 투입요소를 수정한다.

3) Boyle의 프로그램 개발 모형

Boyle(1981)의 모형은 프로그램 개발을 환경과의 상호작용 및 지역사회에 초점을 두는 기술적인 과정으로 제시한다. 프로그램 개발 과정과 실행은 프로그램 개발자의 인간적인 신뢰로부터 영향을 받기 때문에 프로그램 개발에 대한 철학적 설정이 반드시 기반되어야 한다. 학습자 요구에 대한 분석과 정의로부터 프로그램 개발이 시작된다. 따라서 문제가 되는 상황 분석을 통해 환경에 대한 전체적인 이해를 높여야 한다. 동시에 상황 분석에 필요한 이해관계자와 그들의 역할과 책임을 규정하고,

표 3-1 Boyle의 프로그램 개발 모형

구분	세부 단계
계획	1. 프로그램 개발에 대한 철학적 기초 확립 2. 학습자와 지역사회의 요구 및 문제 상황 분석 3. 잠재적 학습자의 참여 4. 잠재 고객의 지적·사회적 발달 수준 검토 5. 프로그램 목표 설정을 위한 자료 분석 6. 기관 및 개인의 학습 저해요인 파악 7. 프로그램의 우선순위 설정 기준 마련 8. 계획된 프로그램의 경직성 및 유연성 정도 분석 9. 공식적·비공식적 권력 상황에 대한 정당화와 지원
실행	10. 학습 경험의 선택 및 조직 11. 교육방법, 교육기법, 그리고 교육기자재에 따른 교수설계 12. 효과적인 홍보방법의 활용 13. 프로그램의 시행에 필요한 자원의 획득
평가	14. 프로그램의 결과 평가 15. 의사결정자에게 프로그램의 효과성 및 가치 보고

출처: Boyle(1981): 박윤희(2002), p. 24에서 재인용.

연구방법과 분석, 접근법에 대해서도 결정해야 한다.

Boyle은 이론, 분석, 실행 등을 종합적으로 고려하여 〈표 3-1〉과 같이 제시하였다.

4) ADDIE 모형

교수체제 개발은 성인교육 또는 인적 자원 개발(Human Resource Development: HRD) 영역의 교육훈련 프로그램 개발에서 가장 많이 사용되고 있는 모형으로서 교수체제의 설계, 개발, 적용 등에 있어서 구조적 접근을 중요시한다(노경란, 변정현, 2010). 교수체제 개발의 대표적인 모형으로 Dick과 Carey의 모형, Kemp의 교수설계 모형 등이 있다. 이와 같은 교수체제 개발 모형들은 오랜 시간에 걸쳐 다양한 형태로 개발되고 정교화되었으며, 이러한 변화 과정을 통해 교수설계 시 필요한 절차를 총괄하여 분석(Analysis), 설계(Design), 개발(Development), 실행(Implementation), 평가(Evaluation)의 일반적인 다섯 가지의 과정이 정립되었다. 이렇게 정립된 5단계의 머리글자를 반영하여 ADDIE 모형이라고 불리며(박진애, 2018; 정재삼, 1996), 각 단계들은 분리되어 있으면서도 서로 유기적인 연관성을 지닌다(이신동 외, 2012).

이러한 ADDIE 모형은 다섯 가지의 특징을 지니고 있다. 첫째, 단계마다 신중한 반영과 논리적인 순서에 따라 진행되는 체계적(systematic)인 절차가 필요하다. 둘째, 성공적인 수행과 목적 달성을 위한 과정을 포함하고 있으며, 교수체제 요소 간에 상호 의존적인 형태를 취하고 있기 때문에 체제적(systemic)인 특성을 가지고 있다고 볼 수 있다. 셋째, 특정 프로그램 설계자나 장소와는 무관하게 동일한 수행이 될 수 있으므로 신뢰적(reliable)이다. 넷째, 프로그램 개발 과정에서 분석, 설계, 개발, 실행, 평가 과정의 반복이 가능하므로 순환적(iterative)이다. 마지막으로, 이러한 순환적 자료에 기초하여 의사결정을 진행하므로 경험적(empirical)인 특성을 지닌다(박진애, 2018). ADDIE 모형의 다섯 가지 단계별 세부적인 내용은 다음의 〈표 3-2〉와 같다.

분석단계는 교수설계의 가장 초기 단계로, 학습내용을 정의하고 조직적으로 계획을 결정하는 단계(박미주, 2017)로서 프로그램 개발 과정에서 가장 중요한 단계이다(윤옥한, 2014). 이 단계에서 해야 할 과제는 학습자의 요구 분석, 학습자의 특성

표 3-2 ADDIE 모형의 구성요인

구분	기능	세부 활동	산출 결과
분석 (Analysis)	학습내용(What) 정의	요구 사정, 수행문제분석 학습자 분석 환경 분석 직무 및 과제 분석	수행문제 분석 교육목적 제한점 학습과제
설계 (Design)	교수방법(How) 정의	목표설계 교수설계 평가설계 방법설계	수행목표 교재, 교안 평가문항 매체, 사례 등
개발 (Development)	교수자료 개발	교수자료 개발 평가문항 개발 각종 교육자료 개발 시범 실시	교재, 교안 평가문항 매체, 사례 등 시범 자료
실행 (Implementation)	실제 상황에 프로그램 설치	프로그램의 사용, 설치 유지 및 관리	프로그램 실행
평가 (Evaluation)	프로그램의 효과성 결정	프로그램의 효과 평가 총괄평가	프로그램의 가치 및 평가보고서 총괄평가

출처: 윤옥한(2014), p. 108: 강혜옥(2019)에서 재인용.

분석, 환경 분석, 직무 및 과제 분석이다(윤옥한, 2014). 특히, 요구 분석은 프로그램에 영향을 미치는 여러 가지 요인과 제약요건을 규명하여 요구를 관리하면서 합리적으로 프로그램을 설계하고 개발하는 데 도움을 주고자 수행하는 활동이다(전보혜, 2016). 이와 같은 요구 분석을 실시하기 위해서는 특정 지식과 기능 그리고 상황에 대한 현재 상태와 바람직한 상태의 차이 요구를 규명해야 한다(박진애, 2018).

설계단계는 분석단계에서의 도출 결과, 즉 문제점과 산출물을 바탕으로 효율적인 프로그램 개발을 위해 교육방법을 구체화하는 과정이다(전보혜, 2016). 이 단계에서는 목표 설계, 내용 선정, 교수전략 및 매체 선정, 평가방법 수립 등이 이루어진다.

개발단계에서는 분석과 설계 단계에서 도출된 결과에 따라 실제로 사용될 교육자료를 개발하고 제작한다. 구체적으로, 교수자료, 평가문항, 각종 교육자료 등을 시청각 매체, 인쇄 매체 등 다양한 형태로 개발할 수 있다.

　실행과 평가 단계는 실제 프로그램을 현장에 적용하고 그 결과에 따라 프로그램의 효과를 평가하는 것이다. 프로그램 실행의 목적은 개발된 프로그램의 교육내용을 효과적이고 효율적으로 전달하는 것이다(전보혜, 2016). 프로그램의 지속적인 유지 및 관리 또한 실행단계에 포함된다(박미주, 2017). 또한 평가단계에서는 개발된 프로그램의 효과성과 효율성, 프로그램의 문제점과 개선사항 등 총체적인 평가를 실시한다.

　이러한 ADDIE 모형의 단계는 선형적 또는 순환적으로 이루어지며, 순차적인 순환을 돌아 나온 최종 평가 결과를 기반으로 다시 다음 순환의 첫 단계인 분석에 반영하여 개선해 나가면서 지속적으로 발전시켜 나갈 수도 있으며, 각 단계는 피드백과 수정의 과정들이 복잡하게 얽혀 있다. 이러한 ADDIE 모형은 프로그램 개발의 기본적인 모형으로 자리 잡고 있으나, 설계 후 즉각적인 재반영의 어려움과 마지막 평가단계에 이르러서야 통합적으로 완성이 되기 때문에 기간이 길어지게 된다. 따라서 변화하는 요구에 즉각 대응하기가 어렵다는 한계점을 지니고 있다.

5) 상호작용 모형

　상호작용 모형(Interactive model)은 프로그램 개발이 이루어지는 과정에서 일어나는 역동적인 상호작용에 초점을 맞추는 것으로서 프로그램 개발은 단계적 · 직선적인 과정이 아니라 여러 요소 간의 상호작용의 산물로 규정하는 것으로, 상호작용 이론은 개발자의 주관적 가치와 상황에 따라서 유연하게 개발될 수 있음을 강조하는 이론이다. 따라서 기존의 전통적 이론에서 프로그램 개발 절차나 순차적 과정을 중시하는 것과는 차별화된다(신용주, 2016). 상호작용 모형은 다양한 기업교육과 성인교육 현장에서 활용되는 프로그램 개발 모형으로서 프로그램 기획 개발에 필요한 이슈들을 큰 틀에서 동시에 고려하여 활용할 수 있다는 장점을 지닌다. 이 모형은 최종적으로 산출될 프로그램 개발물이 현장에서 실제적으로 실행 가능하도록 하기 위해서 상황 분석, 교수설계, 마케팅 방안 및 교육장소의 장비나 공간 등을 동시다발적으로 고려하여 프로그램의 현실적 효용성을 제고할 수 있다(노경란, 변정현, 2010). 상호작용 모형을 제시한 대표적 학자로는 Houle과 Caffarella가 있다.

(1) Houle의 모형

Houle(1972)은 프로그램 개발단계에서 계획에 초점을 두었으며, 다음의 가정을 기초로 하여 프로그램 개발의 원리를 설명하였다.

첫째, 학습은 특수하고 구체적인 상황에서 발생되고, 그 상황으로부터 크게 영향을 받는다.

둘째, 교육적인 활동의 계획이나 분석은 인간 경험의 실체와 지속적인 변화에 근거하여야 한다.

셋째, 교육은 실천적 학문이다.

넷째, 교육은 상호 협력적 학문이다.

다섯째, 교육활동의 계획이나 분석 시 분석 목적을 위해 복잡한 현실을 관념화하는 일정 기간이 필요하다.

여섯째, 교육활동의 계획, 분석은 교수자, 학습자, 분석가 및 이들의 협력으로 행해진다.

일곱째, 교육설계는 사건의 연속물이 아닌 상호작용하는 요소의 복합체이다.

Houle은 이 가정을 기초로 하여 두 가지 차원의 프로그램 개발을 제시하였다. 첫째는 프로그램 개발이 일어나는 교육형태의 열한 가지 상황을 개인, 집단, 기관, 대중매체 등으로 나누어 제시하였고, 둘째는 프로그램 설계가 이루어지는 의사결정 포인트를 7단계로 나누어 설명하였다(김진화, 2012). 특이한 점은 학습자의 삶의 경험을 중요한 학습 과정으로 고려하여 다섯 번째 설정 단계를 통해 학습활동과 학습자의 삶의 개별 영역을 연결시키고 있다. Houle의 프로그램 개발 모형은 [그림 3-2]와 같다.

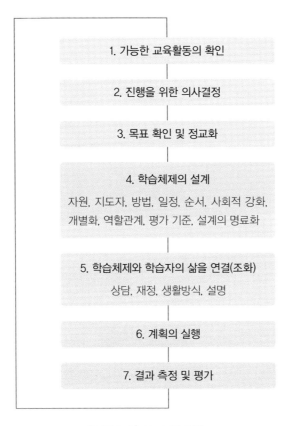

[그림 3-2] Houle의 모형

출처: Houle (1972), p. 42: 박윤희(2002)에서 재인용.

(2) Caffarella와 Daffron의 모형

　　Caffarella와 Daffron(2013)의 상호작용 모형에서는 프로그램 개발 과정에서 프로그램 개발자가 특히 중요하게 여겨야 할 다섯 가지의 큰 영역의 기반을 추가 제시하였다. 성인 학습의 이해(경험학습, 전환학습 등), 문화적 차이 존중, 이해관계자들과의 관계 형성, 권력과 관심사, 기술 등이 그것이다. 프로그램 개발 과정에 있어서의 기술적 영역뿐만 아니라 다양하고 복합적인 상호작용 요소를 함께 고려해야 함을 강조하고 있다. 그 내용을 그림으로 제시하면 [그림 3-3]과 같다.

　　상호작용 모형의 구성요소는 크게 열한 가지로 제시되어 있다. 그 내용을 구체적으로 살펴보면 상황 파악, 지원 기반 구축, 요구와 아이디어 확인 및 우선순위 선정, 프로그램 목표 및 목적 개발, 교수 계획 설계, 학습전이 계획 수립, 프로그램 평가계획 수립, 필요한 형식과 일정 및 인력의 선정, 예산 준비 및 관리, 마케팅 계획 구성,

[그림 3-3] Caffarella와 Daffron의 상호작용 모형

출처: Caffarella & Daffron (2013), p. 29: 강혜옥(2019)에서 재인용.

그 외 세부적인 내용 등으로 구성되어 있다.

상호작용 모형은 프로그램 기획 및 개발을 위한 주요 이슈는 제공해 주되, 단계성이 존재하지 않고 동시적으로 다양한 요소를 고려하여 기획한다는 점에서 다양성을 근간으로 한 상황에 보다 실용적으로 적용될 수 있다(노경란, 변정현, 2010).

프로그램 개발 과정에서 교육운영에 대한 아이디어를 도출하고, 이해관계자들과 관련 기관의 상황적 요인에 대해 파악할 수 있도록 돕는다(강혜옥, 2019). 또한 다양한 요구 분석 방법의 활용이 가능하며, 프로그램의 기획 및 실행 단계에서 이해관계자들과의 지지 기반을 구축할 수 있도록 한다. 또한 프로그램 운영을 위해서는 필요한 인력이나 가능한 일정 등을 탄력적으로 고려할 수 있고, 주요 관계 기관과 담당자의 요구와 현황을 수시로 파악할 수 있으며, 이 과정에서 실행 가능한 프로그램 아이디어가 새롭게 제기되는 유연성이 이 모형의 특징이다(김은순, 2017).

Caffarella와 Daffron(2013)이 제시한 상호작용 모형의 열한 가지 요소의 내용을 정리하면 다음의 〈표 3-3〉과 같다.

표 3-3 Caffarella와 Daffron의 상호작용 모형의 구성요인

구분	내용
상황 파악 (discerning the context)	−상황 파악을 위한 정보 출처 파악 및 접근 과정 −개발 과정에서 발생하는 권력관계에 대한 이해와 그 상황을 탐색하는 데 필요한 개발자의 협상 기술 훈련 −개발 과정 전반에 걸쳐 의사결정에 영향을 미치는 사람, 조직, 환경 차원에서 상황 파악이 이루어짐
지원 기반 구축 (building a solid base of support)	−현재 및 잠재적 참가자, 모든 수준의 조직 인력 및 기타 이해관계자를 포함한 주요 구성 그룹의 교육 및 훈련 활동 계획 및 실시, 학습 전이 지원, 자문위원회 지원 등의 적절한 구조를 수립하여 지속적인 조직 지원을 하는 과정
요구와 아이디어 확인 및 우선순위 선정 (identifying and prioritizing ideas and needs)	−프로그램 개발과 관련된 문헌자료, 인적 정보원 파악, 설문조사, 질문조사, 관찰, 면접, 집단 활동, 직무 분석, 주변인으로부터의 정보 수집 등을 활용한 아이디어 도출 −도출된 아이디어에 대해 제공 가능한 자원(장소, 일정, 예산 등) 내에서 교육적 방법을 통해 지원 가능한 내용 분류 및 우선순위를 결정
프로그램 목표 및 목적 개발 (developing program goals and objectives)	−학습 내용과 결과 등 프로그램 운영상의 측면을 반영한 명확한 목표 설정 −프로그램 목표는 이해관계자들이 이해할 수 있도록 명확하게 작성 및 목표 변경에 대한 협상
교수계획 설계 (designing instruction)	−명확한 회기별 학습목표 수립, 학습자가 학습해야 하는 내용을 중심으로 교육내용 구성, 학습목표 달성을 위한 적합한 교수기법, 교수자원(실물, 인쇄물, 시각 보조물, 시청각 자료, 컴퓨터 활용 보조물, 상호작용 기법 등)을 선택하고 개발
학습전이 계획 수립 (devising transfer of learning plans)	−학습전이 과정에서의 장애물과 강화요소에 대한 파악과 최적의 학습전이 전략을 수립하는 과정 −학습전이 계획 및 내용과 기법에 대하여 교수자, 관계자, 학습자 등에 전달 및 협상과 변경
프로그램 평가계획 수립 (formulating program evaluation plans)	−체계적으로 프로그램을 평가할 수 있는 계획 수립 −프로그램 평가 접근과 평가자료 수집 · 분석 방법 결정
필요한 형식과 일정 및 인력의 선정 (selecting formats, scheduling and staffing programs)	−학습활동에 가장 적합한 교육방식(집합교육, 원격수업, 공동체 학습 등) 결정 −프로그램 일정 결정 및 프로그램 진행 과정에 필요한 직원(교수자, 평가자, 기술 직원 등)의 역할 파악

예산 준비 및 관리 (preparing and managing budgets)	-프로그램 개발 및 운영 관련 예산 책정, 관리 -프로그램 활동 과정에서의 예상치 못한 비상사태에 대비한 계획 수립
마케팅 계획 구성 (organizing marketing campaigns)	-참여 대상 분석 및 홍보 자료와 도구 선정 -참여 유도를 위한 프로그램 홍보 자료(문서 및 대면, 시각적 메시지 등) 등의 제작과 마케팅 활동 준비
세부사항 (details)	-그 외 프로그램 전, 도중, 후에 발생할 수 있는 문제점 예상 및 해결책에 대한 고려 -일정 및 장소, 시설의 사전조사 및 확보 등 프로그램 진행에 관련된 세부사항에 대한 확인

출처: Caffarella & Daffron(2013), pp. 371-374: 강혜옥(2019)에서 재인용.

6) 정치적 모형

정치적 모형은 프로그램 개발 과정에 개입되는 권력작용에 초점을 둔다. 고전적 이론이나 상호작용 모형에서는 프로그램 개발 과정이 가치 중립적이며, 권력관계나 정치적 요소들이 고려되지 않았다는 비판에서 비롯되었다. 대표적으로 Cervero 와 Wilson의 협상모형과 Freire의 해방교육 모형이 있다.

(1) 협상 모형

Cervero와 Wilson(1994)은 프로그램 개발 과정에서 필요한 절차적 원리와 지침을 이해하는 것과 더불어 프로그램 개발이 이루어지는 맥락을 개발자가 이해하는 것에서부터 출발해야 함을 주장하였다. 협상 모형은 프로그램 개발을 기관 및 사회적 맥락 속에서 협동과 타협을 통해 이루어 내는 사회적 활동으로 보아 교육 프로그램의 개발 과정에서 개발자가 부딪히면서 외부의 압력이나 요구에 대해 실질적으로 어떤 행동을 취하고 있는지에 초점이 맞추어진다. 그들은 프로그램 개발에 내재되어 있는 정치적 성격을 강조하였으며, 프로그램 개발 과정에서 프로그램 개발자가 보여 주는 정치적 행동과 책임에 초점을 두는 협상 모형을 제시하였다.

기존의 프로그램 개발 이론이 제시해 온 것과 같이 프로그램 개발을 기술적 과정으로만 보아서는 안 되며, 권력 및 권력 다툼의 결과물로서 그 특성을 인식하는 것이 중요하다고 하였다(신용주, 2017). 권력(power)이란 행위자가 자신의 의지와 관심에 따라서 행동할 수 있는 가능성을 의미한다. 따라서 교육 프로그램 개발에서 권력은 개발자가 할 수 있는 것이 무엇인지를 결정하는 역할을 하며, 권력은 끊임없이 지속되는 행위 능력이지만, 상황에 따라 드러나기도 하고 드러나지 않기도 한다(Cervero & Wilson, 1994). 특정 이해관계자가 프로그램 개발에서 보다 우월한 권력을 행사하거나 또는 다른 이해관계자들로부터 인정을 받을수록 자신이 선호하는 목표, 내용, 형식으로 프로그램 개발에 대한 기대 가능성이 커지게 된다. 권력은 제도나 구조가 아니며, 누군가에게 부여된 일정한 힘도 아니다. 그 자체로 존립하지 않고, 행사를 통해 성립하며, 실체가 아닌 관계의 개념이다(이수연, 박상옥, 2017).

협상 모형에서 프로그램 개발자의 역할, 특히 정치적 협상 능력은 매우 중요하며 프로그램 개발에 관련된 이해관계자들의 서로 다른 관심사가 민주적 가치에 기초해 공평하게 반영되도록 프로그램 개발을 이끄는 능력이 요구된다(신용주, 2017). 이해관계(interests)는 관심사로도 해석되며, 한 사람의 관심사는 이익에만 의존적이지 않으며 한 사람이 동시에 여러 관심사를 갖기도 하고 심지어 대립되는 관심사가 공존하기도 한다(이수연, 박상옥, 2017). 평생교육 프로그램은 권력관계에 속한 특정한 관심사를 지닌 이해관계자 집단들이 각자의 사회적 지위와 역할에 따라서 갖게 되는 기대 또는 관심사항이다. 다양한 이해관계자의 관심사와 이해가 모종의 방식으로 조합되어 구현된 것이 바로 프로그램이다(최은수 외, 2016).

프로그램 개발 과정에서 개발자가 다양한 이해관계와 관심사를 효과적으로 협상하고 책임감 있게 의사결정을 내릴 수 있는 원리가 함께 논의될 때 비로소 프로그램 개발 이론이 본질적으로 기능할 수 있으며(김진화, 이종만, 2000), 프로그램 개발 활동은 그 자체가 하나의 사회적 실천으로서 시간적·공간적·문화적 환경에 따른 상황적 요인들이 개발 활동에 필연적으로 개입한다(김한별 외, 2010). Cervero와 Wilson(1994)은 협상에 대해서 다음의 세 가지 의미를 제시하였다. 첫째, 프로그램 개발자가 자신의 관심사 사이에서 협상하는 것과 다양한 권력관계에 대한 협상을 포함한다. 둘째, 프로그램 개발자의 행동은 프로그램 개발과 관련된 모든 사람의 관심사와 권력관계를 재구조화시킨다. 협상의 과정은 사람들의 관심사와 권력관계가 유지되거나 강력해지는 것 또는 변환되는 것으로 영향을 미친다(이수연, 박상옥, 2017). 셋째, 관심사가 직접적으로 영향을 미치는 것과 관심사 사이를 흥정하는 것두 가지의 이중 의미를 사용한다. 다시 말하면 프로그램 개발자가 행동하는 것(act in)과 협상을 통해 영향을 미치는 것(act on) 모두를 고려한다(이수연, 박상옥, 2017).

협상 모형에서는 프로그램 개발자의 전문적 지식은 물론이고 권력관계를 파악하고 이에 대응하는 정치적 역량과 협상 능력 그리고 윤리성과 책임성이 강조된다. 즉, 프로그램 개발자의 실천적 판단은 실현 가능하고 바람직한 대안에 대해 계획할 뿐만 아니라, 다른 사람과 협상하고 갈등하는 요구와 관심사를 선택하고, 진실을 개발하고, 지지를 끌어내고, 반대를 극복하게 한다(이수연, 박상옥, 2017). 또한 타이밍에 예민하며 공식적·비공식적 관계를 잘 아는 사회적 활동인 것이다(신용주, 2017; Cervero & Wilson, 1994; Forester, 1989). 더불어 프로그램 개발자가 민주주의 이념과 평등 의식, 인간 존중 사항, 공동선과 같은 가치에 대한 명확한 인식을 가질 것을 주장하였다.

(2) 해방교육 모형

해방교육 모형은 Freire(1985)의 문맹 퇴치에서 출발하여 더 나은 인간화를 위해 프로그램 개발을 정치적 비판 관점으로 분석하는 것이다. Freire의 교육사상과 실천은 문자 습득을 통한 억압받는 자들의 해방과 인간화를 위한 '해방의 교육'에 초점을 두고 개발되었다. 또한 교사와 학습자 간의 상호 대화를 통해 정치적 파워의 영향력을 인식시키고 그들의 무의식적인 지배를 일깨우는 비판적 의식이 발달해 가는 '의식화 교육'이다.

Freire의 '교육은 정치'라는 입장에 따르면, 미완의 인간으로서 인간은 꿈과 이상, 목표 등을 지향할 수밖에 없는 존재이고, 교육이 현실의 모순을 넘어 보다 더 나은 사회와 세계로 나아갈 수 있게 하는 인식이자 실천인 점에서 중립적일 수 없다는 뜻이다(정윤경, 2021). 또한 교육을 포함해 인간이 살아가면서 맞닥뜨리는 모든 사안은 정치적일 수밖에 없음을 강조한다.

그가 실천한 문해교육의 구체적인 모습을 살펴보면 다음과 같다. 글자를 모르는 가난한 농민들에게 문해교육을 하기 위한 준비단계로 먼저 학습자들의 문화적 맥락을 파악했다. 주민들과의 비공식적인 만남과 인터뷰를 통해 그들의 소망, 좌절, 불신, 희망 등에 관한 내용과 함께 학습자들에게 의미 있고, 경험이 담긴 낱말과 표현을 조사했다. Freire는 이것을 '생성어(generative word)'라고 하였고, 그들의 실존적 상황을 나타내는 그림이나 슬라이드, 포스터 등의 '편찬물'을 활용했다. 즉, Freire는 문해교육과정에서 학습자의 현실과 무관한 교재로 가르치는 것이 아니라, 학습자의 정서를 반영한 현실에서 출발하고자 했다.

준비단계가 끝난 후 문해교육은 '동기 부여 → 생성어 학습 → 생성주제에 관한 토론'으로 이루어졌다. 예컨대, 조사를 거쳐 만든 그림자료와 생성어(예: '빈민지구'라는 뜻의 Favela)를 보면서 그림에 나타난 상황에 관한 이야기를 하고, 생성어를 중심으로 글자를 익힌다. 그림을 보면서 학습에 참여한 이들은 자신들이 노동자일 뿐만 아니라 문화 생산자임을 이야기하면서 글 읽기와 세계 읽기에 대한 동기를 갖게 된다. 자신들의 상황에 관련된 그림으로 대화를 해 나가면서 처음에는 가난의 원인에 대해 운명, 팔자, 자신의 게으름을 탓하다가 차츰 가난이 어떤 구조적 모순에 의한 것이라는 점을 인식하는 비판적 의식으로까지 발달해 가는 식이다.

🍴 토론 문제

A기업에서 올해 승진자를 대상으로 계층별 리더십 교육을 실시하고자 한다. 대리, 과장, 차장, 부장급이 그 대상이며, 요구조사를 실시한 결과 회사와 학습자의 내용이 서로 상이했다. 회사는 관리자로서의 의무와 책임, 애사심 증진에 대한 교육내용의 비중을 강조하였으며, 학습자군에서는 동료와의 커뮤니케이션, 감정 통제, 이성적 상황 판단 등의 실질적인 리더십 증진을 위한 실천적 교육을 요구하였다. 양측의 요구사항의 격차로 인해 프로그램 개발 담당부서는 난관을 겪고 있다. 이때 적합한 프로그램 개발 모형과 접근법을 제시하고 설명해 보시오.

참고문헌

강혜옥(2019). 중소기업 팀리더를 위한 CR리더십 프로그램 개발 및 효과성 평가. 숭실대학교 대학원 박사학위논문.

김진화, 정지웅(1996). 농촌지도사업 교육 프로그램개발에 대한 해석학적 분석. 한국농촌지도학회지, 3(2), 247-264.

김진화(2009). **평생교육 프로그램 개발론**. 경기: 교육과학사.

김진화(2012). 평생교육 프로그램 운영과 자료개발: 팽생교육기관을 위한 매뉴얼. 경기: 서현사.

김진화, 이종만(2000). 사회교육 프로그램개발 이론의 발전과 새로운 조망. 한국농산업교육학회, 32(2), 99-118.

김한별, 박소연, 유기웅(2010). 프로그램 개발 및 평가. 경기: 양서원.

노경란, 변정현(2010). 공공주도형 청년층 경력개발역량 강화 프로그램 개발 연구: Caffarella의 상호작용모형 적용 사례를 중심으로. HRD연구, 12(1), 293-321.

박미주(2017). 교수체제 모형(ADDIE)을 적용한 통합건강증진사업 직무 전문교육 프로그램 개발 및 효과 평가. 가천대학교 대학원 박사학위논문.

박성익, 임철일, 이재경, 최정임(2007). 교육방법의 교육공학적 이해. 서울: 교육과학사

박진애(2018). 프로그래밍 에세이 교수법과 평가 시스템 개발 및 그 효과분석: ADDIE 교수설계모형을 적용하여. 창원대학교 대학원 박사학위논문.

신용주(2017). 평생교육 프로그램 개발론. 서울: 학지사.

이수연(2016). 교육프로그램 개발에서 관심사와 권력의 협상 분석: A청소년수련원 지속가능발전교육 사례를 중심으로. 공주대학교 대학원 석사학위 논문.

이수연, 박상옥(2017). 평생교육 프로그램 개발에서 관심사와 권력의 협상 양상. 평생교육학연구, 23(1), 1-29.

이신동, 조형정, 장선영, 정종원(2012). 알기 쉬운 교육방법 및 교육공학. 경기: 양서원.

임철일, 연은경(2015). 기업교육 프로그램 개발과 교수체제설계. 경기: 교육과학사.

윤옥한(2014). 평생교육 프로그램 개발론. 경기: 양서원.

전보혜(2016). 범이론적 모형과 ADDIE 모형을 이용한 치과 금연프로그램 개발. 이화여자대학교 대학원 박사학위논문.

정재삼(1996). 교수설계(ID)와 교수체제개발(ISD)의 최근 경향과 논쟁: 21세기를 대비하는 교수공학의 지식기반 구축을 위하여. 한국교육공학회, 12(1), 41-74.

최은수(2016). 리더십 개발 프로그램: 이론과 사례. 경기: 공동체.

최은수, 김미자, 윤한수, 진규동, 임정임, 최연희, 이재남(2016). 평생교육 프로그램 개발론. 경기: 공동체.

한국교육신문(2021.2.5.). 정윤경, 프레이리(Paulo Freire)의 교육사상과 실천. https://www.hangyo.com/news/article.html?no=93101

Angelo, T & Cross, K. P. (1993). *Classroom assessment techniques: A handbook for college teachers*. San Francisco, CA: Jossey-Bass. pp 427.

Boyle(1981). *Planning better programs*. New York: McGraw-Hill.

Caffarella, R. S., & Daffron, S. R. (2013). *Planning program for adult learners.* (3nd ed). San Francisco, CA: Jossey-Bass.

Cervero, R., & Wilson, A. (1994). *Planning responsibility for adult education.* San Francisco, CA: Jossey-Bass.

Dick, W., & Carey, L. (1996). *The systematic design of instruction* (4th Ed.). New York: Harper Collins.

Forester, J. (1989). *Planning in the face of power.* Berkeley: University of California Press.

Freire, P. (1985). *Pedagogy of the oppressed.* New York: The Continuum Publishing Corporation.

Heinich, R., Molenda, M., Russell, J. D., & Smaldino, S. E. (1996). *Instructional media and technologies for learning.* NJ: Englewood Cliffs.

Houle, C. O. (1972). *The design of education.* San Francisco, CA: Jossey-Bass.

Kaufman, R. A. (1972). *Educational system planning.* NJ: Prentice-Hall.

London, J. (1960). "Program development in adult education". In M. S. Knowles(Ed.). *Handbook of adult education in the United States.* Chicago: Adult Education Association of the United States of America.

Sork, T. J. (1990). Theoretical foundations of educational program planning. *Journal of Continuing Education in the Health Professions, 10*(1). 73-83.

Suppes, P.(1974). The place of theory in educational research. *Educational Researcher, 3*(6), 3-10.

Tyler, R. W. (1949). *Basic principles of curriculum and instruction.* Chicago, IL: The University of Chicago Press.

Von Bertalanffy, L. (1968). *General System Theory: Foundations, Development.* New York: George Braziller.

제2부

평생교육 프로그램 개발의 과정

평생교육 프로그램 기획

새벽에 일어나면 아침에 할 일을 생각하고,
조반을 먹은 뒤에는 낮에 할 일을 생각하며,
잠자리에 들 때는 내일 할 일을 생각할 것이다.

－율곡 이이(李珥)－

학습목표

1. 프로그램 기획의 개념과 필요성에 대해 이해할 수 있다.
2. 기획의 특성과 원리, 기획의 과정에 대해 이해할 수 있다.
3. 우선순위와 의사결정에 대해 이해할 수 있다.

학습 개요

평생교육 프로그램은 학습자들의 교육적 문제와 욕구를 해결하려는 것으로, 어떻게 학습자의 긍정적 변화를 이끌어 낼 것인가에 관한 방법을 담고 있다. 프로그램 기획은 평생교육 기관의 목적을 달성하고, 프로그램에 대한 기관의 책임성과 관련이 있다. 즉, 교육 프로그램에 참여하는 학습자를 포함한 프로그램 이해 관련 당사자들에 대한 책임성이다. 또한 프로그램 기획을 통해 장래에 대한 불확실성을 감소시키는 효과를 기대해 볼 수 있다. 이 장에서는 기획의 개념과 필요성, 특성과 원리, 기획의 과정, 우선순위와 의사결정에 대해 구체적으로 살펴보고자 한다.

1. 프로그램 기획의 개념과 필요성

1) 기획의 개념과 프로그램 기획

일반적으로 기획이라고 하면 미래에 어떤 일을 어떻게 할 것인지를 지속적으로 결정하는 과정을 통해 계획을 세우는 것이라고 할 수 있다. 기획(planning, 企劃)이란 문제를 해결하고 미래의 사건들에 대한 경로를 통제하려는 의식적인 시도로서 예견, 체계적 사고, 조사 그리고 가치 선호를 통해 대안들을 선택해 나가는 의사결정이라고 규정된다(김영종, 2004).

기획은 계획을 세워 나가는 활동과 과정으로 계속적 행동 과정으로 이해되고, 계획(plan, 計劃)은 이러한 기획의 과정을 통해 얻은 결과의 의미로 해석된다(황성철, 2005).

즉, 기획은 계획을 이루는 과정을 의미하고, 계획은 기획의 결과로 얻은 최종안(最終案)을 의미한다(네이버 지식백과, 2021. 01. 22. 검색).

York는 기획에 대한 제반 정의들에 공통적으로 포함되어 있는 기획의 요소들을 '미래지향적' '지속성' '의사결정' '목적지향성' '수단과 목적의 결부'로 파악했다(김영종, 2004 재인용).

기획이란 창조성, 현실성, 논리성 모두를 겸비하고 있는 상태를 말하는 것으로, 즉 새롭고 혁신적인 사상을 현실적 여건을 고려하여 체계적으로 만들어 나가는 행위를 의미한다. 이에 반해 계획은 현실성과 논리성을 가지고 있으나 창조성의 요소가 없는 상태를 말한다(김진화, 2011).

기획은 평생교육 조직과 기관의 관점에서 조직의 내외부적인 환경 변화에 능동적으로 대응하기 위해서 조직의 발전 방향에 관한 목적과 목표를 수립하고 이를 달성하기 위한 미래에 대한 활동 계획과 내용을 결정하는 의사결정 과정으로 이해할 수 있다(황성철, 2005). 평생교육 프로그램의 관점에서 기획은 교육문제나 욕구를 해결하기 위해서 자원과 인력을 투입하여 학습자의 변화를 도모하기 위한 일련의 절차나 방법을 결정하는 과정으로 이해된다.

York(1983)는 기획이 다음과 같은 속성을 내포하고 있다고 정리하였다(지은구,

2005).

첫째, 기획이란 미래 지향적인 속성을 가진다. 기획이란 과거에 무슨 일이 일어났는지, 또는 무슨 결정이 일어났는지를 확인하는 것은 아니다.

둘째, 기획이란 일 년에 한 번쯤 하는 하나의 행사가 아닌 계속적인 과정이다.

셋째, 기획이란 결정 수립과 불가분의 관계에 있다.

넷째, 기획이란 목적 지향적인 속성을 가진다. 기획은 최적의 수단을 가지고 목적을 성취하도록 인도한다.

다섯째, 기획은 목표와 수단을 연결시켜 준다. 목적을 정의하는 것이 중요할 뿐만 아니라 그 목적을 성취할 수단을 규정하는 것도 중요하다.

2) 프로그램 기획의 필요성

프로그램 기획은 프로그램 개발이 전개될 전체적인 방향과 틀을 설정하고, 이에 따른 구체적인 사항들을 결정하기 위한 핵심적인 기초 작업이다(신용주, 2017).

프로그램 기획(program planning)이란 현재와 미래의 환경 변화에 대응하기 위한 것으로, 프로그램의 목적 설정, 수단의 선택, 실행, 평가에 이르는 제반 프로그램 과정에서의 합리적인 의사결정과 활동들로 규정할 수 있다(김영종, 2004).

평생교육기관과 평생교육 담당자가 행하는 프로그램 기획이 가지고 있는 기본적인 성격은 미래 지향적인 활동, 적극적이고 능동적인 행위, 평생교육기관의 효율성 증대 기능, 연속적이며 단계적인 과정, 협동적 노력 등이라는 것이다(Boone, 1985: 김진화, 2011에서 재인용).

프로그램을 기획해야 할 필요성에 있어 가장 큰 이유로는 프로그램에 대한 책임성과 직접 연관되어 있다고 볼 수 있다(지은구, 2005). 프로그램 개발에서 기획의 필요성은 다음과 같다(김영종, 2004; 황성철, 2005; 김진화, 2011).

(1) 합리성의 증진
기획은 합리성을 증진시키기 위해 필요하다. 기획은 문제해결과 의사결정을 위한 활동들에 합리적인 기술을 도입함으로써 결과 성취를 위한 가용 수단들이 무엇인지에 대한 결정을 보다 체계적 · 경험적인 것으로 만든다. 기획은 미래 지향적 활

동으로 조직과 프로그램이 당면한 문제해결과 의사결정을 하는 과정에서 과학적이
거나 경험적으로 검증된 수단과 방법을 채택하는 데 기여하기 때문에 의사결정을
합리화하는 데 도움을 준다.

(2) 효율성과 효과성 증진

기획은 특정 목적 달성을 위해서 투입되는 비용과 인력을 사전에 고려하여 자원
낭비를 줄일 수 있기에 효율성 증진에 기여하고, 최종 목적 달성을 위한 가장 적합
한 수단과 방법을 적용하는 의사결정에 도움을 주기 때문에 효과성 증진에도 기여
한다.

(3) 책임성의 증진

책임성이란 조직이나 프로그램의 정당성을 제시할 수 있는 능력을 말한다. 효율
성과 효과성은 조직 내부적으로 추구되는 가치인데 반해서 책임성은 조직 외부에
대해 정당성을 보여 주는 것과 관련된다. 공식적인 기획활동을 통해 프로그램과 관
련한 제반 정보들을 들추어냄으로써 프로그램이 사회적으로 재가된 목적들과 일치
하는지를 확인하도록 한다.

(4) 동기 부여와 사기 진작

기획은 학습자의 동기 부여와 조직 구성원 또는 프로그램 수행자의 사기 진작을
위해서 필요하다. 참여를 통해서 자신의 의견이 받아들여지고 중대한 의사결정이
이루어졌다면 스스로 성취감과 인정을 얻을 수 있기에 기획은 사기 진작에 중요한
역할을 한다. 또한 조직의 측면에서는 직원들을 프로그램 기획에 직접 참여하게 함
으로써 참여의식의 함양과 그에 따른 책임감 증대 등의 효과를 기대해 볼 수 있다
(지은구, 2005).

Skidmore(1995)는 프로그램 기획의 필요성을 바탕으로 프로그램의 과학적 설계
의 중요성을 다음의 〈표 4-1〉과 같이 제시하였다(정무성, 2008에서 재인용).

표 4-1 프로그램 기획의 필요성

구분	내용
① 불확실성을 감소	기획 과정이 없다면 평생교육 조직은 급변하는 환경과 불확실한 미래 상황에 대한 불확실성이 증가될 것이다.
② 합리성 증진	프로그램의 목적을 객관적인 자료를 근거로 합리적으로 수립하게 함으로써 프로그램에 대한 행정에 있어 갑작스러운 변화 상황에 대응할 수 있다.
③ 효율성 증진	확정된 목표를 가장 효율적으로 달성할 수 있는 대안을 선택하게 함으로써 효율성을 증진시켜 준다.
④ 효과성 증진	평생교육기관이 학습자에게 제공한 교육 프로그램은 그의 문제나 욕구를 해결하는 데 효과가 있어야 하는데, 소기의 효과를 얻기 위해서는 사전에 기획이 반드시 수립되어야 한다.
⑤ 책임성 이행	평생교육기관은 사회적으로 인정받을 만큼 좋은 교육 프로그램을 제공해야 한다. 이러한 사회적인 책임을 이행하기 위해서는 철저한 기획을 하여야 한다.
⑥ 프로그램 관련자들의 이해와 욕구 충족	프로그램 기획에는 그 프로그램에 관련된 전문가, 이용자, 지역사회 관계 인사들이 참여하게 되므로 이들이 프로그램에 적극적인 관심을 가지게 되고, 프로그램 자체가 이용자의 요구에 맞게 개발 및 적용될 수 있다.
⑦ 평생교육 조직 실무자들의 사기 진작	프로그램 기획에는 많은 조직 구성원이 참여할 수 있고, 참여를 통해 자신들이 조직에 기여하였고, 어떤 계획이 이루어졌다는 것에 대해 타인으로부터 인정받고 성취감도 얻을 수 있기 때문에 기획은 사기 진작을 위해서도 필요하다.

출처: 정무성(2008), pp. 139-140 재구성.

프로그램 기획이 제대로 이루어지지 못하면 프로그램을 수행함에 있어서 효율성이 떨어지고, 프로그램 기획자와 학습자들은 그들이 무엇을 기대하며, 목적이 무엇인지를 알지 못하게 되고, 목적이 분명하지 않을 경우에 프로그램은 이용자와 이해관계자들로부터 지지를 받지 못할 것이다(정무성, 2008). 따라서 프로그램 기획에 신중성을 기하지 않으면 잠재적으로 더욱 영향력 있는 대안의 탐색을 회피하게 되고 새로운 대안들이 선택된다(정무성, 2008). 프로그램 기획은 조직의 실천 행위를 개선할 수 있는 일련의 관리 전략이기 때문에 프로그램을 기획함에 있어서 보다 사려 깊은 설계가 요구된다(박차상, 1999: 정무성, 2008에서 재인용).

2. 프로그램 기획의 특성과 원리

1) 프로그램 기획의 특성

프로그램 기획의 기본 특성은 다음과 같다(김영숙 외, 2002; 우수명, 2004).

첫째, 프로그램 기획은 무엇을 할 것인가에 대한 해답이기 때문에 지향점을 가져야 한다. 프로그램 기획은 미래 지향적인 활동으로, 평생교육기관이 현재 상황을 기초로 그 조직의 목적과 이념을 실천해 나가기 위한 미래의 활동들을 사전에 준비하는 활동이라고 말할 수 있다.

둘째, 프로그램 기획은 적극적 · 능동적인 행위로, 이는 평생교육기관이 변화하는 사회에 대해 조직의 생존과 발전을 위해 적극적으로 취하는 조치이다.

셋째, 프로그램 기획은 평생교육기관의 효율성 제고를 위한 노력으로 특징지을 수 있는데, 평생교육기관은 미래에 수행할 프로그램에 대해 사전에 철저한 기획 과정을 통하여 자원의 배분과 운영의 합리화를 이끌어 냄으로써 조직의 운영 · 관리 면에서의 효율성을 제고시키고자 노력한다.

넷째, 프로그램 기획은 설정된 목적 및 목표의 성취를 위한 연속적 · 단계적인 과정으로, 프로그램은 단순히 몇몇 사람이 모여 단번에 고안되는 것이 아니라 이용자의 요구 등에 관련된 많은 정보를 종합하여 연속적이고 단계적인 절차에 의해서 기획된다.

다섯째, 프로그램 기획은 일련의 의사결정 과정으로 특징지을 수 있다. 특정의 목적과 목표를 가진 프로그램을 기획하는 것은 곧 그 목적과 목표를 달성하기 위한 내용과 방법 등에 대한 의사결정 과정이라고 할 수 있다.

여섯째, 프로그램 기획은 협동적인 노력으로 특징지을 수 있는데, 프로그램 기획은 주어진 제반요소들을 반영하여 조직 내외의 관련자들의 활동적인 노력에 의해서 이루어진다.

일곱째, 프로그램 기획은 조직이 운영해야 할 프로그램에 대한 활동 지침을 제공해야 하는데, 기획은 단편적인 사고 과정이 아닌 포괄적인 사고 과정인 것이다.

여덟째, 프로그램 기획은 정형적인 활동으로, 이러한 과정은 무질서하게 이루어지기보다는 일정한 규칙과 원리에 의해서 이루어진다.

　아홉째, 인증 가능성으로, 기획은 인증을 받아야 프로그램으로 진행될 수 있다. 인증의 조건은 타당성, 예산과 자원, 인증기관의 특성과 가치 등에 따라 달라질 수 있으나 현실적 실현 가능성이 어느 정도 되는지도 중요하다.

2) 프로그램 기획의 원리

　프로그램 개발 전문가가 프로그램을 기획하는 과정에서 취해야 할 기본적인 원리는 〈표 4-2〉와 같다(김진화, 2011).

표 4-2　프로그램 기획의 원리

원리	내용
계획된 변화 (planned change)	프로그램 기획 행위 속에는 평생교육 학습자에게서 의도적인 변화를 유발하려는 원리가 반영되어 있음을 뜻하며, 기획은 교육이 실시되기 이전에 어떠한 변화가 학습자에게서 일어나야 할 것인지 그 목표를 명확히 설정해야 한다는 것을 의미한다.
연결(linkage)	연결의 원칙은 학습 고객 집단과 평생교육기관 사이의 긴밀한 상호작용을 의미한다.
민주원칙(democracy)	평생교육 프로그램 개발은 연속적인 의사결정 과정으로, 기관 내부와 잠재적 학습자의 개방적이고 자유로운 참여를 통한 민주적인 의사결정이 이루어져야 함을 강조하는 원칙이다.
전이(translation)	전이란 프로그램 개발자와 성인학습자가 서로 정보를 수용하고 교환하는 상태에서 협동적 계획이 이루어지는 것이 보다 바람직하다는 원칙을 말한다.

출처: 김진화(2011), p. 180 재구성.

3. 기획 과정

기획의 과정은 학자들에 따라 성공적인 정책 혹은 프로그램 기획을 위해 5단계 혹은 7단계, 8단계, 10단계 등으로 구성된 일련의 논리적인 접근 과정으로 설명되어 왔다(정무성, 2008). 여기서는 Skidmore(1995)의 6단계에 대해 살펴보았다.

표 4-3 기획의 과정

단계	내용
1단계: 문제의 정의 및 욕구 확인	전체 의사결정 과정의 방향을 재설정하는 단계로, 문제와 욕구를 확인하는 목적은 합리적으로 한정된 시간과 자원을 가지고 성취하기를 바라는 활동을 규정하는 것이다.
2단계: 관련 정보의 확보	조직 또는 기관 내외의 관련 정보를 획득하기 위하여 조사활동을 하는 단계로, 수집한 정보들은 의사결정상의 수행을 추정할 수 있도록 분류 및 정리한다. 그리고 대안적 행동 방침을 판단할 수 있는 선정 기준을 마련하여야 하며, 그 기준은 조직 또는 특정 사업의 목표에 근거를 두고 수립되어야 한다.
3단계: 해결대안의 개발 및 평가	이 단계에서는 목표 및 잠정적 · 현실적 제약사항을 고려하여 일련의 대안적 행동 방침을 개발하고, 비교 가능한 방식으로 대안을 영역별로 분류해야 하며, 각 대안에 대한 객관적 분석이 이루어져야 한다.
4단계: 최선의 대안 선택	이 단계에서 가장 적합한 대안을 선택하기 위해서는 ① 대안적 행동 방침을 수집하고, ② 명확한 기준에 따른 대안의 상대적 장단점을 평가하고, ③ 대안적 행동 방침의 성공 가능성에 대한 합리적 예측에 근거를 두어야 한다. 그리고 실용적 측면뿐만 아니라 윤리적 측면까지도 선택 과정에서 고려되어야 한다.
5단계: 대안의 실행	이 단계에서는 이용 가능한 자원의 배분, 자원의 조직화, 성공적 해결에 필요한 활동 등 다양한 요인이 대안의 실행과 최선의 해결에 영향을 미친다.
6단계: 환류(feedback)	이 단계는 평가의 단계로, 자원을 가장 효율적이고 효과적으로 사용하기 위해서 지속적으로 사정(assessement)하는 일과 선택된 행동방침이 목적 달성에 어느 정도 적절하였는가를 평가하는 일이다.

출처: 정무성(2008), pp. 145-147을 재구성하였다.

4. 우선순위와 의사결정

1) 우선순위 설정

우리가 접하는 모든 프로그램은 일정한 기준과 원리를 적용한 우선순위 설정 과정을 거쳐 완성된 최종의 결과물이다(김영숙 외, 2002). 우선순위 설정이란 프로그램 개발 과정에서 평생교육기관의 한정된 자원과 여건을 고려하여 가장 절실하고 가치 있는 요소를 선정하는 과정이라고 할 수 있다(김진화, 2011). 우선순위를 설정하는 중요성은 일차적으로 한정된 자원에 대한 할당을 판단할 수 있는 근거를 마련하는 것에 있다(김영종, 2004).

프로그램 기획에서의 우선순위를 설정하는 과업에는 다음과 같은 점들이 고려된다(김영종, 2004).

표 4-4 프로그램 우선순위 설정 과업

분류	내용
우선순위 설정의 주체	• 우선순위가 설정될 대상은 주로 학습자들이지만 기관이나 사회문제, 추구될 목적, 지역 혹은 인구 집단도 포함될 수 있다.
우선순위 설정의 접근법	• 공식적인 우선순위 설정의 방식은 합의적 · 수량적 접근이 있다. • 합의적 접근은 참여자들이 상호작용적인 집단 과정을 통해 각종 지침들이나 규제를 검토하고, 토의를 거쳐 집단적인 합의에 도달하는 방법이다. • 수량적 접근은 우선순위 설정에 참여하는 사람은 각자 동등한 투표권을 갖고, 최종 의사결정은 투표에 의해서 이루어진다.
우선순위 설정을 위한 기준	• 우선순위를 설정할 때 채용되는 기준들에는 중요도, 효과성, 효율성, 필수성 등이 있다. 이것은 문제나 목적의 상대적인 중요성을 파악하게 하고, 각종 프로그램 대안들을 비교해 보기 위한 목적에 쓰인다.

출처: 김영종(2004), p. 276을 재구성하였다.

2) 의사결정

(1) 의사결정의 의의

기획은 근본적으로 의사결정의 과정으로, 의사결정(decision-making)은 조직이 문제의 해결이나 불만족스러운 조건을 개선하기 위한 여러 대안을 모색하여 그중에서 조직의 목적을 가장 효과적으로 달성할 수 있는 최선의 대안을 최종적으로 선택하는 과정을 말한다(김영숙 외, 2002).

(2) 의사결정의 원리

의사결정이란 프로그램 개발과 관련된 미래의 행동 대안 중에서 최선의 대안을 선택 및 결정하는 행위를 말한다. 의사결정의 원리를 구체적으로 살펴보면 다음과 같다(김진화, 2011).

첫째, 평생교육사는 반복적이며 일상화된 결정인 정형적 결정과 과거에 결정한 바가 없거나, 특히 어렵고 중요한 결정을 의미하는 비정형적 결정에 대해 모두 알고 있어야 한다.

둘째, 평생교육사는 개인적 결정, 집단적 결정에 대해 알고 있어야 한다.

셋째, 평생교육사는 사적 결정, 조직적 결정에 대해 알고 있어야 한다.

(3) 의사결정의 과정

의사결정은 개인이나 조직이 어떤 결론에 도달하기 위한 의식적인 정신 과정으로, 의사결정에는 여러 활동이 포함되는데 이 활동들은 일련의 순서를 거쳐 연속적으로 이루어지게 된다(김영숙 외, 2002). 의사결정의 순서는 다음의 〈표 4-5〉와 같다.

표 4-5 의사결정의 과정

순서	내용
1단계: 문제의 정의 및 욕구 확인	조직 내외에서 인지되는 문제와 그 관련자들이 가지고 있는 욕구를 확인하는 단계이다. 이에 따라 전체 의사결정 과정의 방향이 설정된다.
2단계: 관련 정보의 확보	조직 내외의 관련 정보를 획득하기 위해 조사활동을 하는 단계이다.
3단계: 해결 대안의 개발 및 평가	여기서 의사결정자는 목표 및 잠재적·현실적 제약사항을 고려하여 일련의 대안을 개발하고, 비교 가능한 방식으로 대안들을 영역별로 분류한다.
4단계: 최선의 대안 선택	이 단계에서는 문제해결에 대한 최선의 대안을 선정한다. 가장 적합한 대안을 선택하기 위해서는 대안들을 개발하고, 명확한 기준에 의한 대안의 상대적 장단점을 평가하여 그 대안의 성공 가능성에 대한 합리적 예측에 근거를 두어야 한다.
5단계: 대안의 실행	이 단계는 의사결정 과정의 핵심으로 간주되는데, 여기서는 이용 가능한 자원의 배분 및 조직화, 성공적 문제해결에 필요한 활동 등의 다양한 요인이 대안의 실행과 최선의 해결에 영향을 미친다.
6단계: 환류	의사결정의 마지막 단계는 대안 실행의 결과를 평가하여 환류시키는 것이다.

출처: 김영숙 외(2002), pp. 85-86을 재구성하였다.

🖐 토론 문제 ··

1. 기획과 계획의 개념 차이에 대해 토론하시오.

2. 프로그램 기획의 필요성에 대해 토론하시오.

3. 프로그램 기획 과정에서 우선순위를 설정할 때 중요한 과업에 대해 토론하시오.

참고문헌

김진화(2011). 평생교육 프로그램개발론. 경기: 교육과학사.

김영숙, 김욱, 엄기욱, 오만록, 정태신(2002). 사회복지 프로그램 개발과 평가. 경기: 교육과학사.

김영종(2004). 사회복지행정. 서울: 학지사.

박차상(1999). 한국사회복지행정론: 수요자 중심 접근방법. 서울: 대학출판사.

신용주(2017). 평생교육 프로그램 개발론. 서울: 학지사.

우수명(2004). 사회복지 프로그램 개발과 평가. 서울: 인간과 복지.

정무성(2008). 사회복지 프로그램 개발론. 경기: 학현사.

지은구(2005). 사회복지프로그램 개발과 평가. 서울: 학지사.

황성철(2005). 사회복지 프로그램 개발과 평가. 경기: 공동체.

Boone, E. J. (1985). *Development Program in Adult Education.* New Jersey: Prentice-Hill, Inc., Englewood Cliffs.

Skidmore, R. A. (1995). *Social Work Administration.* Needham Heights, MA: Allyn & Bacon.

York, R. O. (1983). *Human service planning: Concepts, tools, & methods.* Chapel Hill: The University North Carolina Press.

네이버 지식백과 '기획' (2021. 01. 22. 검색).

제5장

프로그램 요구 측정

사람은 반드시 자기 자신을 아끼는 마음이 있어야만 비로소 자기를 이겨 낼 수 있고, 자기 자신을 이겨 낼 수 있어야만 비로소 자신을 완성할 수 있다.

－왕수인(王守仁)－

학습목표

1. 프로그램 요구의 개념에 대해 이해할 수 있다.
2. 프로그램 요구 분석의 필요성에 대해 이해할 수 있다.
3. 프로그램 요구 분석의 방법에 대해 이해할 수 있다.

학습 개요

평생교육 프로그램에 있어 요구 분석은 교육과정이나 교육 프로그램 설계 전에 교육에 관련된 요구(문제)를 확인하는 방법이다. 또한 요구 분석은 프로그램 우선순위와 의사결정의 기준이 되며, 기관의 자원을 배치하기 위한 체계적인 접근이다. 특히 요구 분석은 평생교육기관에서의 교육 프로그램의 타당성을 확보하는 기초적인 자료가 된다. 이러한 측면에서 평생교육기관에서 요구 분석에 대한 이해와 체계적인 활용은 중요하다. 이 장에서는 평생교육 프로그램 요구의 개념, 필요성, 방법에 대해 구체적으로 살펴보았다. 이러한 과정을 통해 평생교육기관이 사회적인 책무성을 다하는 데 기여할 수 있을 것이다.

1. 프로그램 요구의 개념

교육에서 요구에 대한 개념은 20세기 초 John Dewey에 의해 도입되었으며, 학습자 중심의 교육을 위한 개념으로 발전하여 교육 프로그램의 개발과 정책의 의사결정에서 기초 자료로 활용되고 있다(Moore, 1998; 문은경, 2015: 조은산, 2016에서 재인용). 요구(needs)란 학자들마다 요구를 보는 관점은 다르지만 일반적으로 현재 상태와 바람직한 상태 사이에서 나타나는 차이이다.

요구는 프로그램 개발을 특징짓는 용어로, 프로그램 개발은 다른 형태의 교육과는 달리 잠재적인 학습자들의 요구가 프로그램 개발 시에 전적으로 반영된다(기영화, 2014). 프로그램 개발자가 직면하는 가장 어렵고 필수적인 과제는 요구를 정확히 분석하는 것으로, 대부분의 프로그램은 참여자의 요구를 기초로 혹은 전문가에 의해 인식된 문제를 기초로 개발된다(기영화, 2014). 요구란 생물학적 · 심리학적 · 교육학적으로 뜻하는 바가 조금씩 다르며, 다양한 의미로 사용되고 있다. 요구는 무엇이 기준에 미달되어 그것을 필요로 하는 상태를 의미한다(김영숙 외, 2002; 김진화, 2011).

평생교육 현장에서 요구는 평생학습에 대해 많은 학습자가 원하고 선호하는 것으로 볼 수 있으며, 또한 평생교육 담당자가 현재 직무를 실천하고 있는 정도와 바람직하게 인식하고 있는 정도의 격차라고도 볼 수 있다. 이러한 요구에 기초하여 요구를 확인하고 이에 맞는 대안을 결정하며 해결 전략을 세우는 일련의 과정이 요구분석이다(조은산, 2016).

Tyler는 요구를 학습자의 현재 수준과 기대하는 수준 간의 차이로 정의했으며, Maslow는 심리학적 차원에서 요구를 정의하였는데, 그는 요구 간의 우선순위를 설정하고 가장 낮은 단계로부터 높은 단계에까지 우선순위에 의해 5단계로 배열했다(기영화, 2014). 이를 심리적 · 사회적 · 교육적 요구를 중심으로 살펴보면 다음과 같다.

1) 심리적 요구

심리적 요구는 개인 안에서 생겨 나는 결핍 현상이나 과잉 현상이 원인이 되어 일어나는 것으로, 이는 행동을 일으킬 수 있는 잠재력(potentiality)으로 작용할 수 있는데, 직접적으로 행동을 일으키게 하는 것을 충동 또는 동인(drive)이라고 한다(김영숙 외, 2002).

심리적 요구는 신체적 · 유기체적 · 1차적 요구라고 하는데, 여기에는 식욕, 배설욕, 수면욕, 성욕, 휴식욕 등이 포함된다. 반면에 사회심리적 요구는 2차적 요구라고 하는데, 정서적 요구, 사회적 요구 및 자아적 요구로 나누어진다.

2) 사회적 요구

사회적 요구란 사회 구성원의 생존과 성장 및 발달을 위해서 필요한 기본 요건들로, 이러한 요건들은 적절한 주거, 영양, 보건, 지식, 소득, 사회 참여, 정치활동, 개인적 자유와 같은 것을 포함한다(김영숙 외, 2002). 사회적 요구에 대한 일반적인 관점은 세 가지가 있는데, 구체적으로 살펴보면 다음과 같다(정무성, 정진모, 2001).

첫째, 가장 광범위하게 통용되는 관점은 차이(discrepancy, 격차)로서의 요구인데, 이는 실제적인 상태가 목표로 하는 수준보다 더 낮은 상태를 의미한다.

둘째, 바람(want)이나 선호(preference)로서의 요구인데, 이는 개인이 바라는 상황이나 상태를 말한다.

셋째, 결핍(deficit)으로서의 요구인데, 이는 특정의 부족성을 의미한다.

3) 교육적 요구

교육적 차원에서 요구의 개념은 생물학적 · 심리학적 차원에서 규정되는 것과는 그 의미에 차이가 있는데, 교육적 요구(educational needs)란 일반적으로 처해 있는 현재의 상태(what it is)와 바람직한 상태(what should be) 간의 격차를 말한다(Witkin & Altschuld, 1995: 최정임, 2002에서 재인용). 교육적 요구는 학습자가 보유하고 있는 현재의 능력(present competencies)과 바라는 능력(desire competencies) 사이의 격차로 인해 발현된 것을 교육적 행위로 해결될 수 있는 상태를 의미한다(김진화, 2011).

2. 프로그램 요구 분석의 필요성과 방법

1) 요구 분석의 필요성

요구 분석은 현재의 상태와 바람직한 상태 사이의 차이를 결정하고, 이러한 차이를 우선순위에 따라 정한 다음, 의사결정에 있어 가장 중요한 것부터 선정하여 해결해 나가는 것이라고 볼 수 있다. 여기서 우선순위를 결정하는 준거는 일반적으로 중요도 인식과 실천 정도라고 볼 수 있다(조은산, 2016).

요구 분석은 항상 교육의 문제를 해결하기 위한 상황에서만 일어나는 것은 아니며, 다양한 유형의 기관이 요구 분석을 수행한다(최정임, 2002). 기업이나 평생교육기관의 경우에는 교육과정이나 교수 · 학습 내용의 선정이 매우 자유로우므로 요구 분석이 적극적으로 활용될 수 있고, 또한 활용되어야 하는 환경이라고 할 수 있다(최정임, 2002).

요구 분석의 필요성은 다음과 같이 나열할 수 있다(채구묵, 2001: 김영숙 외, 2002에서 재인용).

첫째, 학습자의 요구에 맞는 프로그램을 개발하는 데 도움을 줌으로써 평생교육기관 등의 교육 조직이 그 존립의 정신에 부합되는 일을 할 수 있도록 해 준다.

둘째, 요구 분석은 평생교육 조직의 효율적 · 전문적 운영에 도움을 준다.

셋째, 요구 분석은 서비스 또는 프로그램을 학습자 등의 요구 변화에 따라 탄력성 있게 변화시킬 수 있도록 해 준다.

넷째, 요구 분석은 교육서비스를 제공하는 지역사회 내의 타 조직과의 협력사항을 파악하는 데 도움을 준다.

다섯째, 요구 분석은 평생교육 조직들이 사회로부터 그 존속의 정당성을 인정받고 지원을 받을 수 있는 근본적인 근거를 제공해 준다. 이러한 요구 분석이 필요한 가장 중요한 이유는 교육의 타당성을 미리 검증할 필요가 있다는 것이다.

2) 요구 분석의 절차

　　요구 분석의 절차는 요구 분석 모형이나 요구 분석의 목적과 상황에 따라 달라지는데, 연구자가 어떠한 요구 분석의 모형을 따르느냐에 따라 기본적인 절차가 달라지기도 하고, 같은 모형을 사용한다고 해도 요구 분석 상황과 목적, 연구자의 능력에 따라 그 절차는 다양해질 수 있다(최정임, 2002).

　　요구 분석의 절차를 최정임(2002)이 제시한 것을 중심으로 살펴보면 다음과 같다.

표 5-1 요구 분석 절차

단계	내용
1단계: 요구 분석 상황 분석	요구 분석이 필요한 상황을 이해하고, 요구 분석에서 필요한 정보를 분석하는 일이다. 요구 분석을 통해 어떤 목적을 달성할 것인지, 어떤 정보를 얻을 것인지를 결정하기 위해서는 요구 분석이 필요한 상황에 대한 정확한 이해가 있어야 한다.
2단계: 요구 분석의 목적 결정	요구 분석을 필요로 하는 상황에 대한 분석이 이루어지면 요구 분석을 통해 어떠한 정보를 파악할 것인지 요구 분석의 목적을 결정해야 한다. 요구 분석의 목적은 불확실한 문제의 본질을 규명하면서 그 문제를 해결하는 가장 적절한 방안을 제안하는 것이다.
3단계: 정보의 출처 확인	요구 분석의 상황과 목적이 결정되면 누가 필요한 정보를 가지고 있는지 정보의 출처를 확인해야 한다. 즉, '어디에 그 정보가 있는가' '누구에게서 필요한 정보를 얻을 수 있는가?' '누가 요구 분석의 과정을 알 필요가 있는가?' 등에 관한 사항을 결정할 필요가 있다.
4단계: 요구 분석 도구 선정	요구 분석 상황과 목적이 결정되면 그 목적을 달성하기 위해서 어떤 방법을 사용할 것인지를 결정해야 한다. 따라서 이 단계에서는 요구 분석에 사용할 여러 가지 분석 도구를 선택한다. 요구 분석을 실행하기 위해서 사용되는 도구는 현존 자료 분석, 면담, 관찰, 그룹회의 설문조사, 결정적 사태 분석 등이 있다.
5단계: 요구 분석 계획	요구 분석 상황에 대한 파악이 되었고, 요구 분석 목적과 방법이 결정되었다면 실행 계획을 세울 필요가 있다. 요구 분석 실행 계획은 요구 분석 계획서를 작성함으로써 구체화될 수 있다. 요구 분석 계획서에 포함되어야 할 내용으로는 문제 상황, 요구 분석의 목적, 요구 분석 도구, 요구 분석 절차, 요구 분석 팀 소개와 역할 분담, 요구 분석 실행 일정 등이다.

6단계: 요구 분석 실행	요구 분석 계획서가 작성이 되면 계획된 일정과 요구 분석단계에 따라 자료를 수집한다. 요구 분석을 통해 얻게 되는 자료로는 면담, 관찰, 그룹회의 등을 통해 얻게 되는 질적 자료와 설문조사를 통해 얻게 되는 양적 자료가 있다.
7단계: 결과 분석 및 보고	요구 분석 활동을 통한 자료 수집이 끝나면 자료를 분석하고, 최적, 실제, 느낌, 원인, 해결방안에 대한 자료를 정리한다. 조사된 내용 및 결과는 보고서와 같은 인쇄물로 작성하거나 프레젠테이션과 같은 언어적 의사소통을 통해 경영자 및 관련자들에게 보고를 하게 된다. 보고의 형태와 방법은 경영자의 요구와 상황에 따라 결정한다.

출처: 최정임(2002), pp. 47-54를 재구성하였다.

3) 요구 분석 방법

요구 분석의 방법은 크게 세 범주로 구분된다(김영숙 외, 2002).

첫째, 대상 집단을 대상으로 직접 조사하거나 검증하는 방법인 직접관찰법이 있다. 여기에는 일반인구 조사방법과 표적인구 조사방법, 델파이 방법, 관찰법, 지역사회 공개토론회(공청회), 대화와 집단 토의, 체크리스트, 테스트 등이 포함되는데, 이 방법들은 주로 '인지된 요구'를 밝히는 데 활용된다. 인지된 요구는 개개인이 지각한 요구를 말한다.

둘째, 사례조사법으로서 여기에는 프로그램 운영자 및 서비스 제공자 조사방법, 주요 정보 제공자 조사방법, 서비스 이용 통계치 활용방법, 결정적 사건 분석방법, 직무 분석 등이 포함되는데, 이는 주로 '표현된 요구'를 밝히는 데 활용된다. 표현된 요구는 서비스의 수요의 관점에서 확인된 요구를 말한다.

셋째, 간접자료 조사법으로서 이는 기존의 기록이나 지표 또는 자료를 활용하거나 대상 집단을 정확히 알지는 못하지만 그와 관련이 있는 증거들을 이용하여 그 대상 집단의 요구를 조사하는 방법으로, 여기에는 사회지표 분석방법, 행정자료 조사방법, 개인별 기록자료 조사방법 등이 있는데, 이는 주로 '규범적 요구'를 밝히는 데 활용된다. 규범적 요구는 전문가에 의해 규정된 요구를 말한다.

(1) 직접관찰법

직접관찰법인 일반인구 조사방법, 표적인구 조사방법, 델파이 방법, 관찰법을 중심으로 살펴보면 다음과 같다.

① 일반인구 조사방법

일반인구 조사방법(general population survey)은 지역 내 주민들 가운데서 추출된 표본으로부터 면접 또는 설문지를 통하여 자료를 얻어 이 자료를 기초로 요구를 측정하는 것이다(정무성, 정진모, 2001). 조사방법은 사회학적 변인(사실)이나 심리학적 변인(의견, 태도)의 상대적 영향력, 분포 및 상호 관계성을 밝혀 내기 위하여 모집단에서 추출한 표집을 선정하여 그들을 대상으로 조사, 연구함으로써 모집단의 제반 특성을 확인하는 것이다(Kerlinger, 1985: 김영숙 외, 2002에서 재인용).

② 표적인구 조사방법

표적인구 조사방법은 일반인구 중에 어떤 특성을 가진 사람들(표적집단)을 대상으로 질문지나 면접을 통하여 그들의 요구와 서비스 이용 상태 등을 파악하는 방법으로, 표적인구 조사를 통해서 표적인구의 문제, 원하는 서비스를 보다 구체적이고 세밀하게 파악할 수 있다.

③ 델파이 방법

이 방법은 특정한 관심사에 대한 올바른 판단을 체계적으로 하고 집계하는 절차이다(정무성, 정진모, 2001). 델파이(Delphi) 방법은 전문가들에 의해 체계적이고 세밀하게 작성된 일련의 몇 단계의 질문지를 통하여 대상 집단으로부터 그들의 요구를 조사하는 방법을 말한다(김영숙 외, 2001).

이 기법의 주요단계는 다음과 같다(정무성, 정진모, 2001).

- 1단계: 주요 관심사에 대한 설문지를 사용한다.
- 2단계: 설문지를 심사위원에게 배부한다.
- 3단계: 설문지를 회수한 후 합의 및 합의되지 않은 분야를 파악하기 위해서 집계를 한다.

- 4단계: 합의되지 않은 부분이 나타나면 첫 번째 판단을 내린 데 대한 전문가들의 여러 가지 이유를 내포한 두 번째 설문지를 위원들에게 배부한다.
- 5단계: 앞과 같은 절차를 합의점이 도달할 때까지 반복한다.

④ 관찰법

관찰법은 관찰자가 조사 대상인 개인, 사회 집단 또는 지역사회의 행동이나 사회현상을 현장에서 직접 보거나 들어서 필요한 정보나 상황을 정확히 알아내려는 방법이다(김진화, 2011). 여기에는 주로 사람들이 행하거나 말하는 것을 관찰하는 방법이 활용되나, 경우에 따라서는 사람들에게 자신과 타인의 행동에 대해 질문하게 하는 방법 등이 활용되기도 한다(김영숙 외, 2001).

표 5-2 관찰법의 특성

특성	내용
• 융통성이 있다.	관찰도 면담과 같이 실행 과정에서 추가적인 정보를 수집할 수 있는 융통성이 있다. 또한 분명한 목적을 갖고 관찰을 시작했다고 하더라도 다양한 정보를 보고 배울 수 있는 기회가 될 수 있다.
• 현장에서 발생하는 실상을 이해하게 된다.	관찰은 요구 분석 초기에 업무를 파악하는 데 유용한 도구가 될 수 있다. 예를 들어, 평생교육기관에서 실습교육을 받게 된 경우에 두려움을 가질 수 있는데, 직접 기관을 방문해서 평생교육 관련 업무 현장을 한 시간 만이라도 관찰하고 나면 평생교육 업무를 파악하는 데 도움이 된다.
• 말보다 훨씬 깊은 정보를 제공한다.	관찰은 말로 제시한 정보가 실제의 현상을 반영한 것인지 구체적으로 확인할 수 있는 기회를 제공한다.
• 최적의 업무 수행과 실제와의 차이를 밝혀 내는 데 유용한 도구가 된다.	업무 수행과 관련된 문제를 이해하기 위해서는 업무 수행자와 면담을 하고 업무에 대해 질문을 하는 것도 중요하지만, 실제 업무 수행 과정을 관찰하는 것이 정확한 방법이 될 수 있다.
• 관찰의 종류에는 현장에서의 관찰과 현존 자료 관찰의 두 가지 형태가 있다.	관찰은 현존 자료 분석, 직무 분석과 연결되어 있는데, 이는 인쇄물이나 파일의 형태로 저장된 자료를 관찰하고 검토함으로써 정보를 얻는 방법이다.
• 관찰은 또 다른 부가적인 관찰이나 다른 기법 및 도구의 사용을 유도한다.	관찰은 한 번의 행동에서 그치는 것이 아니라 다른 부가적인 행동을 유도한다. 예를 들면, 직원들의 행동을 관찰한 후 추가적인 면담이 필요할 경우 등이다.

출처: 최정임(2002), pp. 131-132를 재구성하였다.

관찰법의 특성은 〈표 5-2〉와 같다.

(2) 사례조사법

요구 분석 방법에서 사례조사법은 지역사회의 특정 지역, 그 지역의 거주자들, 특정 개인을 대상으로 반구조화된 질문지를 통한 사례연구와 오랜 기간 제3자적 입장에서 관찰을 통해 얻은 자료를 토대로 정보를 얻는 방법으로, 정보 획득 기간이 길고 일반화하기에 어려운 경우가 많으나 매우 심층적이고 구체적인 정보를 파악할 수 있는 장점이 있다(우수명, 2004).

사례조사법은 평상시에 지속적 · 반복적으로 이루어질 때 주관적 해석의 한계를 극복하는 데 도움이 된다.

표 5-3 사례분석법

구분	내용
① 프로그램 운영자 및 서비스 제공자 조사방법	이 방법은 서비스를 직접 제공하거나 프로그램을 운영하는 사람을 만나 이용자와 관련된 여러 가지 상황을 조사하여 관련자의 요구를 확인하는 방법이다.
② 주요 정보 제공자 조사 방법	주요 정보 제공자는 평생교육기관의 서비스 제공자, 인접 직종의 전문직 종사자, 지역 내의 평생교육 관련 대표자, 공직자 등을 포함하는 지역사회의 교육문제에 대하여 잘 알고 있는 사람들로서 주요 정보 제공자 조사는 이들로부터 대상 집단의 요구, 서비스 이용 상태를 파악하는 방법이다.
③ 서비스 이용 통계치 활용방법	학습자들의 내재된 요구가 밖으로 표현된 상태를 가장 잘 파악하는 방법은 기존의 서비스 제공 기관의 서비스 이용에 대한 통계치를 분석하는 방법이다.
④ 결정적 사건 분석방법	이는 사회에서 유발되는 사건들 중에서 큰 파장을 미친 사건을 체계적으로 분석하여 그 요구를 파악해 내는 방법을 말한다.

출처: 김영숙 외(2002), pp. 153-155를 재구성하였다.

(3) 간접자료 조사법

간접자료 조사법은 기존의 기록, 지표, 자료 등을 활용하는 방법으로서 사회지표 분석방법, 행정자료 조사방법을 중심으로 살펴보면 다음과 같다.

① 사회지표 분석방법

사회지표 조사는 조사자가 정부기관, 민간단체나 사회서비스 분야의 조직에 의해서 집계된 자료에 의존하는 조사를 말한다(지은구, 2005). 사회지표는 전체 국민이나 지역 주민의 특성이나 조건에 대한 계량적 측정치를 말하는 것으로, 예를 들면 특정 지역 주민의 소득 수준이나 교육 수준 등이 여기에 해당된다(김영숙 외, 2002). 이러한 지표는 인구조사 자료나 교육 등에 관한 공공통계자료 등의 열람을 통해 얻을 수 있고, 사회조사를 통해서도 얻을 수 있다.

② 행정자료 조사방법

행정기관과 각종 협회 및 연구소 등의 사회 단체가 행정 및 관리를 위해서 수집하고 기록한 자료는 요구 사정에 유용하게 활용될 수 있는데, 특히 행정 자료는 주민들의 요청사항, 공익사업의 동향, 특별한 관심을 요하는 대상이나 지역에 관한 중요한 정보를 제공한다.

🖐 토론 문제 ··

1. 평생교육 프로그램 요구 분석 방법에서 직접관찰법, 간접자료 조사법의 장단점에 대해 토론하시오.
2. 평생교육 프로그램 요구 분석 방법에서 관찰법을 활용할 때 유의할 점에 대해 토론하시오.
3. 평생교육 프로그램 요구 분석 방법에서 사회지표 분석방법을 활용할 때의 장단점을 토론하시오.

참고문헌

기영화(2014). **평생교육 프로그램 개발**. 서울: 학지사.

김영숙, 김욱, 엄기욱, 오만록, 정태신(2002). **사회복지 프로그램 개발과 평가**. 경기: 교육과
학사.

김진화(2011). **평생교육 프로그램개발론**. 경기: 교육과학사.

문은경(2015). 고등교육 교수역량에 대한 교수자와 예비교수자 요구분석. 고려대학교 석사학
위논문.

우수명(2004). **사회복지 프로그램 개발과 평가**. 서울: 인간과 복지.

정무성, 정진모(2001). **사회복지 프로그램 개발과 평가**. 경기: 양서원.

조은산(2016). 평생교육담당자의 평생학습상담 실천에 대한 요구분석. 동의대학교 대학원 석
사학위논문.

채구묵(2001). **사회복지조사방법론**. 서울: 양서원.

최정임(2002). **요구분석 실천가이드**. 서울: 학지사.

Moore, D. E.(1998). Needs assessment in the new health care environment: Combining
discrepancy Analysis and outcomes to create more effective CME. *The Journal of
Contiuning Education in the Health Professions, 18*(3), 133–141.

Kerlinger, F. N. (1985). *Foundations of Behavioral Research*. (3th ed.). New York: Holt,
Rinehart and Winston, Inc.

Witkin, B. R., & Altschuld, J. W. (1995). *Planning and conducting needs assessements: A
practical guide*. CA: SAGE Publications.

우선순위 설정과 의사결정

남의 일을 잘 알고 있는 사람은 똑똑한 사람이다.

자기 자신을 잘 알고 있는 사람은 더 총명한 사람이다.

그리고 자기 자신을 이겨 내는 사람은 그 이상으로 강한 사람이다.

－노자(老子)－

학습목표

1. 우선순위 설정의 개념에 대해 이해할 수 있다.
2. 우선순위 설정의 중요성에 대해 이해할 수 있다.
3. 의사결정의 개념과 기준에 대해 이해할 수 있다.

학습 개요

우선순위 설정과 의사결정은 평생교육 프로그램 개발 과정에서 평생교육기관의 한정된 자원과 여건을 고려하여 가장 필요한 요소를 선정하는 과정이다. 프로그램 개발자는 다양한 학습자의 요구 가운데 우선적으로 개발해야 할 것에 대해 평생교육기관의 인력, 비용, 시설, 시간 등을 고려하여 의사결정의 원리를 적용하여 결정해 나가야 한다. 이 장에서는 우선순위 설정의 개념과 우선순위 설정의 이론적 기초, 의사결정의 개념과 기준에 대해 구체적으로 살펴보았다.

1. 우선순위 설정의 개념과 기준

일반적으로 우리가 접하는 모든 프로그램은 일정한 기준과 원리를 적용한 우선
순위 설정 과정을 거쳐 완성된 최종의 결과물이다(김영숙 외, 2002).

1) 우선순위 설정의 개념

우선순위란 제한된 자원들에 대한 접근에서 앞서는 순서나 권리 등을 말하는 것
으로, 우선순위의 설정은 평생교육 프로그램 개발 과정에서 평생교육기관이 가지
고 있는 한정된 자원과 여건을 고려하여 가장 절실하고 가치 있는 요소를 선정하는
과정이라고 할 수 있다(김영숙 외, 2002). 다시 말해서 평생교육기관이 가지고 있는
제반 자원(시간, 역량, 예산 등)을 고려하여 많은 아이디어와 요구 중에서 우선적으로
개발해야 할 것과 관심을 가져야 할 것을 위계화시켜서 순차적으로 결정해 나가는
것이 바로 우선순위의 설정이다(김영숙 외, 2002: 김진화, 2001에서 재인용).

우선순위의 설정은 몇 가지 점에서 프로그램의 책임성 강화에 기여할 수 있다(김
영종, 2004).

첫째, 우선순위를 설정하기 위해서는 많은 아이디어와 요구 중에서 채택된 기준
을 명확하게 함으로써 가치 선호를 분명하게 드러나도록 한다.

둘째, 우선순위의 설정 과정에 동원되는 정보들을 명확하게 함으로써 합리적이
지 못하고 편견에 의한 영향력들의 개입을 최소화할 수 있다.

셋째, 공식적인 우선순위 설정 메커니즘은 기관의 한정된 자원 할당에 관한 의사
결정에 합리적인 신뢰성을 정착시켜서 정치적 혹은 이해 집단의 압력을 줄일 수 있
어 자원 할당에서 변화를 좀 더 쉽게 한다.

2) 우선순위 설정의 중요성

우선순위를 설정하는 중요성은 일차적으로 한정된 자원에 대한 할당을 판단할
수 있는 근거를 마련하는 것에 있다(김영종, 2004). 프로그램 개발자는 그 요구와

중요성, 긴급성, 파급 효과의 정도에 따라 프로그램 개발 여부를 결정하는데, 〈표 6-1〉과 같이 우선순위 설정의 주요 기준을 제시하였다(기영화, 2001).

표 6-1 우선순위 설정 기준

주요 기준	고려 요소
인력	특정 요구와 관련해 지식이나 기술을 제공할 사람이 있는가?
목표 달성	특정 요구가 조직의 목표에 기여하는가?
긴급성	특정 요구는 즉각적으로 실행되어야 하는가?
파급 효과	다른 요구의 실현에도 영향을 미치는가?
요구의 정도	현재 상태와 이상 상태 간에 요구 격차가 얼마나 큰가?
자원 제공	물리적 편의시설이 제공될 수 있는가?

출처: 기영화(2001), p. 140.

2. 의사결정의 개념 및 유형

1) 의사결정의 개념

김재명(2020)은 의사결정이란 일정한 목표를 달성하기 위한 몇 가지 대안 중에서 특정 상황에 가장 유리한 하나의 행동 방안을 선택하는 인간의 합리적 행동이라고 했다. 의사결정이란 문제를 인식하고 바람직한 결과를 얻기 위한 해결 방안을 선택하는 과정으로, 즉 조직의 목표 달성을 위한 여러 대안 중에서 가장 바람직한 행동 경로를 선택하는 과정으로 총체적 조직 관리 과정이라고 할 수 있다(김경희, 2009).

2) 의사결정의 유형

평생교육기관의 조직에서 개인이나 집단의 의사결정을 하는 상황은 매우 다양하다. 일반적인 의사결정의 유형에는 개인적 결정과 집단적 결정, 정형적 결정과 비정형적 결정, 전략적 결정과 전술적 결정, 확실성과 불확실성 상황하에서의 의사결정이 있다. 이를 구체적으로 살펴보면 다음의 〈표 6-2〉와 같다.

표 6-2 │ 의사결정 유형

의사결정의 유형	내용
개인적 결정	개인적 식견과 인격에 근거한 의사결정으로서 조직의 리더가 대안을 선택하고 결정하는 것으로, 신속한 결정이 필요한 경우에 단독으로 결정하는 것이다. 합리성 측면에서 집단적 의사결정보다는 다소 떨어진다고 볼 수 있다.
집단적 결정	집단적 의사결정은 각종 위원회나 연구팀, 테스크 포스(task force) 등의 전문가들을 참여시켜서 결정하는 것으로, 구성원들에게 참여의식을 부여하고 그들의 결정 능력을 향상시키고자 하는 경우에 집단 토의를 거쳐 결정한다.
정형적 결정	정형적 의사결정은 반복적이고 일상적이기 때문에 결정방식과 규정이 이미 정해져 있다. 정형적 의사결정은 매일 반복되는 상황에서 대안도 준비되어 있고, 항상 비슷한 방식으로 선택하고 결정한다.
비정형적 결정	비정형적 의사결정은 예외적이고 갑작스럽게 발생하기 때문에 선례도 별로 없고, 대안의 선택에 우선순위를 매길 평가 기준도 없어 스스로 알아서 결정해야 하므로 창의성이 필요하다.
전략적 결정	전략적 의사결정은 주로 조직의 외부문제에 대한 의사결정으로, 조직의 기본 목적이나 존속 및 발전과 같은 문제에 관련된 중요한 의사결정 방향에 관한 결정이다.
전술적 결정	전술적 의사결정은 일상적이고 관례적인 업무 처리 방법을 결정하는 것으로, 전략적 의사결정을 실천에 옮기기 위한 하위 개념으로서의 성격을 갖춘 결정이다.
확실성 상황하에서 결정	대안의 발생 결과를 확실하게 예측할 수 있는 경우의 의사결정으로, 문제해결 방안과 가능한 결과에 관한 객관적 정보를 충분히 가지고 결과를 확실히 예측할 수 있는 상황하에서 의사결정을 하는 것이다.
불확실성 상황하에서 결정	불확실성 상황하에서 의사결정은 위험 상황에서보다 자료도 빈약하고, 신빙성도 없으며, 미래가 어떻게 변화할지 모르는 상황에서의 의사결정이다.

출처: 안병환 외(2011), pp. 179-180; 최은수, 배석영(2009), pp. 105-106을 재구성하였다.

3) 의사결정의 모형

의사결정의 모형에는 합리 모형, 만족 모형, 점증 모형, 혼합 모형, 최적 모형, 쓰레기통 모형 등이 있다(김영숙 외, 2002; 김진화, 2011; 김미자, 2018).

(1) 합리 모형

합리 모형(rational model)은 의사결정에서 최대한의 합리성을 추구하는 의사결정 모형으로, 이 모형에 의하면 의사결정자는 이성과 고도의 합리성에 근거해서 결정하고 행동한다. 즉, 합리 모형은 인간이 의사결정에 필요한 모든 지식과 정보를 파악 및 동원할 수 있다는 전지(全知)의 가정(assumption of omniscience)하에서 목표달성을 위한 합리적 대안의 탐색 및 선택을 추구하는 규범적·이상적 접근법이다(오세덕 외, 2008: 김미자, 2018에서 재인용).

(2) 만족 모형

만족 모형은 합리 모형의 한계점을 극복하기 위해 제안된 모형이다(김영숙 외, 2002). 만족 모형은 현실적·실증적 방법으로 의사결정자의 사회·심리적 측면을 중요시하는 현실적이고 실증적이라는 특징을 가지고 있는데, 의사결정의 객관적인 상황보다는 오히려 주관적인 입장에 서서 의사결정자가 어떻게 행동하는가를 주시한다(김진화, 2011). 행정학 사전(2009)에 의하면, 만족모형은 현실적인 의사결정은 '어느 정도 만족할 만한' 대안의 선택으로 이루어진다는 의사결정 모형이다. 즉, 이모형은 의사결정에서 합리적인 결정이나 최적 대안을 선택하는 데에는 여러 가지 현실적 제약이 있기 때문에 어느 정도 동의할 만한 차선의 대안을 선택함으로써 제한된 합리성을 찾을 수밖에 없다는 이론 모형으로, Simon과 March(1958)가 제시한 것이다. 이러한 만족 모형은 현실적인 의사결정의 세계를 설명하려고 하기 때문에 현실적·실증적 접근법에 속한다(오세덕 외, 2008). 그러나 만족 모형은 개인적 의사결정을 설명하려는 의도에서 나온 것이기 때문에 그것을 그대로 조직의 의사결정에 적용시키기에는 조직이 개인의 단순한 합계가 아니라는 점에서 무리가 따른다는 지적이 있다(안해균, 1983: 오세덕 외, 2008에서 재인용).

(3) 점증 모형

점증 모형(incremental model)은 합리 모형의 비현실성에 대하여 신랄한 비판을 가하면서 현실적인 의사결정 과정을 제안하고, 동시에 의사결정과의 실현 가능성을 높이기 위한 방안을 제시하였다(김영숙 외, 2002). 점증 모형은 의사결정이 기존의 것을 현실적·정치적 방법으로 점진적으로 수정해 나가기 위해 계속적으로 일어나는 제한된 비교이며, 부분적인 상호 조절(partial mutual adjustment)이므로 점진적으로 조금씩 변화하며 나타나는 것이지 갑자기 비약적으로 이루어지는 것이 아니라는 견해를 가지고 있다(김진화, 2011). 때문에 의사결정은 바람직한 목적에 대한 접근이지 결코 목적 달성 그 자체는 아니라는 것이다. 점증 모형은 Lindbloom(1959)이 제시를 하였는데, 그는 「적당히 이루어지는 과학(The science of muddling through)」이라는 유명한 논문에서 당시 유행하던 과학적이고 합리적인 계획 또는 의사결정을 비판하면서 의사결정 과정에서 필연적으로 작용하는 사회정치적 요소를 무시할 수는 없다고 주장했다(황성철, 2005).

(4) 혼합 모형

혼합 모형은 합리 모형과 점증 모형을 혼합시킨 모형으로서 Etzioni(1964)가 제시한 합리 모형의 비현실적인 합리성을 감소시키는 동시에 점증 모형이 가지고 있는 보수성을 극복하여 장기적 안목을 갖추기 위해서이다(김영숙 외, 2002). 이 모형은 우선 기본적인 방향 설정과 같은 것은 합리 모형에 의하여 결정하고, 기본방향이 설정된 후의 특정 문제는 점증 모형에 의해서 결정한다(김진화, 2011).

(5) 최적 모형

점증 모형의 보수성과 합리모형의 비현실성을 비판한 모형으로서 이스라엘의 정치학자 Dror(1968)가 제시한 모형으로, 최적 모형은 기본적으로는 경제적 합리성을 중시하는 합리 모형에 가까우며, 경제적 합리성뿐만 아니라 직관, 판단, 창의 등 초합리성도 중요시한다(네이버 지식백과, 2022. 6. 23. 검색). 따라서 초합리적인 요인이 중요시되며, 초합리적인 과정이 의사결정 과정에서 불가결한 역할로 파악되는 비정형적 의사결정 유형이다(김진화, 2011). 또한 결정 능력의 향상을 위해 정책 집행의 평가, 환류 등을 강조하는 모형으로, 의사결정의 방법과 결정 후의 평가와 피드백에 의한 결정 능력의 향상을 위하여 계속 노력하면 최적의 수준에 이를 수 있다는 것이다(김진화, 2011; 네이버 지식백과, 2022. 6. 23. 검색).

(6) 쓰레기통 모형

쓰레기통 모형은 마치 갖가지의 쓰레기가 우연히 한 쓰레기통 속에 모여지듯이, 문제의 흐름, 해결책의 흐름, 선택 기회의 흐름, 참여자의 흐름의 네 가지 구성요소의 흐름이 서로 다른 시간에 통 안으로 들어와 우연히 동시에 한 곳에 모이게 될 때 비로소 의사결정이 이루어지는 것으로 본다(김영숙 외, 2002). 쓰레기통 모형은 사회 내의 신념 체계, 가치 체계가 바뀌거나 정치 체제가 바뀌는 등의 더욱 복잡하고 혼란한 상황, 즉 조직화된 무정부 상태 속에서 조직이 어떠한 결정 형태를 나타내는가를 설명하기 위한 모형이다(오세덕 외, 2008). 다른 모형들에 비해 보다 복잡하고 혼란한 상황, 즉 조직화된 혼란 상태 속에서 조직이 어떠한 결정 형태를 나타내는가에 초점을 둔다(김영숙 외, 2002).

4) 의사결정의 과정

일반적으로 의사결정의 과정은 〈표 6-3〉과 같은 연속적인 단계를 거치면서 이루어진다(김용현 외, 2011; 최은수, 배석영, 2009).

표 6-3　의사결정의 과정

과정	내용
문제의 인식 및 규명	현재의 문제를 명확하게 인식하고 규명하는 것은 매우 중요한 일로, 문제가 어떻게 정의되느냐는 후속에서 이루어질 문제 분석과 해결에 영향을 미치기 때문이다. 이 단계에서는 문제를 현실적인 관점에서 파악하는 일이 중요하다.
문제의 분석	문제를 분석하기 위해서는 그 문제의 성격부터 파악해야 한다. 문제가 이미 정해져 있는 원칙, 정책 또는 규정에 기초해서 일상적으로 이루어지는 결정인지, 기존의 절차를 벗어나는 창의적인 특수한 결정을 요하는 문제인지 밝혀야 한다.
목표의 규명	의사결정에 있어서 중요한 기준이 되는 것이 목표이다. 문제가 분석되고 구체화된 이후에는 성취되어야 할 목표가 무엇인가를 설정해야 한다. 일반적으로 결정의 적합성을 판단하는 데 이용되는 준거는 조직의 목표나 사명과의 일치성이다.

행동 계획 수립	행동 계획은 체계적이면서도 신중하게 수립해야 하는데, 이 단계에서는 대안의 구체화, 결과의 예측, 행동 노선의 심의 및 선택이 포함된다. • 대안의 구체화: 행동 노선을 선택하는 데 있어서 준비단계의 성격을 가지는 것으로서 가능한 모든 대안을 열거하는 일이다. • 결과의 예측: 각각의 대안에 대해서 가능한 결과가 예견되어야 한다. • 행동 노선의 심의 및 선택: 이 단계에서는 적절한 대안을 선택하기에 앞서 만족할 만한 수준에서 해결책의 준거에 비추어 각 대안의 가능한 결과를 세심하게 검토해야 한다.
행동 계획 시행	결정이 되고 행동 계획이 마련되면 의사결정 순환의 마지막 단계인 시행이 이루어진다. 행동 계획 시행에는 구체화, 인식, 점검, 평가의 4단계를 필요로 한다. • 구체화: 결정사항은 구체적인 프로그램으로 전환되어야 한다. • 인식: 계획이 구체화되면 참여자들은 자신의 역할을 알아야 할 필요가 있다. • 점검: 활동이 계획대로 진행되고 있는가를 확인하기 위해서 행동 계획의 시행을 점검하는 과정이다. • 평가: 평가는 그 결정이 얼마나 성공적이었는가를 알아보기 위하여 성과에 대한 평가가 이루어져야 한다. 평가는 의사결정 과정의 끝인 동시에 새로운 결정의 시작을 의미한다.

출처: 김용현 외(2011), pp. 145-149; 최은수, 배석영(2009), pp. 107-108.

🍴 토론 문제

1. 의사결정의 모형에서 합리 모형으로 프로그램을 기획하면 어떤 장단점이 있는지 토론하시오.

2. 의사결정의 모형에서 최적 모형으로 프로그램을 기획하면 어떤 장단점이 있는지 토론하시오.

3. 의사결정의 과정에서 바람직한 '문제의 인식 및 규정'에 대해 토론하시오.

참고문헌

김경희(2009). 사회복지행정론. 서울: 청목출판사.

김미자(2018). 평생교육경영론. 경기: 공동체.

기영화(2001). 평생교육프로그램 개발. 서울: 학지사.

김영숙, 김욱, 엄기욱, 오만록, 정태신(2002). 사회복지 프로그램 개발과 평가. 경기: 교육과학사.

김영종(2004). 사회복지행정. 서울: 학지사.

김용현, 정기수, 강무섭, 김노마, 김진한, 성낙돈, 송병국, 심의보, 양병찬, 윤여각, 이상오, 정
    찬남, 조병규, 하광호(2011). 평생교육경영론. 경기: 양서원.

김진화(2011). 평생교육 프로그램 개발론. 경기: 교육과학사.

김재명(2020). 新경영학원론. 서울: 박영사.

안병환, 가영희, 임성우, 조현구(2011). 평생교육경영론. 서울: 동문사.

안해균(1983). 현대행정학. 서울: 다산출판사.

오세덕, 이명재, 강제상, 임영제(2008). 행정관리론. 서울: 대영문화사.

이화정, 양병찬, 변종임(2014). 평생교육프로그램 개발의 실제. 서울: 학지사.

황성철(2005). 사회복지 프로그램 개발과 평가. 경기: 공동체.

최은수, 배석영(2009). 평생교육경영론. 경기: 양서원.

최정임(2002). 인적자원 개발을 위한 요구분석 실천가이드. 서울: 학지사.

Dror, Y. (1968). *Public Policy-Making Reexamined*. San Fracisco: Chandler Publishing Co.

Etzioni, A.(1964). *Modern organization*. Englewood Cliffs, NJ: Prentce-Hall.

Lindbloom, C. E. (1959). The science of muddling through. *Public Administration. Review*,
    19, spring, pp. 79-88.

March, J. G. & Simon, H. A. (1958). *Organiztions*. New York: John Willy & Sons.

네이버지식백과 '최적모형' (2022. 6. 23. 검색). http:// pmg. co. kr

평생교육 프로그램 목적과 목표 설정

만일 당신이 어떤 사람을 대하되 . 마치 그 사람이 마땅히 어떤 모습이 되어야 하는 것처럼 그리고 그렇게 될 수 있는 것처럼 대하면 그는 당신 생각대로 될 것이다.

―요한 볼프강 폰 괴테―

🎓 학습목표

1. 평생교육 프로그램 개발 목적과 목표를 구분하여 정의할 수 있다.
2. 평생교육 프로그램 개발 목적과 목표를 설정할 수 있다.
3. 평생교육 프로그램 목표를 구체적으로 진술할 수 있다.

✏️ 학습 개요

일반적으로 평생교육 프로그램 개발의 목적과 목표는 유사성이 많아서 명확하게 구분하여 정의하고 비교하기는 어려우나 평생교육 프로그램 개발의 일반적 절차의 일환으로서 프로그램 개발을 위한 기초 작업 전 단계로서의 프로그램 요구 분석 과정을 통해 프로그램의 목적과 목표를 정의하고 설명할 수 있다. 프로그램 개발에서의 목적이나 목표는 적용된 프로그램이 종료되었을 때 학습자가 터득한 지식이나 태도, 기술, 가치 등을 의미하며, 교육목표나 교육정책 등이 지니는 국가 사회적 가치를 포괄적이고 광범위하게 내포한다. 평생교육 프로그램 개발 역시 국가나 지역사회 발전과 밀접한 관련을 맺고 있어 교수자가 학습자에게 뚜렷한 목적이나 목표를 제시하는 것은 매우 중요하다. 따라서 프로그램 목표의 진술도 학습자로 하여금 프로그램 내용이 무엇이며 어떻게 행동할 것인지에 대한 행동목표가 구체적으로 진술되는 것이 바람직하다.

1. 평생교육 프로그램 목표 설정

1) 교육목적과 교육목표

일반적으로 교육목적(educational goal)의 사전적 의미는 교육의 여러 가지 조건을 고려하면서 교육을 통해 성취하려고 하는 궁극적인 표적을 의미한다. 교육목표와 동의어로 이용하는 경우로서 교육을 통해 성취하려는 구체적인 지향점, 그 미래성과 가치성을 보다 강조하는 경우에는 교육의 이상이라고도 표현한다(이돈희 외, 1994).

교육에 관한 모든 활동 조직이나 운영은 모두가 무엇인가에 목적을 향해 유도된다. 교육 내용이나 방법은 말할 것도 없고, 학교 제도 교육행정, 교육정책, 교육재정 등 모든 교육목적을 능률적이며 효율적으로 달성하기 위해서 계획 및 실시되는 것이다.

우리는 흔히 교육목적, 교육목표라는 용어를 사용하는데, 목적의 개념은 목표보다 넓고 포괄적으로 사용된다. 교육목적은 다분히 추상적 · 개념적인 성격을 띠고, 교육목표는 목적을 이루기 위한 구체적인 내용을 이루게 된다. 그러나 어떤 교육목적인가를 불문하고 교육이 추구하는 가치관을 기반으로 성립되는 것이므로 이상적인 인간상으로 구체화되는데, 가치관은 시대나 장소에 따라 또는 노력하는 자의 의지에 따라서 달라지게 되므로 교육목적도 다양하게 진술되는 경우가 많다.

우리나라의 교육목적은 1949년 12월 31일에 공포한 「교육법」 제1조에 명시되어 있는데, 인간으로서의 완성을 목표로 '모든 국민으로 하여금 인격을 완성하고 자주적 생활능력'을 육성할 것을 강조하는 한편, '공민(公民)으로서의 자질을 구유(具有)하게 하여 민주국가 발전에 봉사하며 인류 공영의 이념 실현'에 기여할 수 있는 인간을 육성하려는 것이 뚜렷하게 명시되어 있다.

특별히 민주주의 교육의 기본적 목표는 민주주의 교육이라고 할 수 있는데, 첫째, 민주주의 교육은 모든 국민을 위한 교육을 함을 의미한다(교육적 기회 균등). 둘째, 민주주의 교육은 비판적인 사고력과 행동적인 지성을 함양한다(민주시민의 자질). 셋째, 민주주의 교육은 자율적인 인격을 두어야 한다(자아실현). 넷째, 민주주의 교육은 사회에 공헌하는 인간을 배양한다(협동과 봉사정신). 다섯째, 민주주의 교육은 민주사회 건설을 위한 교육을 함을 목적으로 한다(교육의 사회화). 여섯째, 민주주의 교육은 민주적인 인간의 향상을 목적으로 한다(전인적인 교육). 교육목적 설정에 철학적 입장을 정리해 보면 교육목적 자원으로서의 철학적 이념이 어떤 입장에 있느냐에 따라서 교육목적은 다르게 설명할 수 있다.

교육목표(educational objectives)는 의도적 교육 실제에 있어서 달성하고자 하는 최종적 교육성과를 의미하며, 교육목적을 보다 구체화시킨 항목이라고 할 수 있다. 교육목표 수립에 있어서는 개인 중심적 입장, 사회 중심적 입장, 통합적 입장 등 세 가지로 나누어 볼 수 있다.

개인 중심적 입장에서는 학생의 능력, 필요, 흥미를 기초로 하여 학생 각자의 효과적이고 충실한 발달에 중점을 두어 목표를 세운다.

사회 중심적 입장에서는 사회의 적응 및 개조를 교육의 목적으로 보고, 이해하고, 이에 합당한 교육의 목표를 수립한다.

통합적 입장에서는 사회는 개인 성원에 의해서 구성되고 개선되지만 동시에 사회 또한 개인 성원의 성격 활동 방향을 주제한다고 본다. 사회와 개인의 상호작용적 성질을 중시하여 학생의 사회적 자아실현을 강조하고, 사회의 요청과 개인의 필요를 절충하여 보다 높은 차원의 입장에서 교육목표를 달성하고자 한다(남억우 외, 2002).

교육목표는 인간 행동의 분류에 따른 행동적 특징을 교육의 내용과 관련하여 진술된다. Bloom(1956)에 의하면, 행동적 목표라고 일컫는 교육목표는 인지적 · 정의적 · 운동 기능적 영역으로 분류된다(이돈희 외, 1994).

참고로 1918년에 미국교육연합회(National Education Association: NEA) 중등교육 재건위원회에서 제정한 중등교육의 7대 원칙을 보면, 첫째, 건강교육, 둘째, 기본적 지식 기능 습득, 셋째, 바람직한 가족 구성원, 넷째, 직업교육, 다섯째, 시민의 자질, 여섯째, 여가의 선용, 일곱째, 윤리적 성격 등의 내용으로 가장 포괄적이고 기능적으로 구성되어 있다고 볼 수 있는데, 이는 미국 중등교육의 기준이 되고 있다. 다음에 NEA 산하 교육정책위원회(The Education Policies Commission)에서 1938년에 제정한 미국 민주주의 4대 영역의 교육목적이 현대적인 교육목적이라고 알려져 있다. 첫째, 자기실현의 목표, 둘째, 인간관계 목표, 셋째, 경제적 효율성의 목표, 넷째, 국민적 책임의 목표를 제시하고 있다.

평생교육은 사람이 태어나서 죽을 때까지 끊임없이 배우고 학습하며, 가정, 학교, 직장, 사회 등 사람이 속해 있는 모든 영역에서 학습이 이루어지는 통합적인 교육으로서 모든 교육을 포괄하는 넓은 의미의 개념이다. 「평생교육법」 제2조 제1항에서는 '평생교육이란 학교의 정규교육과정을 제외한 학력보완교육, 성인 문자해득교육, 직업능력 향상교육, 인문교양교육, 문화예술교육, 시민참여교육 등을 포함하는 모든 형태의 조직적인 교육활동을 말한다'라고 규정하고 있다.

평생교육에서의 교육목적은 평생교육기관이 지향하는 궁극적인 교육이념을 구체화시켜 놓은 것이며, 평생교육 프로그램의 목적은 프로그램이 직접적으로 의도하는 바가 무엇인가를 체계적으로 명시하고 있는 것으로, 교육목적보다 훨씬 더 구체적이다.

평생교육의 필요성은 기술의 진보로 인한 인간의 노동시간 단축과 여가시간의 증가, 정보사회의 발달로 인한 정보의 풍요, 생명과학의 성장으로 인한 인간의 평균수명이 증대되어 가고 있고, 현대 사회에서 평생교육의 유용성이 점차 증가하고 다양해짐에 따라 평생교육 프로그램의 유용성과 요구 또한 증가하고 있다. 현대 사회에서 평생교육 프로그램이 내포해야 할 속성으로 첫째, 여가와 학습이 구분되기보다는 하나로 통합된 여가와 학습이 동시에 달성되어야 한다. 둘째, 지속적이고 빠른 변화를 경험하고 있는 사회에 능동적으로 대처하고 생존 능력을 배양할 기회가 되어야 한다. 셋째, 개인의 욕구는 물론이고 지역사회가 직면한 문제해결에 능동적이어야 한다. 넷째, 교육의 기회가 균등하게 제공되어야 한다.

평생교육 프로그램에 대한 정의를 살펴보면 Kowalski(1988)는 조직적이고 의도적인 학습활동의 설계이며, 환경, 조직, 프로그램, 학습자 간의 상호작용이라고 정의하였고, Boyle(1981)은 다양한 기관의 모든 활동에 대한 총칭이라고 정의하였다. 김진화(2001)는 평생교육 프로그램을 학습 목적과 목표, 대상, 학습 활동과 과정, 학습방법, 시기, 장소, 학습 조직자와 학습매체 등 학습요소들이 유기적인 네트워크를 형성하고 있는 하나의 시스템으로 정의하였다.

2) 평생교육 프로그램 목표 설정

평생교육 프로그램 설계의 첫 단계는 프로그램의 목표 설정과 기술이다(김용현 외, 2010). 평생교육 프로그램 개발 과정의 방향을 알려 주는 지표라는 점에서 프로그램의 목표 설정은 매우 중요하다(신용주, 2017). 그러므로 애매하지 않고 뚜렷하게 목표가 설정되어야 학습자는 참여하고자 하는 프로그램이 어떻게 진행될지를 이해할 수 있다.

먼저 프로그램 개발에서의 목적이나 목표는 보통 프로그램이 끝나면 학습자가 습득하게 될 지식, 기술, 가치, 태도 등으로 인식되는데, 보통 목적은 목표보다 더 광범위하고 추상적으로 여긴다. 평생교육에서 프로그램의 목적은 평생교육기관이나 조직의 설립 이념, 사명, 비전 및 정책에서 찾아볼 수 있으며, 프로그램이 궁극적으로 추구하고자 하는 바를 의미한다. 한편 프로그램의 목표는 학습자가 프로그램을 통해 경험한 인지, 정서, 행동, 태도, 가치 등의 변화를 의미한다. 더 구체적으로 교육 후에 교육 대상자가 알아야 할 지식, 기능, 태도, 행동이다(김용현 외, 2010). Caffarella(2014)에 따르면 목적은 프로그램의 전반적인 개발 의도이며, 목표는 프로그램의 실행으로 학습자가 얻게 될 구체적인 결과이다(신용주, 2017).

프로그램을 통해 궁극적으로 달성하고자 하는 목표를 규정하는 조건이나 기준은 다양하다. 그중 공통적으로 제시되는 목표의 다섯 가지 조건은 구체적이고 측정과 달성이 가능하여야 하며 타당하고 제한시간이 있어야 한다(최은수, 2016).

효과적인 프로그램은 단지 평생교육 시행 기관이 기대하는 목표에 따라 프로그램 목표를 잘 구성하고 교육 진행을 돕는 것만이 아니라 정확한 요구 분석 결과와 다양한 요소에 대한 고려에서 나온 목표 설정에서 시작된다(신용주, 2017). 먼저 기획자는 프로그램 목표 설정을 위해 다음 과제를 수행해야 한다.

- 프로그램의 정체성과 개발 의도를 명확히 확인하고 인식: 새로운 변화에 적응하고 사회 발전과 개인의 성장 발달을 도모하는 평생교육의 기능이 반영되어야 한다.
- 평생교육기관이 속한 지역사회, 잠재적 프로그램 참여자를 비롯한 이해당사자 및 타 기관에 대한 사전조사: 시대의 요구를 반영하고 지역사회의 지원을 이끌어 내어 지역사회에 뿌리를 둔 프로그램 개발을 도모하여야 한다.
- 중앙정부, 지자체, 민간 지원단체 등 다양한 주체와의 협력관계를 강화하여야 한다.

• 재정 자원 및 인적 자원의 확보에 대한 정확한 검토를 하여야 한다.

(1) 프로그램 개발 목표 설정의 예시 1

※ 역량에 기초한 교장 리더십 프로그램 개발 프로그램(S대 연구소, 2016)

프로그램의 개발 목표는 혁신미래교육 추진을 위한 학교장 역량 제고, 학교장의 역할 제고와 리더십 실천방법 강화로 학교 문화 혁신, 혁신하는 학교공동체를 이끌어 나가는 소통과 공감의 리더십 강화, 대상자별 특성에 맞는 연수 방안을 강구하여 혁신을 선도하는 리더 양성 기반 조성, 학교장의 리더십 역량 강화를 바탕으로 학교 현안과제를 해결하고 주요 교육정책을 실현하기 위한 실천적 기반 조성을 주요목표로 하고 있다.

프로그램의 개발 목표는, 첫째, 초 · 중 · 고등학교 교장이 자기주도적 성찰을 바탕으로 자신의 리더십 특성과 자기이해를 돕는 활동과 학습 경험을 제공한다. 둘째, 학교장들이 각급 학교 교사들의 핵심 역량과 전문성을 개발하는 데 기여할 수 있는 멘토링/코칭 능력을 배양하고 팀의 효과성을 높이는 기술을 개발한다. 셋째, 학교를 변화시키고 구성원의 성장 및 발전을 도모할 수 있는 지속적인 학교 조직의 문화를 주도하는 영향력과 변화 역량을 높인다. 넷째, 소집단 토의를 통해 학교 조직에서 빈번히 일어나는 문제 또는 갈등 상황을 창의적으로 해결하는 데 정보의 공유와 실천 학습 기회를 제공한다.

(2) 프로그램 개발 목표 설정의 예시 2

※ 학부모지도 교육운영 프로그램(S 교육청, 2021)

프로그램의 개발 목표는 교육의 흐름에 부합하는 다양하고 체계적인 전문 교육을 통한 학부모 역량 강화 및 교육 주체로서의 학부모 역할 인식 제고, 소통과 협력을 통한 학부모 참여 문화를 확산 및 유도하고, 학부모의 학교 참여 활성화를 통한 교육 공동체 실현이다.

입문 프로그램의 개발 목표는 교육환경 변화에 대한 학부모 인식 개선과 바람직한 부모 역할 정립을 통한 자녀교육 역량을 강화하고, 세계화 · 다문화 시대에 국가와 지구촌 차원의 능동적인 교육 주체로 성장하는 것을 지원하며, 미디어가 제공하는 정보와 콘텐츠를 비판적으로 판단하고 사용할 수 있는 역량을 강화하고, 학교의 다양한 미래교육과정을 이해하고 실제 체험을 통한 미래교육 역량 함양 등을 담고 있다.

세부 전문 프로그램의 개발 목표는 자유학년제 실시 등에 따른 학부모 진로 인식 개선 및 기업가 정신 훈련, 자녀와 부모의 이해를 통한 슬기로운 감성 소통, 디지털 교육, 지식 콘텐츠를 활용한 유튜브 영상 제작 훈련을 통한 홍보 활동가 양성, 독서 동아리와 독서토론에 대한 체계적인 교육을 통한 독서 활동가 양성, 성 평등한 문화 확산을 위한 학부모 성 인식 개선, 학교 구성원들의 회복적 생활교육을 통한 갈등 해결과 공동체 치유 및 돌봄을 실천, 기후 위기 시대에 생태전환교육을 통해 실천 가능한 생활환경 조성, 기후 위기 시대에 생태전환교육 중 먹거리 위기 인식 확산을 통한 학교 급식 전환 인식 개선 등을 내포한다.

2. 프로그램 목표의 분류

평생교육 프로그램은 평생교육을 주도하는 기관이 그 기관의 비전에 따라 학습 자의 성장과 발전을 돕기 위하여 체계적으로 개발하여 수립하는 지식과 경험을 포 함한 모든 학습지원 활동의 사전 계획과 기대하는 결과이다. 따라서 프로그램의 성 격도 개방적이고, 탄력적이며, 미래 지향적이고, 목표 지향적이며, 수단적인 성격과 활동 지향적인 성격을 지니고 있다.

평생교육 프로그램 개발의 원리를 살펴보면 독창성 원리, 실행 가능성의 원리, 전 문성의 원리로 나누어 볼 수 있다. 이는 프로그램이 기획단계를 시작으로 하여 설 계, 실행 및 평가의 과정을 포함한 체계적인 과정으로서 프로그램의 주제 선정, 내 용의 구성, 실행의 과정과 활동에 있어서 프로그램이 지닌 고유성을 지녀야 하며, 이를 위하여 프로그램의 주제, 내용, 실행방법, 프로그램 참여 대상의 선정과 개발 된 프로그램의 현장 활용성, 현실성을 고려하여야 한다. 따라서 선행 프로그램의 성 공과 실패 요인에 대한 심층적 분석, 프로그램이 실행될 환경, 자원 및 상황 등에 대 한 예리한 판단과 관련 전문가의 참여 확대 노력이 필요하다. 이는 프로그램 개발 과정이 전문가들의 이론과 지식 및 실천 경험에 근거한 활동임을 의미하며, 프로그 램 개발 전문가는 개발 기관, 지역사회, 학습자의 다양한 요구를 반영할 합리적이고 적절한 의사결정을 할 수 있는 능력이 요구되며, 프로그램의 내용, 실행방법 등 학습 과정에 관한 전문성도 필요하다.

앞에서도 직시한 바와 같이, 평생교육의 목표가 개인의 성장과 발전을 통해 조직과 사회 발전을 도모하는 것이기 때문에 평생교육 프로그램의 목표도 역시 개인의 성장과 발전, 조직과 사회의 변화와 발전을 도모한다. 이를 Caffarella(1994)는 평생교육 프로그램의 목표 유형을 〈표 7-1〉과 같이 개인적 차원, 조직적 차원, 사회적 차원으로 구분하여 설명하였다.

표 7-1 평생교육 프로그램의 목표 유형

구분	프로그램의 목표	구체적 사례
개인적 차원	개인의 성장과 발달 촉진	교양강좌, 실용능력 개발강좌 등
	실제적인 생활문제와 과제 해결	퇴직 전 교육, 부모교육 등
조직적 차원	현재와 미래의 직업 준비	신입사원교육, 연수교육 등
	환경 변화에 따른 조직의 대응 능력 강화	조직 개발, 팀워크 구축 등
사회적 차원	사회문제와 사회적 과제 해결 기회 제공	소비자 보호, 환경문제, 여성 교육 등

출처: Caffarella(1994).

Caffarella의 목표 유형이 개인이나 조직, 사회의 변화에 따라 구분하였다면, Boyle(1982)은 프로그램의 목표에 따라서 개발형 · 기관형 · 정보형 프로그램으로 유형화하였다.

개발형 프로그램은 개인이나 지역사회가 안고 있는 주요문제가 무엇인지 요구 분석을 통해 먼저 파악하고 이를 해결하거나 대처하기 위한 목적으로 개발한 프로그램을 의미한다. 이런 점에서 개발형 프로그램은 도구적 성격이 강하다고 볼 수 있다.

기관형 프로그램은 학습자의 요구나 필요의 중심이 아닌 평생교육기관이 주체가 되어 기관이 추구하는 비전이나 가치에 중심을 두고 전문가 집단이 중심이 되어 개발하는 프로그램이다. 따라서 기관이 제공하는 지식이나 정보를 학습자가 수용하는 수동적 성격을 띤다.

정보형 프로그램은 정보를 필요로 하는 사람들에게 특정한 정보를 제공하기 위한 목적으로 만든 프로그램으로서 정보의 체계적 전달이 중요하다. 단순한 정보의 제공을 목적으로 프로그램이 작성되었기 때문에 결과에 대한 평가나 효과성 검증에는 어려움이 있다는 단점을 지니고 있다.

유네스코 아시아태평양지역사무처(1966)는 '모든 이를 위한 교육 프로그램의 실시'와 관련하여 〈표 7-2〉와 같이 프로그램 목적을 여섯 가지로 분류하였다.

표 7-2 유네스코의 평생교육 프로그램 목표의 유형 분류

구분	내용
문해 프로그램	기본적인 문해력과 수리력, 문제해결력을 유지하고 향상시키며, 개인이 사회에서 충분한 사회성원으로서의 역할과 기능을 수행할 수 있도록 그들에게 일반적이고 기본적인 업무수행능력을 강화해 주기 위한 목적으로 제공되는 것이다.
학력인정 프로그램	기존의 일반계 또는 직업계 형식교육에 상응하는 대안적 성격의 보충적인 평생교육 프로그램으로 제공되는 것으로, 학력인정과 연계된 것을 말한다.
소득증대 프로그램	학습자들이 직업기술을 획득하고 향상시킴으로써 소득증대 활동에 참여할 수 있도록 도와주는 프로그램이다. 여기에는 다양한 방식을 통해 제공되는 직업적 평생교육 프로그램과 현대사회에서 충분히 자생적인 삶을 영위할 수 없는 사람들, 예컨대 매우 빈곤한 상태에 있는 사람들을 대상으로 직접적으로 직업 훈련을 시키는 교육이 포함된다.
삶의 질 향상 프로그램	학습자들이 개인으로서, 그리고 지역사회의 구성원으로서 삶의 질을 향상시킬 수 있도록 기본적인 지식, 태도, 가치관과 기술을 습득하기 위한 것이다.
개인적 욕구 충족 프로그램	개인들이 각자 원하는 사회적 · 문화적 · 정신적 그리고 건강과 신체와 예술 부문의 교육적 요구를 충족시키기 위하여 참여하고 학습하는 교육이다.
미래 지향적 프로그램	근로자, 전문가, 지역과 국가 · 사회의 지도자, 지역주민, 사업가, 기획가들에게 급속하게 진행되는 사회적 · 기술적 변동에 적응하고 대처하는 데 필요한 새로운 기술과 지식 · 기법을 제공하기 위한 것이다.

출처: 유네스코 아시아태평양지역사무처(1998).

3. 프로그램 목표의 진술방법

교육목표가 모든 교육 행위의 길잡이가 되기 위해서는 구체적으로 기술되어야한다. 교육목표가 역할을 수행하기 위해서는 목표의 역할이 무엇인가, 목표를 분류한 일반 목적, 프로그램 목표, 학습목표의 차이점을 알아야 한다. 또한 목표가 구체적으로 기술되기 위해서는 목표 안에 조건, 기준, 행위 동사가 포함되어야 한다(김용현 외, 2010).

프로그램의 목표 진술/기술에는 프로그램의 대상과 참여 주체인 학습자들이 구체적으로 어떤 프로그램을 수료하게 되며, 궁극적으로 달성하려는 프로그램의 결과가 이들이 이해할 수 있게끔 명료하게 제시되어야 한다(김용현 외, 2010). 가장 많이 활용되는 기법에는 'To-By-For' 원칙이 있는데, 김진화(2001)는 다음과 같이 설명했다(신용주, 2021에서 재인용).

① To: 프로그램을 통해 달성하려는 구체적인 목표(to achieve specific objective)
② By: 제공될 프로그램의 유형(by providing programm)
③ For: 학습자(identified learner)

프로그램 목표를 우리말로 진술하는 데에는 상황, 대상, 내용 및 의도 등 네 가지의 요소가 포함된다(김진화, 2001; 신용주, 2021에서 재인용). 상황은 학습자의 현재 상태나 처해 있는 환경을, 대상은 프로그램이 누구를 위한 것인지를 가리키며, 내용은 학습자가 어떤 프로그램을 거칠 것인가를 제시한다(신용주, 2021). 의도는 참여자가 프로그램이 끝나면 무엇을 성취할지에 대한 기대 효과이다. 보통 한 문장으로 다음과 같이 네 가지 요소를 포함하여 진술할 수 있다.

* 취업컨설턴트 양성: 취업을 희망(상황)하는 구직자(대상)를 대상으로 직업 정보 및 자료를 제공(내용)하고 직업 선택, 경력 설계, 구직활동 등에 대한 상담을 진행하고 지원하는 직업상담 전문가 양성(의도)이다(여성새로일하기센터).

더 명확한 목표 기술을 위해서 먼저 프로그램 기획자의 입장이 아닌 프로그램 대상자, 즉 프로그램을 통해 배우는 사람의 입장에서 기술되어야 한다(김용현 외, 2010). 예를 들면, 기획자의 입장에서 나온 '설명한다'가 아니라 학습자의 입장에서 나온 '말할 수 있다'로의 기술이다. 또한 목표는 막연하고 추상적인 것이 아닌 구체적으로 기술되어야 한다. 더 구체적인 목표 기술을 위해 행동목표 기술을 사용하는데, 학습자가 프로그램 수료의 결과로 어떤 행동/행위를 할 수 있는지를 명시한다. 예를 들면, 식물에 대한 학습의 경우에는 단순히 '식물에 대해 안다'는 것은 막연한 목표이지만 '자연도감을 보지 않고 암술과 수술의 차이점에 대해 세 가지 이상 설명할 수 있다'는 행위 동사인 '설명할 수 있다'와 '자연도감을 보지 않고'라는 조건 및 '암술과 수술의 차이점에 대해 세 가지 이상'이라는 기준도 포함하고 있으므로 더 구체적이고 명확한 목표 진술이다. 교육목표가 막연하면 교육목표에 대한 달성도인 성과 측정이 어렵다. 중학교 1학년생의 체력 향상이 교육목표로 기술되어 있다면 과연 대상자인 중학교 1학년의 체력이 향상되었는지를 무엇으로 측정할지 불분명하여 과연 체력이 향상되었는지 판단할 수 없지만 50미터를 10초 안에 달릴 수 있다로 목표가 기술되어 있으면 그 행동을 할 수 있는지에 따라 능력이 충분히 개발되었는지를 판단할 수 있으며, 따라서 교육의 성과 여부도 측정할 수 있다(김용현 외, 2010).

표 7-3 행동 영역과 교육적 행위 동사

행동 영역		교육적 행위 동사
인지적 행동 특성 (cognitive domain)	지식	정의한다, 구별한다, 확인한다, 인지한다, 열거한다, 설명한다, 묘사한다, 진술한다, 목록을 만든다
	이해력	계산한다, 토의한다. 식별한다, 예를 들다, 풀다, 변화한다, 예시한다, 표현한다, 구별한다, 변혁한다
	적용력	추론한다, 응용한다, 일반화한다, 관련시킨다, 조직한다
	분석	구별한다, 탐색한다, 확인한다, 분류한다, 인지한다, 유목화한다, 환원시킨다, 대비한다, 비교한다, 식별한다
	종합	쓸 수 있다, 설명할 수 있다, 생산한다, 구상한다, 창안한다, 종합한다, 제안한다, 계획한다, 구체화한다
	평가	평가할 수 있다, 판단할 수 있다

정의적 행동 특성 (affective domain)	수용	경청한다, 참가한다, 완성하다, 선택할 수 있다
	반응	거부한다, 반항한다, 투쟁한다, 논쟁한다
	가치화	깨닫다, 의미를 부여하다
	조직화	논의하다, 이론화한다, 비교한다, 구성한다, 정의한다
	인격화	개선한다, 변화시킨다, 요구한다, 타인으로부터 인정받다
신체운동적 행동 특성 (psycho-motor domain)	반사운동	반응하다
	기초운동	달리다, 뛰다
	자각 능력	응답한다
	신체적 능력	구멍을 파다, 묶다, 고정시킨다, 갈다, 칠하다, 깎다
	숙련된 운동 기능	조립하다, 측정한다, 연결하다, 설계하다, 분해하다, 조작하다, 고치다, 스케치하다, 타이핑하다
	동작적 의사소통	창작하다, 표현하다

출처: 김진화(2001), p. 292.

앞에서 언급한 대로 목표는 추상적이지 않으며 쉽게 이해가 되고 실제 상황에서 이루어질 수 있는 행위로 표현된 언어로 기술되어야 한다. 교육내용에 대해 어떤 행위 동사를 사용해야 하는 것은 중요하며, 각 영역별로 소개하면 〈표 7-3〉과 같다.

목표란 교육 후에 교육 대상자가 알아야 할 지식, 기능, 태도, 행동이기 때문에 개발자의 입장에서 기술하는 것이 아니라 교육 대상자의 입장에서 기술되어야 한다. 또한 막연하게 기술되는 것이 아니라 구체적으로 기술되어야 한다(김용현 외, 2010).

교육목표의 역할은 중요하다. 왜냐하면 교육목표가 평가의 기준이 되고, 교육목

표 7-4 교육목표의 기술

교수계획의 단계에 대해서 '설명한다'. → '말할 수 있다'
교안의 구성요소에 대해서 '설명한다'. → '쓸 수 있다'
식물에 대한 학습에서 '식물에 대해서 안다'. → 자연도감을 보지 않고(조건) 암술과 수술의 차이점에 대해서 세 가지 이상(기준) 설명할 수 있다(행위 동사).
여사원 교육 시 교육목표를 '여사원 능력 향상' → '벨이 세 번 울리기 전에 전화를 받을 수 있다'.
고객을 만났을 때 → '교육생의 90% 이상이 45도 각도로 인사를 할 수 있다'.

출처: 김용현(2010)에서 재구성하였다.

3. 프로그램 목표의 진술방법

표 후에 열거되는 여러 가지 교육 행위에 대한 방향을 제시해 주기 때문이다. 또한 교육목표 후에 나오는 여러 가지 교육 행위, 즉 교육내용 선정, 교육방법 결정, 교육 매체 선정 등에 대하여 방향을 제시해 주어야 하기 때문이다.

교육목표는 〈표 7-4〉와 같이 교육 대상자의 입장에서 구체적으로 기술하여야 한다. 하나의 목표 문자에는 하나의 동사가 나와야 한다.

학습목표는 최종 학습목표와 중간 학습목표로 나누어 볼 수 있다. 최종 학습목표 는 어느 한 만족감을 통하여 학습자가 달하는 목표를 말하며, 중간 학습목표는 최종 학습목표를 달성하기 위해서 미리 달성해야 하는 선수목표를 말한다. 학습목표를 구성하는 데에는 세 가지 요소가 있는데, 첫째, 행위 요소이다. 행위는 학습자가 할 수 있거나 나타내야 하는 수행 행위로서 행위 동사로 기술하여야 한다. 둘째, 조건 요소이다. 학습자가 수행 시 존재하는 주위 여건이나 물리적 환경을 의미한다. 셋 째, 기준요소이다. 학습자의 성취도를 측정하고 평가하는 준거를 의미한다.

행위 동사란 수행 여부를 눈으로 직접 관찰할 수 있고 측정할 수 있는 동사들로서 바람직한 행위 동사와 바람직하지 않은 행위 동사로 나눠 볼 수 있는데 바람직한 행 위 동사의 예로는 '개발하다' '수립하다' '해결하다' '수정하다' '문제를 밝히다' '분석 하다' '분류하다' '설명하다' 등으로 나타낼 수 있고, 바람직하지 않은 행위 동사로는 '생각하다' '향상하다' '함양하다' '이해하다' '습득하다' '인식하다' '배양하다' 등이다. 이 같은 행동 목표가 지니는 한계점으로는 목표 자체가 구체적이며 관찰 가능한 행 동들만 진술하기 때문에 많은 학습성과 가운데 하찮은 학습성과에 대해서만 진술 할 가능성이 있고, 학습자 내부에서 발생하는 중요한 변화를 관찰할 수 없고, 교육 목표가 본질적으로 교수자가 주어진 시간에 할 수 있는 일과 교육과정만을 지시하 기 때문에 가르칠 수 있는 기회를 상실할 수 있다는 것이다.

그럼에도 불구하고 행동 목표는 교사가 교실에서 교육과정의 방향을 결정하고 교육의 효율성을 증가시키거나 학습자, 부모, 교육 행정가들에게 교실에서 성취하 고 노력하고자 하는 것이 무엇인지를 전달하는 유용성을 지니고 있다. 따라서 행동 목표는 수업의 성과에 초점을 둘 수 있도록 도와주며, 학습자들이 그 성과를 달성했 는지 여부를 파악 가능하게 한다는 유용성도 지니고 있다. 다음의 프로그램 개발의 실제 사례를 참고하기 바란다.

평생교육 프로그램 개발의 실제 사례

1. 프로그램 주제: 집단따돌림 현상 극복 프로그램

2. 프로그램명: '친구 사랑 나누어요'

3. 일반 목적: 자아존중감과 주체적 사고 능력을 가진 공동체의 한 구성원으로서 인간에 대한 이해와 화합 능력을 높인다.

4. 프로그램 목표: 대인관계에서 적합하지 못한 행동을 수정하고 높은 자아존중감과 주체적 사고를 가진 사회 구성원으로서 상호 협동하는 원만한 대인관계를 이룰 수 있다.

5. 학습목표 :

첫째, 자신의 감정을 솔직하게 표현하며 타인에게 비춰진 자신에 대해 안다.

둘째, 자기이해 및 통찰을 통하여 보다 객관적으로 자신을 인식하고 받아들인다.

셋째, 자신의 부정적인 면을 보안하는 새로운 행동 방안을 모색하여 집단따돌림 현상에 적극 대처한다.

넷째, 자신의 단점뿐만 아니라 장점을 발견하여 긍정적인 자기개발을 한다.

다섯째, 협동놀이를 통하여 집단 구성원으로서의 중요성을 인식한다.

출처: 이화정 외(2014), p. 126에서 재인용.

🖐 토론 문제

1. 평생교육 프로그램 개발의 목적과 목표를 구분하여 설명하시오.

2. 평생교육 프로그램 개발 유형별로 장단점에 대해 토론하시오.

3. AI(인공지능) 시대 및 제4차 산업혁명 시대의 도래에 따른 바람직한 평생교육 프로그램 개발의 방향에 대해 토론하시오.

참고문헌

김용현, 김종표, 문종철, 이복회(2010). 평생교육 프로그램 개발론. 경기: 양서원.

김진화(2001). 평생교육 프로그램 개발론. 서울: 교육과학사.

남억우, 박준희, 백현기, 서명원, 정우현, 함종규, 황정규(2002). 최신교육학대사전. 서울: 교육과학사.

신용주(2017). 평생교육 프로그램 개발론. 서울: 학지사.

신용주(2021). 평생교육 프로그램 개발론. 서울: 학지사.

여성새로일하기센터(연도미상). 직업교육훈련-취업컨설턴트 양성. https://saeil.mogef.go.kr/hom/edu/eduView.do?course_id=16333

유네스코 아시아태평양지역사무처 편. 최운실 · 권두승 외 역(1988). 성공적인 성인교육전략: 유네스코 ATLP-CE 자료를 중심으로. 서울: 교육과학사.

이돈희, 박성수, 김신일, 임인재, 윤정일, 박성익, 김기석(1994). 교육학용어사전. 서울대학교 교육연구소 편. 서울: ㈜도서출판 하우.

이해주, 최운실, 권두승(2002). 평생교육 프로그램 개발. 서울: 한국방송통신대학교출판부.

이화정, 양병찬, 변종임(2014). 평생교육 프로그램 개발의 실제. 서울: 학지사.

최은수(2016). 리더십 개발 프로그램: 이론과 사례. 서울: 공동체.

Bloom, B. S. (1956). *Texonomy of Educational objective*. New York: David Mckay.

Boyle, P. G. (1981). *Planning better program*. New York: McGraw-Hill Book Company.

Boyle, P. G. (1982). *Planning better program*. New York: McGraw-Hill Book Company.

Caffarella, R. S. (1994). *Planning programms for adult learners: A practical guide for educators, trainers, and stuff developers*. Sanfrancisco: Jossey-Bass Publishers.

Kowalski, T. J. (1988). *The Organization and Planning of adult Education*. State university of New York Dress.

평생교육 프로그램 설계

학식이 없는 학자는 현관이 없는 집과 같고,

실행이 수반되지 않는 이론가는 열매가 달려 있지 않은 나무와 같다.

－사디－

1. 프로그램 설계의 개념과 원리를 이해할 수 있다.
2. 프로그램 설계 절차에 대해 이해할 수 있다.
3. 프로그램 설계 방법에 대해 이해하고 적용할 수 있다.

　평생교육 프로그램에 있어 설계 과정은 교육기관과 학습자의 필요와 요구에 따라 교육목표를 설정하고 세부적인 교육 내용과 방법을 구축하고 체계화하는 단계이다. 이때 평생교육사는 평생교육 프로그램의 설계가 전체적으로 어떤 원리에 의해 이루어지는지를 사전에 숙지하여 적절한 설계를 실현할 수 있어야 한다. 이 장에서는 프로그램 설계의 개념과 원리, 방법에 대해 구체적으로 살펴보고자 한다.

1. 평생교육 프로그램 설계의 개념과 원리

프로그램 설계란 프로그램 기획단계에서 확인된 교육적 요구와 필요를 기반으로 교육목표를 설정하고 교육 내용과 방법을 선정하여 프로그램을 체계화하는 일련의 과정을 의미한다. 즉, 설정된 교육목표를 학습자들이 습득할 수 있도록 하는 교수방법과 전략을 어떻게 선택하고 활용할 것인가를 다루는 지식이자 활동이다(Dick et al., 2014).

우선적으로 기관의 목적이나 추구하는 이념에 맞추어 프로그램의 목표를 설정한다. 그다음으로 학습자의 요구 분석으로 확인된 것 중에서 교육기관의 여건, 즉 교육기관의 예산 및 지원 등을 고려하여 계열성, 계속성, 통합성, 난이도, 복잡성, 현실성, 계절성 등의 기준으로 실행하기 위한 내용을 선정한다. 이를 효과적으로 전달할 수 있는 방법을 선택한 후에 구체적인 프로그램 계획을 구성한다.

프로그램의 실체를 구체적으로 어떻게 할 것인가를 미리 결정하고 설계해야 한다. 프로그램 설계는 프로그램의 형태에 따라 접근방식이 다르게 적용된다. 프로그램을 설계하기 위해서는 먼저 다음과 같은 질문을 해 보아야 한다.

① 기관이나 단체가 추구하는 교육목표는 무엇인가?
② 그 교육목표를 추구하기 위해 제공될 수 있는 교육적 경험에는 어떤 것들이 있을까?
③ 이러한 교육적 경험은 어떤 방법을 통해 효과적으로 전달될 수 있을까?
④ 교육설계 후 교육목표의 달성 여부는 어떻게 평가될 수 있는가?

1) 프로그램 설계의 절차

프로그램 설계를 위해서는 우선 해당 기관이나 단체가 추구하는 교육 목적이나 이념에 맞추어 구체적인 교육과정의 학습목표를 설정하고, 다음으로는 그것을 실행하기 위한 학습내용을 선정해야 하며, 이를 효과적으로 전달할 수 있는 교수·학습 방법을 선택하고 나서 마지막으로 이를 학습지도안으로 작성해 내는 과정을 거

교육목적 및 학습목표의 설정

학습내용의 선정

학습방법의 선정

학습지도안 구성

[그림 8-1] 프로그램 설계의 절차

치게 된다(이복희, 유인숙, 2020). 이를 시각적으로 표현하기 위해 그림으로 나타내면 [그림 8-1]과 같다. [그림 8-1]에서 표현되지 않은 학습평가와 관련된 사항은 학습목표를 설정할 때 함께 고려하도록 한다.

2) 프로그램 설계의 기본 원리

프로그램 설계는 주어진 시간 안에 계획된 프로그램의 실행을 위한 행동들을 계획하고, 이러한 계획된 행동들에 입각해서 프로그램을 실행하는 데 지침이 될 전략들을 결정해야 한다(김진화, 2012). 이러한 관점에서 성공적인 프로그램 설계를 위해서는 다음의 기본 원리를 바탕으로 구성하여야 한다.

(1) 학습 촉진

프로그램 설계는 학습자를 중심에 두고 그들의 학습 요구에 근거하여 이루어져야 하며, 학습자의 학습을 촉진시키고 돕는 것을 목적으로 한다. 능동적인 학습은 수동적인 학습보다 더 효과적이며, 이는 학습자가 물리적·정신적 에너지를 자신의 학습활동에 투자하여 현재 배우고 있는 것이 스스로 가치 있다고 여길 때 활동적인 학습이 이루어진다(Angelo & Cross, 1993).

(2) 개인의 성장과 발달에 도움

프로그램 설계는 학습자의 필요를 확인하고 개인의 성장과 발달을 도모할 수 있는 내용으로 구성하여야 한다. 교육의 내용은 고정적인 것이 아니라, 사회와 개인의 변화와 상황에 따라 끊임없이 개선되어야 하기 때문에 항상 재구성되어야 한다.

(3) 체제적 접근

프로그램 설계는 교육의 내용이 '무엇이며' 그것을 '어떻게 가르칠 것인가'에 관련되어 있다. 이때 일정한 체제적 접근에 근거하여 교수 체제의 모든 구성요소를 기능적으로 구성하여야 효과적인 수업이 가능하다. 하나의 프로그램은 교육의 목표를 달성하기 위해 유기적으로 상호작용하고 있는 다양한 요소 간의 통합체이기 때문이다. 체제적 접근을 통해 개발된 프로그램은 제대로 작동될 때까지 수정하여 반복적으로 사용할 수 있다는 점에서도 매우 중요한 의의를 지닌다.

(4) 본질적 접근

프로그램 설계는 본질적으로 인간이 어떻게 학습하는가에 관한 지식을 기초로 하여 이루어지는 것이 바람직하다. 행동주의, 인지주의, 구성주의 등 다양한 학습 관점에서 인간의 지식 형성과 학습성과를 위해 어떠한 학습 조건과 환경이 마련되어야 하는지 함께 고려되어야 한다.

2. 프로그램 내용 선정 원리와 방법

1) 프로그램 내용 선정의 원리

평생교육 프로그램의 학습목표가 수립되면 이를 실행하기 위한 교육 내용의 선정이 요구된다. 프로그램을 설계하는 과정에서 프로그램에 들어갈 내용을 어떻게 선정하고, 선정된 내용을 어떻게 조직하고 편성할 것인가는 매우 중요하다. 프로그램 선정 시 프로그램 내용에 평생교육 목표 달성의 적합성, 학습자의 능력 수준과 요구 등의 반영을 고려하여야 한다. 프로그램 내용 선정 시 고려해야 하는 원칙은 다음과 같다.

(1) 합목적성(목표와의 일관성)

모든 평생교육 프로그램의 내용은 그 교육목표에 반영된 개인적 요구나 사회적 요구, 철학적 이념이 구현될 수 있는 것을 포함할 수 있어야 한다. 따라서 학습자, 기관, 사회적 요구 분석에 기초하여 내용을 수립한다.

(2) 능력 수준과 흥미의 적합성 및 자발성

평생교육 프로그램의 내용을 학교교육과 달리 학습자의 능력 수준이나 흥미를 고려하여야 그들의 자발적인 참여를 얻을 가능성이 높다. 평생교육 프로그램 내용 선정 시 학습자의 선행 경험과 교육 수준을 사전에 고려해야 하며, 학습 집단에 맞게 학습내용의 종류와 분량을 선택해야 한다.

(3) 실용성과 다양성: 사회적 요구에 부합

평생교육 프로그램의 내용을 즉각적으로 사회에 적용할 수 있어야 하며, 다양한 분야의 내용으로 프로그램을 구성할 수 있어야 한다. 빠르게 변화하는 현대의 산업사회에서 평생교육 프로그램은 단기간 동안에 적용 가능한 내용을 다루기 때문에 일반적으로 실용성이 높은 편이다.

(4) 일 목적 다경험 및 일 경험 다목적의 능률성 제고

한 가지 목적을 위해 여러 내용과 연관되거나 한 가지 내용에 두 개 이상의 목표를 연관 지어 능률성을 제고시킨다.

(5) 교육/학습지도 가능성 및 자기주도성

평생교육 프로그램을 운영할 평생교육기관의 인력, 재정 자원 및 예산, 시설과 설비의 조건, 학습자의 조건 등 여러 학습 여건을 고려해야 한다. 또한 학습자가 스스로 선택, 계획, 평가하고 배우는 자기주도적 학습방법이 촉구되어야 한다. 평생교육 프로그램 내용에 담게 되는 지식이나 원리에 도달하는 과정에서 자기주도적인 탐구 과정을 거치지 않고 해당 지식이나 원리를 완전히 이해하는 것은 근본적으로 불가능하기 때문이다(배장오, 2015).

(6) 지역성 및 유희와 오락성

평생교육 프로그램 내용 선정 시 환경의 교육적 효과를 높일 수 있도록 그 교육을 실시하는 지역의 특성을 최대한 고려하여 학습내용을 선정한다. 학습자의 유희와 오락성을 포함시켜서 즐겁게 배우는 계기를 마련해야 한다.

2) 프로그램 내용 선정의 방법

평생교육 프로그램 내용을 선정하는 방법은 교육 내용을 어떻게 보느냐에 따라 매우 다양하다. 대표적으로 Tyler(1949)는 교과내용의 선정을 위해서는 목표에 대한 상세화와 그에 따른 외재적 기준에 의한 학습내용 선정을 주장하였다. 프로그램 내용 선정 방법을 크게 두 가지로 살펴보면 다음과 같다.

(1) 목표 중심의 내용 선정 방법

목표 중심의 내용 선정 방법은 가장 일반적인 방법으로서 프로그램의 목적과 목표를 달성하는 데 직접적으로 관련된 프로그램 내용을 선정하는 것이다. 즉, 선행단계에서 설정된 교육목적에 따라 정해진 교육목표 수준에 도달하기 위해 효과적이고 세부적인 내용을 구성하는 방법이다. 이 경우에 프로그램의 가치는 학습목표의 달성 수준에 달려 있다.

(2) 우선순위 설정에 의한 프로그램 내용 선정 방법

우선순위 설정에 의한 프로그램 내용 선정 방법은 프로그램 내용 선정 시 참고해야 할 준거를 제시하고, 각 준거에 가중치를 부여하여 합계를 구한 다음에 선정하는 방법이다. 우선순위를 설정해야 하는 이유는 기관 측면에서 교육기관의 자원과 여건을 고려하여 가장 가치 있는 요소를 선택하기 위함이다. 학습자 측면에서는 우선순위를 설정하고 학습자들에게 유리한 학습내용을 구성함으로써 그들의 경험과 지식이 학습 과정의 일부가 되게 할 수 있다. 우선순위 설정에 따른 내용 선정 절차는 ① 프로그램 개발의 타당성 확인 자료 검토, ② 요구 분석 내용 중에서 스크린 과정을 거친 결과(내용) 검토, ③ 프로그램의 목적과 목표 진술, ④ 프로그램의 목적과 목표를 성취하기 위한 아이디어와 프로그램 내용 나열, ⑤ 나열된 프로그램 내용의 우선순위 설정을 위한 준거 제시, ⑥ 제시된 준거에 가중치 부여, ⑦ 가중치를 적용하여 프로그램 내용에 점수를 부여, ⑧ 가중치를 적용하여 총점을 산출, ⑨ 서열화, ⑩ 프로그램 내용 선정의 순으로 진행된다.

3. 학습목표 설정 방법

1) 교육목적, 교육목표, 학습목표의 개념

• 모든 교육활동은 일정한 교육목표를 가지고 있다. 그런데 흔히 교육목표와 교육목적이란 용어가 혼재되어 사용되고 있다. 하지만 영어표현인 'goal' 'purpose' 'objective'가 약간의 상이한 의미를 가지고 있듯이, 교육목적과 교육목표, 그리고 학습목표도 조금 다른 의미를 내포하고 있다. 그 차이를 구체적으로 설명하면 다음과 같다.

(1) 교육목적
교육목적(educational goal)은 기관에 적용되는 것으로, 주로 사회적 활동이 지향하는 개괄적이고 최종적인 목적을 의미한다. 평생교육기관이 지향하는 궁극적인 교육이념을 구체화시켜 놓은 것으로, 그 내용이 상당히 추상적이고 일반적이다. 기관의 이념, 임무, 사명 등이 여기에 해당한다.
　교육목적의 기능은 평생교육기관의 이념을 대외적으로 드러내고, 평생교육기관의 존립 근거와 정체성을 확보하며, 해당 기관에 소속된 구성원들을 하나의 공통된 관심사로 묶어 그들이 적극적으로 역할을 수행할 수 있도록 방향을 잡아 주는 역할을 한다.

(2) 교육목표
교육목표(educational objective)는 프로그램의 수준에서 프로그램의 직접적인 의

도나 목표가 무엇인지를 명시해 놓은 것을 뜻한다. 그런 의미에서 이를 프로그램 목적이라고 칭하기도 한다. 교육목표는 교육이 효과적으로 진행될 경우에 학습자들의 사고와 행동의 변화 내용을 밝혀 둔 진술문이다. 교육목표의 진술방법은 (어떠한 상황에)있는 (대상)에게 (무슨 내용) 프로그램을 제공함으로써 (무엇: 직접적인 결과)을 향상시켜 (무엇: 기대 효과)하도록 하는 데 의의가 있다.

(3) 학습목표

학습목표(learning objective)는 세부적인 교육활동 수준에서 학습자가 일정 기간 동안에 달성해야 할 과업으로서 프로그램에 참여한 학습자의 구체적인 행동 변화에 초점이 맞춰져 있다. 학습목표의 유형에는 일반적 목표와 명세적 목표, 중도점 목표와 도달점 목표, 과정목표와 결과목표, 행동적 목표와 비행동적 목표, 인지적 목표, 정의적 목표, 심동적 목표, 내용목표와 문제해결 목표가 있다.

학습목표는 프로그램에 참여한 학습자들이 학습의 결과 얻게 되는 변화된 지식, 흥미, 태도 등을 표현한 것으로서 다음과 같은 기능을 갖는다.

① 교육의 내용, 방법, 방향을 규정해 주는 기능을 수행한다.
② 목적의 달성을 위해 계획되어야 하는 학습 경험의 범주를 명확하게 선정해 주는 기능을 수행한다.
③ 학습자들의 학습활동을 촉진 내지 활성화시키는 기능을 한다. 무엇을 학습해야 하는지 목표가 정확할 때, 학습동기가 분명해지고 학습효과도 크기 때문이다.
④ 평가의 객관적 준거가 된다. 학습목표는 평가의 방향, 내용, 결과 해석의 준거가 된다.

2) 학습목표 설정 방법

(1) 학습목표 설정 시 고려할 사항

Houle(1972)는 학습목표를 기술할 때 고려해야 하는 원칙으로 논리적·합리적(rational), 차별화(discriminative), 실천 가능성(practical), 다양성(pluralistic), 목표 간 위계성(hierarchical), 변화 가능성(changeable over time)에 대한 노력이 이루어지도

록 기술해야 한다고 주장하였다.

　학습목표는 주로 학습자의 입장에서 성취해야 할 목표를 설정하는 것으로, 학습자의 인지적·정의적·신체 기능적 영역이 골고루 발달될 수 있도록 해야 한다. 각 학습목표의 영역별 특성에는 다음과 같은 요소가 포함되어야 한다.

- 인지적 영역(cognitive domain): 지식, 이해력, 적용력, 분석, 종합, 평가가 포함된다.
- 정의적 영역(affective domain): 수용, 반응, 가치화, 조직화, 인격화가 포함된다.
- 신체 기능적 영역(psycho-motor domain): 반사 능력, 지각 능력, 초보적 기초운동, 신체적 운동 능력, 숙련된 운동 기능, 동작적 의사소통 등이 포함된다.

(2) 학습목표의 설정 방법

학습목표를 설정하는 방법을 살펴보면 다음과 같다.

① DLO(Desired Learning Outcomes): 바라는 학습결과에 의한 방법

　DLO 방법은 바라는 학습결과에 기초한 방법으로, 가장 전형적이고 전통적인 방법이다. 프로그램 안에서 학습자가 학습 행위로 인해 발생하는 구체적인 행동 변화와 바라는 학습결과를 확인하는 방법이다.

② C/L(Certification/Licensure test): 인증 및 면허 시험에 의한 방법

　C/L 방법은 교육목표가 인증이나 면허 시험에 기초하여 설정되는 방법이다.

③ DMLC(Decision Maker Learning Context): 의사결정권자의 결정에 의한 방법

　DMLC 방법은 의사결정권자에 의해 학습환경이 조성되고 궁극적인 학습목표가 결정되는 방법이다.

④ LON(Learners' Observed Needs): 학습자에게서 관찰된 요구에 의한 방법

LON 방법은 학습자에게서 관찰된 요구를 바탕으로 설정하는 것으로서 평생교육 프로그램 관련 문헌에서 가장 바람직한 방식으로 추천되는 설정법이다. 학습자 요구 분석 방법은 전문가의 조언법, 개인적인 경험 활용법, 집단조사 연구기법 등 매우 다양하다.

⑤ LEN(Learners' Expressed Needs): 학습자의 표현에 의한 방법

LEN 방법은 학습자가 표현한 요구를 바탕으로 설정하는 것으로서 학습자들이 일상적으로 필요로 하는 배움의 내용을 기초로 학습목표를 설정하는 방법이다.

3) 학습목표 진술 방법

학습목표는 앞서 제시한 학습목표 설정 시 고려해야 할 원칙을 바탕으로 학습자가 학습에 성공할 수 있도록 교육 수행의 필요조건과 평가 기준을 진술하여 제시하는 것이다. 학습목표 진술은 학습자가 주어가 되며, 수행 여부를 눈으로 관찰 및 측정 가능한 구체적인 행위 동사를 이용하여 목적한 행동 변화를 이끌어내기 위해 필요한 소요시간, 기간, 빈도 등의 시간 조정이 포함되어야 한다. 학습목표는 다음의 세 가지 구성요소로 이루어진다.

- 행위: 학습자가 할 수 있거나 나타내야 하는 수행 행위이며, 행위 동사로 기술
- 조건: 학습자가 수행 시 주어지는 주위 여건이나 물리적 환경
- 기준: 학습자의 성취도를 측정하고 평가하는 기준

학습목표 진술의 예

-신입사원은 본 과정에서 배우는 ○○매뉴얼을 사용하여(조건) 8시간 이내에(기준) 현장에서 직접 ○○업무를 수행할 수 있다(행위).

더불어 다른 목표와의 균형을 유지하는지 살펴야 하며, 다음의 내용을 구체적으로 명시해야 한다.

① 프로그램을 통해 학습자가 알아야 할 것이 구체적으로 무엇인가?
② 프로그램 속에서 학습자가 의미 있게 체험한 내용이 무엇인가?
③ 학습자들이 직접 경험하고 체험함으로써 터득한 것이 무엇인가?
④ 학습자가 의도된 학습결과에 도달하기 위해서 프로그램에 참여하는 동안에 마땅히 수행해야 할 과제가 무엇인가?

4. 교수설계

교수설계는 교수자가 실제 교육활동에 포함될 세부내용들을 설계하는 단계이다. 교수설계는 학습목표 달성을 위한 교육 프로그램의 세부적인 설계를 말하며, 평생교육 현장에서 교육 프로그램의 개발이 하나의 단일 주제를 중심으로 한 단기간의 교육일 경우에는 대부분 코스설계와 동일한 행위로 간주된다. 코스설계란 하나의 단일 주제를 가지고 실행될 교수 · 학습 과정과 관련된 모든 요소를 체계적으로 구성하는 것을 의미하며, 학습자에게 전달한 교육 내용 및 교육진행방법을 순서적으로 체계화시키는 것을 의미한다. 교육 내용을 영역별로 분류하고 각 영역에 세부내용 기술, 필요시간 배분, 교육진행방법을 순서적으로 체계화시키는 단계이다.

윤옥한(2014)은 교수설계 시 학습목표를 달성하기 위한 자료의 수집과 분석, 내용 전문가 확보, 수집된 자료의 정확성과 최신성 검토, 학습자의 요구와 학습목표에 맞는 내용 선정, 실제 적용 가능한 내용 위주로 구성되어야 함을 강조하였다.

1) Gagné의 9가지 사태

대표적으로 활용되고 있는 설계 전략으로 Gagné(1974)의 아홉 가지 사태가 있다. Gagné의 이론은 인지주의 학습이론에 기초하여 개인의 지각 능력과 인지처리 과정에 따라 같은 사건도 다르게 정보처리가 이루어진다고 가정한다. 즉, 학습자의 내적인지처리 과정을 반영하여 외적인 환경과 조건을 제공하는 것이다. 따라서 Gagné의 아홉 가지 수업 사태는 교육 프로그램을 계획하고 개발하는 과정에서 설계를 위한 지침을 제공해 준다. Gagné의 아홉 가지 사태단계는 다음과 같다.

(1) 1단계: 주의력 환기

교수설계 첫 단계로서 수업과 관련된 재미있는 화두를 던져 학습자의 주의를 획득하는 것이다. 문제 선정 동기나 교육 참여의 중요성을 간단한 게임이나 사례를 제시하여 교육활동이 원만하게 이루어지도록 한다.

(2) 2단계: 학습목표 제시

학습자가 교육 참여를 통해 얻을 수 있는 결과를 학습목표로 제시하여 자신이 학습할 내용을 주지시킴으로써 수업에 대한 기대와 결과를 미리 확인할 수 있도록 한다.

(3) 3단계: 선수학습 회상 자극

새로운 학습을 진행하기 전에 지난 과정에서 학습한 내용을 소개하거나 질문하여 필요한 지식을 회상할 수 있도록 하여 학습자를 고무시킨다.

(4) 4단계: 변별적 자극자료 제시

수업에서 해결해야 할 문제에 대해 특징을 설명하거나 관련 자극자료를 제시하여 학습자의 수업 수행을 돕는다.

(5) 5단계: 학습안내 제공

학습 과정에서 학습자들의 인지적 구성 작업에 필요한 단서를 제공해 주는 것이다.

(6) 6단계: 행동 유도

문제해결의 일반적인 과정과 지식을 제공하여 학습자가 문제해결 활동에 적극적으로 참여하도록 유도하는 것이다.

(7) 7단계: 수행 결과에 대한 피드백 제공

문제해결 활동을 위해 보여 준 학습자의 수행에 대한 정확성과 타당성을 확인해 주는 정확한 피드백이 필요하다.

(8) 8단계: 성취 수준 평가

문제해결 활동 결과를 팀별로 평가한 후 그 내용을 공유할 수 있는 기회를 가짐으로써 학습목표를 학습자가 달성하였는지를 확인하고, 일관성 있는 수행을 보여 주었는가를 확인하는 것이다.

(9) 9단계: 기억 및 전이 촉진

학습에서 배운 지식과 기술을 유사한 문제 상황에서 일반적인 특징을 추출하고 재생 가능할 수 있는 방법과 기회를 제공한다.

Gagné의 아홉 가지 수업 사태는 설명식 수업을 위한 표준적인 교육설계 모형으로 평가받고 있으나, 다양한 연구자로부터 단계별로 구체적인 처방이 충분하지 않다는 비판을 받아 왔다. 이러한 문제점을 극복하기 위해 고안된 것이 수업 과정을 도입, 전개, 마무리의 3단계로 나누어 학습목표 달성을 위해 학습내용을 구체적으로 계획하기도 한다.

2) Keller의 ARCS 모형

Keller(1987)의 ARCS 모형은 학습자의 학습동기를 유지 및 유발하기 위한 전략들을 설계하기 위해 구체적인 개념과 방법을 제시하는 체계적 접근 모형이다. ARCS는 Keller의 동기이론의 네 가지 요소로서 주의집중(Attention), 관련성(Relevance), 자신감(Confidence), 만족감(Satisfaction)의 머리 글자를 이용하여 간결하게 표현한 것이다. 수업의 전반적인 과정에서 지속적으로 주의집중, 관련성, 자신감, 만족감이 유기적으로 상호작용하면서 수업 과정의 체제를 형성하여 수업을 효과적으로 진행한다. Keller의 ARCS 모형의 내용은 다음의 〈표 8-1〉과 같다.

표 8-1 Keller의 ARCS 전략의 세부내용

요인	내용	하위요인	
주의집중 (Attention)	학습동기를 촉진하는 흥미와 호기심을 유발시켜서 지속적인 집중과 효율을 추구	지각성 각성	구체적이 예시나 다양한 시청각 자료, 매체 등을 통해 학습자의 감각을 자극
		탐구적 각성	스스로 문제를 탐구하고 해결하도록 능동적 반응과 학습자 간의 상호작용을 유도
		다양성	다양한 형태의 자료와 교수법 등을 통해 학습자의 주의를 환기시킴
관련성 (Relevance)	학습내용이 학습자의 경험이나 미래에 유익한 관련성을 지님	목적 지향성	수업의 잠재적인 장점과 실용성 등 수업내용의 가치를 강조
		모티브 일치	학습자가 자신의 능력에 따른 난이도를 선택할 수 있도록 다양한 수준을 제시
		친밀성	학습자의 기존 경험과 지식을 새로운 수업내용과 결합시켜서 유의미한 학습을 도모
자신감 (Confidence)	적당한 난이도와 한계를 부여함으로써 학습자의 도전의식과 성공 가능성을 높여 지속적인 동기를 제공함	학습 요건	수업목표와 평가 기준을 분명히 제시하고 달성할 수 있도록 연습 기회를 제공
		성공 기회	적당한 도전 수준을 위해 난이도를 조직하여 학습자에게 학습에 대한 성공 기회 제공
		개인적 통제	학습자 스스로 수업을 조직하고 선택할 수 있는 통제권을 제공하여 자신감 부여
만족감 (Satisfaction)	도전적인 과제를 공정하게 달성하고 보상을 통해 성취 동기를 강화함	내재적 강화	배운 것에 대한 가치를 긍정적으로 인지할 수 있는 경험 제공
		외재적 보상	학습자의 반응 후에 긍정적인 피드백이나 보상을 제공하여 강화
		공정성 강조	일관적이고 공정한 평가를 제공

출처: 강혜옥(2019), p. 97을 재작성하였다.

앞에서 다룬 교수설계 방법을 토대로 교육 내용을 구체적으로 기술하여 예시로 작성해 보면 [그림 8-2]와 같다.

학습 주제	온정적 합리주의 리더십 프로그램 참여자 오리엔테이션	차시(시간)				1/10 (2H)	
학습 목표	1. 온정적 합리주의 리더십의 의미와 중요성을 이해할 수 있다. 2. 온정적 합리주의 리더십의 주요요인들을 이해할 수 있다.						
학습 자료	PPT, 진단지, 동영상, 포스트잇, 전지, 마커펜(3색), 스카치테이프, 이미지 카드, 워크북						

단계	학습 주제	교수 · 학습 활동	A	R	C	S	학습자료	소요 시간
도입	1. 활동1 2. 활동2 3. 활동3 4. 활동4 5. 활동5	1. 과정 소개 및 그라운드 룰 설정 2. 팀 리더 선정 및 소개 3. WID-S기법(생각나눔) 4. 온정적 합리주의 리더십 개념 정의 5. CRLQ 진단	● ● ● ●	● ●	● ●	● ● ● ●	이미지 카드 포스트잇 온정적 합리주의 리더십 진단지 워크북	60분
전개	1. 온정적 합리주의 리더십 -역사와 철학 2. 합리주의 요인 -이성적 상황 판단 -전략적 예측 -논리적 문제해결 -최적화 수행 관리 3. 온정주의 요인 -포용적 겸손 -공감적 배려 -이타적 협력 -신뢰 기반 임파워먼트	1. 온정적 합리주의 리더십 이론 개발자 특별강의 -4차 산업혁명, 남북한 통일, 그리고 온정적 합리주의 리더십 2. 과정 오리엔테이션 -합리주의 세부내용 -온정주의 세부내용	●	●			-	50분
마무리	오늘의 학습내용을 조별로 토론 및 발표 다음 차시 안내		●	●			-	10분

[그림 8-2] 교수설계 예시

5. 평가설계

프로그램을 평가해야 하는 이유는 크게 세 가지로 나뉜다. 첫째, 교육과정에서 발생하는 자료 수집 분석을 통해서 전체적인 교육 프로그램 계획의 타당성을 판단하기 위해서이다. 둘째, 프로그램의 효율성을 검증하여 프로그램의 존속 여부, 교수자와 교육 내용의 품질 관리 등에 필요한 의사결정을 위한 정보를 수집하기 위해서이다. 셋째, 프로그램에 대한 효과를 증명하여 평생교육기관에 적용 가능한 교육 프로그램으로서의 당위성을 확보할 수 있기 때문이다(강혜옥, 2019). 이러한 이유로 교육 프로그램을 평가하는 것은 단순히 프로그램의 효과를 검증하는 것에 목적을 두는 것뿐만 아니라, 프로그램의 존립과 연관된 중대한 의사결정을 돕기 위한 과정으로서 의사결정권자에게 정보를 제공하는 것에 목적을 두어야 한다(박소연, 강한별, 2006). 따라서 프로그램 평가는 프로그램의 개선이나 유지를 위해 유효한 정보를 제공하는 역할을 한다. 프로그램 평가는 분명한 목적을 가지고 시작되며, 프로그램의 결과에 대한 실증적 자료를 제공함으로써 프로그램의 현재 또는 미래의 방향에 대한 현명한 결정을 내리도록 한다(김영숙 외, 2003).

평가에 필요한 요소로는 ① 단체나 공동체의 사정을 이해하기, ② 원하는 결과를 알아내기, ③ 사람들 각각의 능력과 역량, 그리고 함께 일할 때의 능력과 역량을 가늠하기, ④ 바람직한 해결 방침을 마련하기 등이 있다.

프로그램 평가는 학자들의 견해에 따라 다양하게 제시되고 있으나, 평가목적에 따라 다음의 수행평가, 진단평가, 형성평가, 총괄평가로 나뉜다.

1) 수행평가

수행평가(performance evaluation)는 교수자가 학습자의 과제 수행 과정이나 결과를 토대로 학습자의 지식, 기술, 태도 등의 변화 정도에 대해서 판단하는 평가방법이다. 학습자 스스로 자신의 지식이나 기술을 활용하여 행동으로 보여 주거나 답을 기술하는 것으로서 학습자의 문제해결 능력, 사고력 등의 고차원적인 수준을 평가한다. 흔히 사용되는 수행평가의 방법으로는 보고서, 발표, 만들기, 실기, 지필 등이 있다.

2) 진단평가

진단평가(diagnostic evaluation)는 교육 시작 전에 학습자의 수준과 특성을 파악하여 학습목표를 설정하고, 학습자의 수준에 맞는 교수 자료의 준비를 돕는 평가이다. 교육의 시작단계에서 표준화 검사, 사전검사, 비형식적 관찰이나 질문, 구조화된 과제 수행 등의 다양한 진단평가방법을 활용하여 학습에 영향을 미치는 학습자의 일반적인 지적 능력이나 학습 수준을 판단하여 학습자의 강약점을 비교적 정확하게 이해할 수 있다.

3) 형성평가

형성평가(formative evaluation)는 교육 진행 과정에서 학습자의 성취 수준을 분명하게 파악하여 성취 목표와의 간격을 최소화시키기 위해 실시하는 평가이다. 즉, 학습방법과 교육 내용의 개선을 위해 기초 정보로 활용하기 위한 평가이다. 학습자가 교육 내용을 학습하는 방법과 나아진 개선 정도를 시험이나 과제 수행, 체크리스트 등을 활용하여 평가하고, 그 내용에 따라 교육 내용과 교수방법의 수정 여부를 결정하기 때문에 형성평가의 결과는 교육 프로그램에 변화를 주기도 한다.

4) 총괄평가

총괄평가(summative evaluation)는 학습자의 학습목표에 대한 성취 수준 정도를 확인하는 총체적 평가로서 학자에 따라 총합평가 또는 총합검사로도 불린다. 교육 프로그램의 목적 달성에 대한 가치 판단 기준에 근거하여 교육 프로그램의 최종 산출 가치를 판단하기 위해 실시한다. 따라서 진단평가(교육 전), 형성평가(교육 중)와 다르게 교육과정 종료 후에 실시하며, 학습목표 달성 정도에 대해 면접, 지필, 관찰 등의 다양한 방법을 활용하여 평가한다.

토론 문제

〈A사의 리더십 프로그램 교수설계〉

요인	하위요인	세부 전략
주의집중 (A)	지각성 각성	−각 차시별 오프닝 게임 등을 실시하여 주의 환기 −다양한 시청각 매체와 사례 제시 −하루 일과 종료 후 활동 결과물 공유 등
	탐구적 각성	−주제와 관련된 성공과 실패 사례 제공 −학습자에게 친밀한 인물 사진이나 사례 제시
	다양성	−퀴즈 및 게임 등의 다양한 교수기법 활용 −이미지 카드, 포스트잇 등 도구 활용 −다양한 교수내용 구성
관련성 (R)	목적 지향성	−각 차시별 목표와 내용에 대한 구체적 설명 −학습자 간에 수행 결과물 공유 및 시상 −프로그램의 목적 달성에 도움이 되는 자료 제공 등
	모티브 일치	−팀 체제 운영을 통한 협동적 상호 학습 상황 제시 −학습자 간의 관심과 배려의 문화 형성 −팀 논의를 통한 최종 결과물 시각화하기 등
	친밀성	−학습자 간의 친목을 도모하기 위한 교육 분위기 형성 −유사한 업무 현장에서의 동영상, 사진 등의 사례 선정 −현장에서의 사례 발굴 및 공유 등
자신감 (C)	학습 요건	−프로그램 참여를 통한 자기 목표 설정 및 공유 −프로그램 진행에 대한 규칙과 약속 사전 안내 −프로그램 성과에 대한 기대감 형성 등
	성공 기회	−단순한 수행 과제 설정과 달성 시 보상 시스템 마련 −학습자 참고 자료 제공하기 −개별적인 피드백 제공 등
	개인적 통제	−학습자의 참여에 따른 교육 효과 증대에 대한 강조 −학습자 간에 노력에 대한 격려 시스템 마련 −학습자들의 요구사항 반영 및 피드백 내용 강조하기 등
만족감 (S)	내재적 강화	−과제 수행 완료 시 노력과 태도에 대한 긍정적 피드백 −프로그램 참여에 대한 자기 평가 격려 −학습자들에 대한 존중감 표현 등
	외재적 보상	−편안한 분위기의 교육환경 제공 −매 차시별 성실한 참여자 칭찬 및 간단한 보상 −마일리지 적립 및 우수자 선발
	공정성 강조	−일관성 있는 평가 기준 제시

앞의 교수설계 사례에서 '주의집중'으로 제시된 방법의 적절성을 학습 동기 설계 관점에서 평가하고, 보다 적합한 교수설계를 제시해 보시오.

참고문헌

강혜옥(2019). 중소기업 팀리더를 위한 CR리더십 프로그램 개발 및 효과성 평가. 숭실대학교 대학원 박사학위논문.

김영숙, 김욱, 엄기욱, 오만록, 정태신(2003). 프로그램 개발과 평가. 서울: 교육과학사.

김진화(2012). 평생교육 프로그램 운영과 자료개발: 팽생교육기관을 위한 매뉴얼. 경기: 서현사.

박소연, 김한별(2006). HRD 담당자들의 기업교육 프로그램 평가 요구 분석. 한국교육학연구, 12(1), 129-144.

배장오(2015). 평생교육 프로그램 개발론. 경기: 서현사.

이복희, 유인숙(2020). 평생교육 프로그램개발론. 경기: 양성원.

윤옥한(2014). 평생교육 프로그램 개발론. 경기: 양서원.

Angelo, T., & Cross, K. P. (1993). *Classroom assessment techniques: A handbook for college teachers* (p. 427). San Francisco, CA: Jossey-Bass. pp 427.

Dick, W., & Carey, L. (1996). *The systematic design of instruction* (4th Ed.). New York: Harper Collins.

Dick, W., Carey, L., & Carey, J. (2014). *Systematic design of instruction* (8th ed.). Amazon Kindle Edition.

Houle, C. O. (1972). *The design of education.* San Francisco, CA: Jossey-Bass.

Gagné, R. M. (1974). *Essentials of learning for instruction.* Hinsdale, IL: Dryden Press

Keller, J. M. (1987). Development and use of the ARCS model of motivational design. In C. M. Reigeluth (Ed.), *Instructional theories in action: Lessons illustrating selected theories and models.* Hilladale, NJ : Lawrence Erlbaum Associates.

Tyler, R. W. (1949). *Basic principles of curriculum and instruction.* Chicago, IL: The University of Chicago Press.

평생교육 프로그램 마케팅

이상은 우리 자신 내부에 있다.

−칼라일−

1. 프로그램 마케팅의 핵심 개념과 구성요소에 대해 이해할 수 있다.
2. 프로그램 마케팅의 절차에 대해 이해할 수 있다.
3. 프로그램 마케팅의 기법에 대해 이해할 수 있다.

최근에 평생교육기관에서도 마케팅의 개념이 도입되고 있다. 평생교육 프로그램 마케팅은 평생교육기관에서 개발한 교육 프로그램에 학습자의 참여를 이끌어 내기 위해 필요한 대책을 세워 시행하는 다양한 조치를 포괄적으로 지칭하는 개념이다. 평생교육기관의 중요한 생산물인 평생교육 프로그램, 교육 서비스에 대한 마케팅 전략이 도입되어야 한다. 마케팅 전략이 필요한 이유는 평생교육기관에서 개발한 프로그램이 잠재적 학습자인 시민들의 호응을 얻지 못해 교육 프로그램에 참여가 이루어지지 못한다면 평생교육기관은 사회로부터 공적인 정당성을 확보하기 힘들기 때문이다. 이 장에서는 마케팅의 핵심 개념과 구성요소, 마케팅의 절차와 기법에 대해 구체적으로 살펴보고자 한다.

1. 프로그램 마케팅의 개념

Kotler(1982)에 따르면, 마케팅은 조직의 목표를 달성하기 위하여 가치 있는 제품과 서비스를 창출하고, 교환을 성립시키는 과정이다(권인탁, 임명희, 2011; 김재명, 2020에서 재인용).

마케팅은 기업, 비영리 조직 및 정부 기관이 각 소비자 및 고객의 욕구를 파악하여 그에 합치된 상품이나 서비스, 아이디어 또는 그 전체를 기획, 개발하고, 이에 관한 사실을 전달하며, 각 주체자가 최소 비용으로 최대의 소비자 및 고객 만족과 가치를 창출할 수 있도록 해당 상품 및 서비스를 제공하는 행위 및 처리 과정을 포함하는 것이다(김용현 외, 2011). 마케팅(marketing)이란 사람들이 원하는 것이 무엇인가를 알기 위해서 연구를 하고, 사람들이 원하는 제품과 서비스를 창조하며, 그것에 대해서 효과적인 가격을 책정하고, 사람들이 그것을 구매하기 쉽도록 하는 일이다(최은수, 배석영, 2009). Kotler(1982)는 마케팅의 개념을 교환을 통하여 인간의 욕구를 충족시키는 사회적 행위라고 보았다(권인탁, 임영희, 2017).

평생교육기관에서 마케팅 개념을 도입해서 시행한 것은 최근의 일이다. 학교와 마찬가지로 평생교육기관도 하나의 교육기관인데 왜 기업체에서 강조하는 마케팅 개념을 평생교육기관 경영에 도입하느냐 하는 부정적인 인식이 있었다(Kotler & Fox, 1995: 김혜경, 2013에서 재인용). 그러나 최근 지식정보화 시대가 도래하여 많은 평생교육기관이 생겨나고 확장되어 평생교육기관 간의 경쟁이 치열해지면서 이 과정에서 마케팅의 개념이 자연스럽게 도입되었다.

평생교육 프로그램 마케팅은 다음과 같은 질문에 대한 해답을 찾고자 하는 노력이다(이화정 외, 2014).

- 평생교육기관에서 생산한 제품인 프로그램과 교육 서비스 등은 무엇인가?
- 이것을 누구에게 전달할 것인가?
- 어떻게 전달할 것인가?
- 어떻게 잠재적 학습자들로 하여금 교육 프로그램과 서비스에 대해 알도록 할 것인가?

- 어떻게 참여하라고 동기 부여할 것인가?
- 비용은 얼마로 결정할 것인가?

이러한 마케팅의 문제는 잠재적 학습자들로 하여금 가치가 있다고 인지할 수 있도록 하는 프로그램의 교환 가치를 생산하는 데 있다.

1) 평생교육기관 마케팅의 성격

마케팅은 평생교육 프로그램의 성공을 위해 필수적인 요소이다(기영화, 2010).

마케팅의 콘셉트가 이윤 지향성을 강조하지만, 이윤을 얻기 위한 조직이 아니더라도 마케팅은 매우 중요한 부분으로, 지방 정부는 새로운 사업과 관광객을 유치하기 위해 마케팅을 사용한다(김재명, 2020). 평생교육기관의 마케팅은 일반 기업의 마케팅과는 몇 가지 점에서 차이가 있는데, 이는 비영리 기관이 갖는 독특한 성격 때문이라고 할 수 있다(홍부길, 1994: 권인탁, 임영희, 2011에서 재인용).

첫째, 영리 조직은 '이윤'과 같은 경제적 동기가 우선시되는 것에 반해, 비영리 조직과 단체는 뚜렷한 결정적 성과 기준이 없다. 무엇보다도 비영리 기관은 '사명'을 가장 우선시한다. 사명에 공감하는 학습 고객을 대상으로 그들의 욕구를 파악하고, 그들의 욕구를 최대한 만족시켜야 한다.

둘째, 재정적인 면에서 영리 조직은 고객에게 무엇을 판매함으로써 자금을 충당하지만, 비영리 기관인 평생교육기관은 기금 개발을 위한 전략이 별도로 필요하다.

셋째, 고객의 측면에서 영리 조직은 제품을 구입하는 고객만을 대상으로 하지만, 비영리 조직의 경우에는 고객이 다양한 복수이며, 그들 개개인이 권리를 행사할 수 있기 때문에 평생교육기관의 기관장은 학습 고객이 관심을 두는 문제를 깊이 있게 파악해야 한다.

2) 마케팅의 핵심 개념

마케팅은 여섯 가지 핵심적인 개념으로 연결되는데, 이는 다음과 같다(김재명, 2020; 안병환 외, 2011).

(1) 소비자의 욕구

마케팅은 인간의 필요와 욕구로부터 발생한다. 이러한 욕구는 1차적 욕구와 2차적 욕구가 있다.

1차적 욕구(needs)는 사람이 태어날 때부터 가지고 있는 욕구로, 인간의 생명을 유지하거나 종족을 보존하기 위해 기본적으로 필요한 것을 추구하는 생리적 욕구이다. 자신의 생명 유지와 종족 보존을 위한 목적에 직접적으로 연관되어 있어 '기본적 욕구(basic needs)'라고도 부른다(네이버 두산백과, 2022. 8. 1. 검색).

2차적 욕구는 문화와 개인적인 개성에 의해서 형성되는 것으로, 1차적 욕구를 만족시키는 제공물의 관점에서 설명된다(김재명, 2020). 2차적 욕구는 사회나 문화 및 역사 등에 따라 다양한 모습으로 나타난다(네이버 두산백과, 2022. 8. 1. 검색).

인간이 생명을 유지하고 삶을 영위하기 위해서는 먹을 것, 입을 것, 쉴 곳 등을 필요로 하고, 사회가 발전하고 복잡해지면서 휴식, 교육, 오락 등에 대한 욕구도 가지게 되었다(안병환 외, 2011). Maslow(1970)에 의하면, 인간은 삶에 의미와 만족을 주는 일련의 선천적 욕구에 의해 동기화되며, 이 욕구는 강도와 중요성에 따라 일종의 계층적 단계로 배열된다(이인정, 최해경, 2007). Maslow(1970)가 제시한 인간의 욕구는 생리적 욕구, 안전의 욕구, 소속과 애정의 욕구, 자아존중의 욕구, 자아실현의 욕구이다. 이를 구체적으로 살펴보면 다음과 같다(이인정, 최해경, 2007; 최옥채 외, 2015).

- 생리적 욕구: 음식, 물, 배설, 성에 대한 욕구 등으로, 생리적 욕구는 유기체의 생물학적 유지에 직접적으로 관련된다.
- 안전의 욕구: 안전의 욕구는 환경 내에서의 확실성, 안정, 질서, 고통 회피, 보호 등에 대한 욕구를 말한다.
- 소속과 애정의 욕구: 생리적 욕구 및 안전의 욕구가 보장되면 동반자와 가족에 대한 욕구가 생겨 남들과 어울리고 애정을 나누고 싶어 한다. 소속과 애정의 욕구에는 사랑, 애정, 가족이나 집단에의 소속감, 우정, 사람들과 시간을 함께 보내는 것이 있다. 건전한 사회를 유지하려면 소속과 애정의 욕구를 충족시켜야 한다.
- 자아존중의 욕구: 자기 자신과 다른 사람들로부터 존경받고 싶은 욕구를 말하는 것으로, 자아존중의 욕구 충족은 자신감, 가치, 힘, 능력을 갖게 하며, 이 욕

구의 좌절은 열등감, 무력감을 낳는다.

- 자아실현의 욕구: 자아실현이란 자아 증진을 위한 개인의 갈망이며, 자신이 잠재적으로 지닌 것을 실현하려는 욕망이다. 자기가 원하는 사람이 되려는 것이다.

욕구단계이론은 낮은 단계에 있는 욕구가 어느 정도 충족되어야 더 높은 단계의 욕구를 의식하거나 동기가 부여된다는 가정을 한다. 욕구가 활성화되면 인간은 내적으로 긴장의 상태가 된다. 마케터는 소비자가 이러한 긴장을 줄일 수 있도록 그들이 원했던 편익(benefit)을 제공하는 제품이나 서비스를 만들려고 한다. 즉, 배고픔을 해소시킬 수 있는 음식을 만든다든가, 갈증 해소, 저칼로리를 원하는 욕구를 충족시킬 수 있는 다이어트 사이다를 만든다(안병환 외, 2011).

(2) 제품

제품(product)이란 1차적 및 2차적 욕구를 충족시킬 수 있는 것으로 시용 또는 소비를 위해 시장에 제공되는 것으로, 제품에는 물리적 대상물, 서비스, 사람, 장소, 조직, 아이디어 또는 상기의 실체들의 복합체 등이 포함된다(김재명, 2020).

(3) 가치와 만족

소비자 가치(customer value)란 고객이 그 제품을 소유하고 사용하여 획득한 가치와 그 제품을 획득하는 데 소요되는 비용 간의 차이를 말한다(김재명, 2020). 소비자들은 제품이나 서비스로 필요와 욕구를 충족시킨다. 가령 소비자들은 자신들의 배고픔을 해소하기 위해서 라면, 햄버거, 튀김, 불고기 등의 수단을 사용할 수 있는데, 다양한 대안 중에서 소비자들의 필요를 가장 잘 만족시켜 줄 수 있다고 생각하는 것을 선택하게 된다(안병환 외, 2011). 고객 만족(customer satisfaction)은 고객의 기대에 비하여 가치를 전달하는 데 있어 제품에 대해 지각하는 성능에 따라 결정된다.

(4) 교환

어떤 제품이나 서비스가 소비자의 필요나 욕구를 충족시키고 소비자에게 만족과 가치를 제공한다고 하더라도 해당 제품 및 서비스를 제공하는 기업이 취하는 이득이 없다면 교환은 일어나지 않을 것이다(안병환 외, 2011). 교환(exchange)이란 어떤 측으로부터 바람직한 목적물을 획득하고, 그 대신에 상대방에게 어떤 것을 제공하는 행위이다(김재명, 2020).

(5) 시장

시장(market)이란 교환의 개념에서 나온 것으로서 어떤 제품의 실제 및 잠재적인 구매자의 집합으로, 구매자들은 교환을 통해서 충족될 수 있는 특별한 욕구를 공유하고 있다(김재명, 2020).

(6) 마케팅

마케팅은 인간의 1차적 및 2차적 욕구를 충족시키는 목적을 달성하기 위해 교환이 이루어지도록 시장을 관리하는 것을 의미한다(김재명, 2020).

3) 평생교육 마케팅 환경 분석

우리나라의 평생교육을 둘러싼 환경은 빠르게 팽창하고 있다. 평생교육기관을 둘러싼 마케팅 환경은 거시적 환경과 미시적 환경으로 나누어 볼 수 있다. 이러한 마케팅 환경은 기회와 위협을 동시에 주기 때문에 평생교육기관은 변화하는 환경을 지속적으로 주시하고 적응하는 것이 매우 중요하다.

표 9-1 마케팅 환경 분석

구분	내용
미시적 환경 분석	미시적 환경이란 고객에게 프로그램과 서비스를 제공하는 능력에 영향을 미치는 요인으로서 평생교육기관과 밀접하게 관련되는 것, 기관의 기관장 및 기타 부서, 고객 시장, 경쟁 기관 등이다.
거시적 환경 분석	거시적 환경은 좀 더 광범위한 사회적 영향 요인으로, 평생교육기관의 미시적 환경의 요인들에 영향을 미치는 인구 통계적·경제적·정치적·문화적 제 요인을 말한다. 거시적 마케팅이란 가치를 교환하려는 전체 구성원의 욕구를 효과적으로 해결하기 위하여 한 사회 내에서 필연적으로 발전한 사회적 과정이다. 평생교육기관에서의 거시적 마케팅이라는 관점은 평생교육기관이 지역사회에 어떤 목적으로 영향을 미칠 것인지를 고려한 운영을 말한다.

소비자 행동 분석	소비자는 욕구를 충족하기 위해서 제품과 서비스를 구매하는데, 이런 소비자의 구매 행동에 대한 이해가 없이는 효과적인 마케팅 전략 수립과 활동이 불가능하다. 소비자의 구매 행동은 다음과 같은 요인에 의해서 영향을 받는다. • 문화적 요인: 문화, 하위문화, 사회계층 • 사회적 요인: 준거 집단, 가족의 역할과 지위 • 개인적 요인: 연령과 생활주기 단계, 직업, 경제 상황, 라이프스타일, 개성과 자아개념 • 생리적 요인: 동기, 지각, 학습, 신념과 태도

출처: 안병환 외(2011), pp. 281-282; 김재명(2020), p. 469를 재구성하였다.

4) 평생교육 프로그램 마케팅 모형

프로그램 마케팅 모형에는 Simerly(1987)가 제시한 바와 같이 전통적 모형, 교환 모형, 적응 모형 등이 있다. 평생교육기관에서는 하나의 모델을 적용 및 활용하기보다는 복합적으로 이용하도록 해야 한다(김진화, 2011: 최은수, 배석영, 2009 재인용).

(1) 전통적 모형

전통적 모형은 학습 고객의 필요와 요구보다는 평생교육기관의 요구와 필요에 우선적인 관심이 있다. 평생교육기관은 교육 프로그램을 독자적으로 창출하며, 학습자들이 이것을 수용하도록 설득하기 위해서 마케팅을 사용한다.

(2) 교환 모형

교환 모형은 평생교육기관 및 단체들이 앞으로 개발할 프로그램의 가치를 고객의 요구와 필요의 교환을 통해 획득하는 것을 강조한다. 평생교육기관은 의사결정을 이끌어 내기 위해서는 기관과 학습 고객들 사이에 끊임없는 협상과 정보교환을 중요시한다.

(3) 적응 모형

적응 모형은 고객의 요구와 흥미에 응답을 강조함으로써 외부 지향적이다. 기본적으로 고객의 만족을 강조하여 평생교육기관은 고객이 원하거나 필요한 것이라면 제공해야 한다는 태도를 취하고 있기 때문에 평생교육기관의 전통적인 경향을 도외시할 수 있는 단점이 있다.

2. 프로그램 마케팅의 구성요소

마케팅은 진흥이나 광고(advertizing)의 의미를 포함하면서 〈표 9-2〉와 같은 네 가지의 중요한 구성요소를 가지고 있다(김진화, 2011).

표 9-2 마케팅의 구성요소

구성요소	내용
생산물	생산물이란 평생교육기관에서 산출된 교육 프로그램이나 서비스를 의미하는 것으로, 고객 집단들의 변화하는 요구 및 필요를 충족시키기 위하여 고객에게 제공된다.
진흥	진흥이란 평생교육기관이 창출한 교육 프로그램을 잠재적 학습 고객에게 알리고 다양한 커뮤니케이션 기법을 사용하는 것으로, 여기서 활용되는 매체는 텔레비전, 신문, 현수막, 포스터, 게시판, 전화 등이 있다. 진흥은 고객과의 의사소통을 통해 판매를 높이는 것으로, 프로그램의 성패를 좌우하는 중요한 요소이다.
장소	평생교육기관에서 개발된 교육 프로그램을 어느 장소에서 운영하느냐는 잠재적 학습 고객의 직접적인 참여에 상당한 영향을 끼친다. 평생교육기관은 잠재적 학습자들이 프로그램에 가장 많이 접근할 수 있도록 중심적인 장소를 신중하게 결정해야 한다.
가격	가격이란 평생교육기관에서 운영되는 교육 프로그램에 보다 더 많은 학습자가 이용할 수 있도록 수강료와 같이 학습자가 지불하는 비용을 결정하는 것을 의미한다. 교육 프로그램의 가격을 결정하는 것은 매우 복잡한 영역으로, 이것이 적절하게 결정되면 학습자의 참여를 유도하는 데 매우 효과적이다.

출처: 김진화(2011), pp. 346-348; 이화정 외(2014), pp. 46-48을 재구성하였다.

1) 생산물

생산물(product)은 구매자의 욕구를 충족시키기 위한 산출물을 의미하는 것으로, 평생교육기관에서 잠재적 학습자들의 공감을 얻어 낼 수 있는 가치를 구체적인 상징물로 만들어 내야 한다(김미자 외, 2014). 프로그램과 관련된 기본가정은 "평생교육 프로그램의 잠재적 소비자들은 그 프로그램이 자신들의 욕구와 부합할 때 참여를 결정한다"는 것이다(이화정 외, 2014). 이러한 가정을 전제로 프로그램 개발자는 학습자들이 표출한 요구를 중심으로 프로그램을 만들어야 한다.

2) 진흥

진흥(promotion)은 고객과의 의사소통을 통해 판매를 높이는 것으로, 프로그램의 성패를 좌우하는 중요한 요소이다. 광고, 홍보, 판매 촉진 등이 여기에 포함되며, 사람들과의 직접적인 대면 방법도 사용된다(이화정 외, 2014). 진흥은 창의성과 다양성이 요구된다(김미자 외, 2014).

3) 장소

장소(place)란 마케팅 상품의 구매자들이 구입하기에 가장 적합한 때와 장소에 있도록 하는 것으로, 이는 상품에 대한 구매자의 접근의 용이성을 의미한다(김미자 외, 2014).

4) 가격

가격(price)은 구매자가 그 상품을 얻기 위해 기꺼이 지불하고자 하는 대가를 의미한다(김미자 외, 2014). 평생교육기관은 자체 기관에서 운영되는 교육 프로그램에 보다 더 많은 학습 고객이 이용할 수 있도록 프로그램의 가격, 즉 수강료와 같이 잠재적 학습 고객이 지불하는 비용을 결정하는 것을 의미한다(이화정 외, 2014).

3. 프로그램 마케팅의 절차

평생교육기관에서의 마케팅의 목적은 이익의 개념보다는 보다 많은 잠재적 학습
자에 맞게 개발된 좋은 프로그램을 알려서 학습의 기회를 제공하는 것이다(최은수,
배석영, 2009). 평생교육 프로그램 마케팅의 절차를 구체적으로 살펴보면 〈표 9-3〉
과 같다.

표 9-3　평생교육 프로그램 마케팅의 절차

절차	내용
① 문제 인지 및 정의	프로그램 마케팅의 출발점으로, 인지된 많은 문제 가운데 통제할 수 있는 차원으로 문제들을 새롭게 규정할 필요가 있다.
② 목표 설정	확인된 문제를 목표로 전환하는 단계로, 목표는 향후에 취해야 할 다양한 조치를 명확하게 규정해 준다. 이 단계에서 목표를 적합하게 설정하는 것은 프로그램 마케팅 실행 후에 이를 평가하는 데 기준이 된다.
③ 시장 분할	시장 분할은 대상자의 특성이나 요구를 준거로 집단을 분할하는 과정으로, 시장 분할은 학습 지향, 프로그램 선호도, 인계통계학적 특성에 의해 구별될 수 있다.
④ 마케팅 전략 수립	마케팅 전략은 고객에게 전달될 프로그램의 세부내용에 대한 결정까지를 포함한다. 여기에는 4P(마케팅 믹스)를 의미하는 생산물, 장소, 진흥, 가격이 포함된다.
⑤ 프로그램 마케팅의 수행	실행단계에서는 경제적 지원 단체, 잠재적 고객의 저항이 있을 수 있기 때문에 이러한 점을 고려해야 한다.
⑥ 마케팅 평가 및 통제	마케팅의 성공 여부를 진단하기 위해서 목표에 비추어 프로그램의 결과를 사정하는 단계이다.

출처: 최은수, 배석영(2009), pp. 280-282를 재구성하였다.

김진화(2011)는 평생교육 프로그램 마케팅의 절차를 다음과 같이 제시하였다.

① 문제 인지 및 정의

문제 인지 및 정의는 프로그램 마케팅의 출발점으로, 인지된 많은 문제 중에서 문
제를 명확히 규정하는 것이 중요하다.

② 목표 설정

목표 설정은 확인된 문제를 목표로 전환하는 것으로, 목표를 적절하게 설정하는 것은 프로그램 마케팅 수행 후에 평가하는 데 도움이 된다. 너무 높은 수준의 변화를 성취하기 위한 목표는 실행에 어려움이 많고, 기간도 많이 소요되어서는 안 된다.

③ 시장 분할

시장 분할(market segments)은 학습 고객의 특성이나 요구를 준거로 집단으로 분할하는 과정을 의미하는 것으로, 이러한 분할은 특정 시장 분할에 도달하기 위해서 많은 전략을 가지고 접근하는데, 각각의 분할마다 서로 다른 접근 방식과 전략을 가지고 접근한다.

④ 프로그램 마케팅 전략 수립

프로그램의 목표가 설정되고 적합한 시장 분할이 되었을 때 프로그램 기획자는 사용할 프로그램 마케팅 전략을 개발해야 한다.

⑤ 프로그램 마케팅의 수행

문제가 파악되고 그것이 목표로 전환되고 학습 고객의 특성과 요구에 따라 시장이 분할되면 다양한 프로그램 마케팅 기법이 마련되는데, 이렇게 마련된 기법은 구체적으로 수행 과정을 거쳐야 한다.

⑥ 프로그램 마케팅 평가 및 조절

프로그램 마케팅 평가 및 조절은 프로그램 마케팅의 최종단계이다. 프로그램 목표에 견주어 볼 때, 결과가 새로운 변형을 위한 정보로 가치가 있을 수 있고, 목표를 성취하는 데 충분치 않다면 그 이유를 밝혀 새롭게 마케팅 믹스에 대한 재평가가 이루어져야 한다.

4. 프로그램 마케팅의 기법

평생교육 현장에서 실제 적용할 수 있는 프로그램 마케팅 기법에는 홍보, 광고, 신문, 우편물, 방송매체, 전화, 구두, 전단, 포스터, 팸플릿 등이 있다.

1) 프로그램 마케팅의 기법

(1) 마케팅과 홍보의 차이점

평생교육기관에서 평생교육사가 프로그램 마케팅을 보다 더 효과적으로 잘 수행하기 위해서는 다음과 같은 사실에 관심을 기울여 나가야 할 것이다(Simerly & Associates, 1987; 김진화, 2011 재인용).

첫째, 마케팅과 홍보의 차이점에 대한 명확한 정의가 필요하다. 명확한 정의는 효과적인 마케팅 계획과 개발에 도움이 된다. 마케팅은 평생교육기관에서 교육 프로그램을 사고 학습자들에 교육 서비스를 제공하기 위한 연구, 분석, 결정의 종합적인 과정을 지칭할 때 사용되며, 평생교육기관의 요구뿐만 아니라 학습 고객의 필요, 행동, 가치 등을 강조한다. 홍보는 평생교육기관이나 그 기관에서 개발한 교육 프로그램을 어떤 매체들을 활용하여 잠재적 학습자들과 지속적으로 상호작용함으로써 기관을 이해시키고 프로그램 참여를 촉진시키는 제반 활동이다(이화정 외, 2014). 평생교육기관에서 홍보의 중요성을 살펴보면 다음과 같다(권인탁, 임영희, 2017).

첫째, 홍보를 통해 학습자를 유인하고 확보할 수 있다.

둘째, 홍보활동을 통해 평생교육기관의 정신적 및 재정적 후원자를 확보하는 것이 가능하다.

셋째, 홍보활동은 자원봉사자의 유치와 그들 상호 간의 이해를 증진시키는 데 중요한 역할을 한다.

넷째, 평생교육의 성격상 각종 매체를 통한 홍보의 내용 자체가 교육적 효과가 있다는 것은 중요한 측면이다.

다섯째, 평생교육기관은 기관 내 근무자의 지지와 이해, 공감과 단합심을 제고하고 참여자의 기관에 대한 일체감을 형성하는 것이 하나의 중요한 목적이 될 수 있다.

일반적인 홍보의 원칙을 살펴보면 다음과 같다(이화정 외, 2014; 권인탁, 임영희, 2017).

- 전달할 내용을 홍보의 목적, 내용, 방법, 시간, 장소, 대상 등의 육하원칙에 입각하여 제시해야 한다.
- 홍보물이 대상자에게 분명하게 전달될 수 있도록 해야 한다.
- 신뢰감을 떨어뜨리는 과대 홍보는 삼가야 한다.
- 시기적으로 적합한 타이밍을 포착해야 한다.
- 방송이나 신문 등 대중매체를 접할 때, 사람들과 대화를 나눌 때 등의 다양한 상황에서도 홍보에 대한 아이디어를 얻고자 하는 마음가짐을 갖는다.
- 성공적인 홍보를 위해서는 소비자행동이론에 기초하여 상품 차별화 및 시장 차별화 전략을 구사할 필요가 있다.
- 홍보는 될 수 있는 대로 단순하고, 흥미롭고, 간단명료해서 읽기 쉽게 설명할 수 있어야 한다.

(2) 홍보 매체의 종류

홍보 매체로는 구두, 강의 안내지, 신문, 안내 책자, 전단, 팸플릿, 방송매체, 현수

표 9-4 홍보 매체의 종류

홍보 매체	내용
구두	전화 상담, 공식 연설, 종교시설 특강, 비공식 대화, 내부 학습자 또는 회원의 입소문 등을 활용한다.
강의 안내지	단순하고 외우기 쉬워야 하며, 사람들의 관심을 끌거나 흥미로워야 하며, 사실에 기초한 완전하고 정확한 내용이어야 한다. 안내지에는 강사명, 교육 장소, 시간, 기간, 비용, 교재비, 강좌번호 등의 정보가 포함된다.
신문	신문이나 잡지가 대중성을 띠게 됨에 따라 신문이나 잡지의 광고란을 이용하여 홍보하는 사례가 늘어나고 있다. 신문은 전문적인 교육내용일수록 효과가 크고, 불특정 다수를 대상으로 광범위한 홍보가 가능하며, 모집 기간에 맞춘 빠른 정보 전달이 가능하다. 홍보 내용은 강좌명, 교육 기간, 수강료, 모집 기간, 전형 방법, 문의처, 교육 기간 등이다.

안내 책자	최소의 경비로 실속 있게 제작하고, 학습 안내를 받고자 하는 학습자에게 배부하거나 상담용으로 활용하며, 자세한 학습정보를 수록할 수 있다. 홍보 내용은 교육 목적 및 목표, 교육 기간, 강사명, 수강료, 생활 정보, 장학 혜택, 특전, 모집 기간, 문의처, 기타 공지 사항 등이다.
전단	등록할 가능성이 높은 사람들에게 우송하거나 신문에 끼워서 배포한다. 타자기나 인쇄 활자 등을 이용하여 값싸게 만들 수 있고, 세련된 도안과 문구를 통하여 주의를 환기시킬 수 있다.
포스터	포스터에는 독자의 눈을 끄는 큰 글씨로 표제를 장식하고, 그에 이어 그 과정에 대한 간단한 설명만을 게재한다. 홍보 내용은 강좌명, 교육 기간, 수강료, 문의처 등이다. 비치 장소는 관공서, 학교, 각종 평생교육기관 등의 게시판이다.
팸플릿	평생교육 프로그램을 홍보하는 데 가장 많이 사용되는 것 중의 하나는 잘 제작된 팸플릿이다. 이러한 팸플릿을 제작하기 위해서는 어느 정도의 비용이 소요되지만, 시각적인 도안과 세련된 문구를 잘 가미한다면 구두를 통한 홍보보다 오히려 높은 홍보 효과를 낼 수도 있다.
방송매체	방송매체는 라디오와 텔레비전, 최근에는 각 지역 유선 방송과 케이블 TV가 있다. 이러한 방송매체를 통한 평생교육 프로그램 마케팅은 사람들의 머릿속에 오랫동안 머물기 때문에 관심 있는 사람들의 참여를 증대시킬 수 있다.
현수막	현수막은 가급적 단순하게 구성하고, 교육기관의 존재와 모집 기간 등을 집중 홍보한다.
이벤트 사업	평생교육의 날 또는 평생교육 주간 설정, 진열과 전시, 회합과 회의, 기관 공개, 경연대회, 지역사회 후원 행사 등이다. 평생교육 주간을 중심으로 바자회를 개최하는 방법이 있다.
인터넷 홈페이지	기관의 전반적인 사업 내용으로 인터넷 홈페이지를 운용하는 관리자가 필요하다. 접근이 편리하다. 단점은 젊은 층이 주로 활용하기 때문에 인터넷을 사용하지 않는 고령자에게는 접근이 어렵다는 점이다.

출처: 권인탁, 임영희(2017), pp. 223-224; 김진화(2011), pp. 356-358을 재구성하였다.

막, 이벤트 사업, 인터넷 홈페이지 등이 있다. 이를 구체적으로 살펴보면 〈표 9-4〉 와 같다.

2) 프로그램 마케팅 실무 예시

평생교육기관에서 마케팅은 매우 현실적인 과제로, 마케팅 전략을 수립하기 위해 실질적인 도움이 되는 예시를 제시하면 다음과 같다(김진화, 2011).

프로그램 마케팅 단계의 실무 체크리스트

- 프로그램 마케팅 대상은 누구인가?
- 프로그램을 누구에게, 어떻게 전달해야 하는가?
- 예산을 수립한다.
- 가격 결정의 원칙을 수립한다(전체 비용 가격, 현재 가격 등).
- 프로그램 참여 경비를 결정한다.
- 프로그램 참여를 촉진할 수 있는 동기 부여의 방법을 찾는다.
- 홍보 전략을 수립한다.
- 홍보물을 제작한다.
- 홍보물을 배포한다.
- 실제 참가자를 모집한다.

출처: 이화정 외(2014), p. 52를 재구성하였다.

홍보물 작성 원칙

- 눈을 끄는 홍보 내용이 필요하다.
- 효과적인 홍보 카피를 작성하라.
- 교육에 참여하면 얻을 수 있는 혜택을 강조하라.
- 처음 3~4초 내에 독자의 관심을 포착하라.
- 독자가 즉각 참여하도록 하여야 한다.
- 독자의 참여를 독려하는 단어들과 강력한 메시지를 사용하라.
- 메시지를 통해 당신이 원하는 행동을 취하도록 자신이 만든 홍보 카피를 배열하라.

출처: 김진화(2011), pp. 358-359를 재구성하였다.

🍴 토론 문제

1. 평생교육기관에서 마케팅의 필요성에 대해 토론하시오.

2. 평생교육기관에서 사용할 수 있는 홍보 매체의 장단점에 대해 토론하시오.

3. 평생교육 프로그램 마케팅의 구성요소에 대해 토론하시오.

참고문헌

권인탁, 임영희(2011). 평생교육경영론. 서울: 학지사.

기영화(2010). 평생교육 프로그램 개발. 서울: 학지사.

김재명(2020). 新경영학원론. 서울: 박영사.

김미자, 전남련, 윤기종, 정현숙, 오주, 박정란(2014). 사회복지 프로그램 개발과 평가. 경기: 양서원.

김진화(2011). 평생교육 프로그램 개발론. 경기: 교육과학사.

김용현 성낙돈, 윤여각, 이상오, 정기수, 강무섭, 송병국, 양병찬, 김진한, 김노마, 이정희, 심의보, 하광호, 정찬남(2011). 평생교육경영론. 경기: 양서원.

김혜경(2013). 평생교육기관의 관계마케팅 실행요인이 학습자의 만족과 자발적 행동에 미치는 영향. 중앙대학교 대학원 석사학위논문.

안병환, 가영희, 임성우, 조현구(2011). 평생교육경영론. 서울: 동문사.

이준섭(2022. 8. 5.). '조지 버나드 쇼'. 금강일보.

이인정, 최해경(2007). 인간행동과 사회환경. 경기: 나남.

이화정, 양병찬, 변종임(2014). 평생교육 프로그램 개발의 실제. 서울: 학지사.

최옥채, 박은미, 서미경, 전석균(2015). 인간행동과 사회환경. 경기: 양서원.

최은수, 배석영(2009). 평생교육경영론. 경기: 양서원.

홍부길(1994). 비영리조직 마케팅과 사회마케팅. 서울: 이화여자대학교 출판부.

Simerly, R. G., & Associates. (1987). *Strategic planning and leadership in continuing education: Enhancing organizational vitality, responsiveness, and identity.* San Francisco, CA: Jossey-Bass.

Kotler, P. (1982). *Marketing for non-profit organizations* (2nd ed.). Englewood Cliffs, NJ: Prentice-Hall.

Kotler, P., & Fox, A. (1995). *Strategic marketing for educational institutions*. Englewood
Cliffs, NJ: Prentice Hall.

네이버 두산백과 '기본적 욕구' (2022. 8. 1. 검색) http:// www. doopedia co. kr

제10장

평생교육 프로그램 실행

할 수 있는 자는 행한다. 할 수 없는 자는 가르친다.

– 조지 버나드 쇼–

학습목표

1. 프로그램 실행의 의미에 대해 이해할 수 있다.
2. 프로그램 실행의 원리와 구성요소에 대해 이해할 수 있다.
3. 프로그램 실행 계획 수립에 대해 이해할 수 있다.

학습 개요

　평생교육 프로그램을 실행한다는 것은 프로그램의 목적과 목표를 달성하기 위하여 계획된 것을 실제로 전개하는 것이다. 프로그램을 실행한다는 것은 평생교육기관의 조직 역량, 실행하는 평생교육사의 능력과 자질, 참여하는 학습자의 준비도 등에 영향을 받는다. 따라서 이러한 것들에 대한 체계적인 이해가 필요하다. 이 장에서는 프로그램 실행의 의미, 프로그램 실행의 원리와 구성요소, 프로그램 실행 계획 수립에 대해 구체적으로 살펴보고자 한다. 이를 통해 평생교육 프로그램의 효율성과 효과성을 제고할 수 있다.

1. 프로그램 실행의 의미

프로그램 실행은 개발된 프로그램의 의도대로 학습자들이 교육적 경험을 통해 행동의 변화를 일으키도록 도와주는 프로그램 목표를 실현하는 핵심적인 과정이라고 할 수 있다(김진화, 2011). 프로그램 실행은 그 목적과 목표를 달성하기 위한 계획을 토대로 프로그램 개발자가 실제적인 활동을 전개함으로써 참여자들의 경험이 축적되어 가는 과정으로서 프로그램 개발 과정 가운데 가장 중요한 단계로, 실행은 담당자의 능력, 자질에 좌우된다(김영숙 외, 2002).

일반적으로 우리가 접하는 모든 프로그램은 일정한 기준과 원리를 적용한 우선 순위 설정 과정을 거쳐 완성된 최종의 결과물이다(김영숙 외, 2002). 프로그램 실행 과정에서 프로그램 담당자는 적합한 지식과 기술을 습득하여 효과적으로 적용할 수 있도록 교육 및 훈련 기회를 갖도록 하는 것이 필요하다(김종명 외, 2014).

2. 프로그램 실행의 원리와 구성요소

1) 프로그램 실행의 원리

평생교육기관이 유지되고 발전하는 데 있어 가장 중요한 직무가 프로그램의 운영과 관리로, 이는 평생교육기관이 보유한 인적·물적 자원을 투입하여 기관의 수익을 창출할 수 있도록 실행하는 것을 의미한다(최은수, 배석영, 2009). 평생교육사의 다양한 직무 영역 중 프로그램 운영은 학습자들이 체감하는 평생교육 프로그램의 질과 밀접한 관련이 있다(조은화, 2014). 프로그램 실행과 운영이 정상적으로 추진되기 위해서는 학습자의 확보와 관리, 교수자의 확보와 관리, 교육매체의 확보와 관리, 자원 확보와 관리 등이 필요하다(김진화, 2011).

Boone(1985)은 평생교육기관에서 평생교육사가 프로그램을 실행하고 운영 및 관리하는 과정에서 반드시 이해하고 실천해야 할 원리를 다음과 같이 제시하였다(김진화, 2011 재인용).

① 평생교육사는 설계된 프로그램을 실행하는 데 필요한 모든 여건을 확보하고 마련함에 있어서 다양한 기법과 전략을 이용해야 한다.
② 평생교육사는 프로그램 실행이 보다 효과적으로 이루어질 수 있도록 인적 · 물적 자원을 확인하고 동력화하며 이를 발전적으로 이용할 수 있어야 한다.
③ 계획된 프로그램의 진행 과정을 조정할 수 있어야 한다.
④ 프로그램의 실행 과정에 있어서 평생교육사는 계속적인 강화요인을 제공해야 한다.
⑤ 실행 과정에서 평생교육 활동이 효과적으로 일어날 수 있도록 하기 위해서는 학습자의 변화 상태를 감지하고 이해할 수 있는 감수성과 이해력이 있어야 한다.

평생교육기관은 학습자들의 요구와 상황에 알맞은 교육자료를 이용하여 효과적인 학습 경험을 제공할 수 있어야 하며, 평생교육 프로그램 운영자인 평생교육사는 다음과 같이 프로그램 진행의 기본방향을 설정하고 운영해야 한다(이화정 외, 2014).

첫째, 자기주도적 학습이 되도록 분위기를 조성한다. 이를 통해서 학습자 스스로가 즐거움 속에서 자발적, 적극적으로 프로그램에 참여할 수 있도록 유도하며 학습 결과에 대해서도 스스로 책임지는 분위기가 조성되어야 한다.

둘째, 학습자의 입장에서 진행해야 한다. 운영자는 학습자가 불편함이 없이 편안한 상태에서 학습에 전념할 수 있도록 최대한 신경을 써야 한다.

2) 프로그램 실행을 위한 구성요소

Hasenfeld(1979)는 프로그램이 실행되기 위하여 필요한 행동으로 다음과 같은 요소를 강조하였다(지은구, 2005: 김종명 외, 2014에서 재인용).

① 안정성 있는 재정 기금을 찾는다.
② 서비스를 위한 서비스 이용자 또는 소비자를 찾는다.
③ 프로그램을 작동시키기 위한 적절한 자원을 확보한다.
④ 적절한 자격 기준과 혜택 수준을 정한다.
⑤ 제휴와 협동에 관여할 수 있는 지역 조직들을 확보한다.

⑥ 프로그램에 대한 대중의 지지와 정당성을 확보한다.

⑦ 직원들에게 적당한 업무를 배분하고 권위와 책임을 명확히 한다.

⑧ 프로그램을 효과적으로 전달하기 위한 필요한 행동들을 작성한다.

⑨ 프로그램의 감독, 평가, 피드백을 위한 체계를 만든다.

⑩ 직원들이 자신들의 업무를 적절히 수행하도록 보장한다.

프로그램이 효과적으로 이루어지도록 하기 위해서는 서비스 이용자들의 반응을 살피고, 변화되는 과정을 감지하고, 자원 확보와 서비스 이용자들의 만족이라는 조건을 충분히 고려해야 한다(김영종 외, 2014).

3) 프로그램 실행에 있어서의 지도 원리

평생교육기관에서 프로그램을 효율적으로 실행하기 위해서 유의해야 할 원리는

표 10-1 프로그램 지도 원리

지도 원리	내용
자발성의 원리	자발성의 원리는 프로그램 참여자가 자발적으로 적극 참여하도록 해야 한다는 것을 말한다.
개별화의 원리	개별화의 원리는 참여자가 지니고 있는 각자의 요구와 능력에 적합한 활동의 기회를 제공해 주어야 한다는 것, 즉 참여자의 개인차를 존중해 주는 지도활동을 실행해야 한다는 것을 말한다.
사회화의 원리	사회화의 원리는 프로그램의 내용을 현실 사회의 사상, 문제를 바탕으로 구성하여 참여자들이 프로그램을 통하여 경험한 것, 일상생활에서 경험한 것을 교류시킴으로써 유능한 사회인으로 성장할 수 있도록 하는 것을 말한다.
통합성의 원리	통합성의 원리는 프로그램의 활동을 통합적인 전제로서 지도해야 한다는 것으로, 인간의 발달은 전체성을 지니고 있기 때문에 지도활동의 원리로서 통합성이 강조되어야 한다.
직관의 원리	직관 원리는 프로그램 참여자가 구체적인 상황에서 실제적인 경험을 할 수 있도록 행동 변화를 증대시켜야 한다는 것을 말한다.
목적의 원리	지도활동은 참여자들로 하여금 설정된 목적과 목표를 효율적으로 달성하도록 돕는 활동이다.

출처: 김영숙 외(2002), pp. 240-243을 재구성하였다.

자발성, 개별화, 사회화, 통합성, 직관, 목적의 원리 등이 있다. 이러한 원리에 대해 구체적으로 살펴보면 〈표 10-1〉과 같다.

3. 프로그램 실행 계획 수립

프로그램을 실행하기 위해서는 먼저 이에 대한 계획을 철저하게 수립하여야 한다. 프로그램의 실행안을 잘 작성하기 위해 고려해야 할 요소는 다음과 같다(김영숙 외, 2002).

① 무엇을 해야 하는가: 프로그램의 종류명, 제목, 순서와 윤곽

② 왜 해야 하는가: 프로그램의 목적, 주제, 주안점, 회기 등

③ 언제 해야 하는가 : 예정 실시일, 기간

④ 어디서 해야 하는가: 제1 후보지, 우천 시나 급변한 사항을 대비한 제2 후보지

⑤ 누가 하는가: 주최, 주관, 후원, 준비위원

⑥ 누구를 위해서 하는가: 참여 대상의 성격, 인원

⑦ 어떻게 실행해야 하는가: 일의 분담, 순서의 세부내용, 예산 수립, 홍보방법, 보고서 출간을 위한 계획

출처: 김영숙 외(2002), pp. 226-227을 재구성하였다.

프로그램의 실행이 원만하게 이루어지느냐의 여부는 그 계획에 대한 점검과 확인이 얼마나 철저히 이루어지느냐에 달려 있다(김영숙 외, 2002). 프로그램 실행을 위한 일정 계획표는 다음의 〈표 10-2〉와 같다.

표 10-2 프로그램 실행을 위한 일정 계획표

구분	점검 · 정비	확정 · 확인	비고
중점 처리 사항	1. 인적 체제의 정비 • 운영 스태프 확인 • 지도자, 강사 의뢰 연락 2. 역할 분담 • 지도 스태프의 역할 • 운영 스태프의 역할 3. 조건의 정비 • 장소의 확보 및 점검 • 보조 자료의 내용 • 재정 확보 상태	1. 마케팅 실시를 위한 참여자 모집 2. 참가의 준비 • 참여자 명부 및 명찰 제작 • 지도 형태 및 방법 결정 • 지도자료 작성 3. 조건의 확정 · 확인 • 실행안 편성 • 지도환경 확보 · 확인 • 사전 체크리스트 확인	• 연락 점검 −확인의 순서를 통한 철저한 사전점검

출처: 김영숙 외(2002), p. 226.

토론 문제

1. 평생교육 프로그램 실행의 원리에 대해 토론하시오.

2. 평생교육 프로그램 실행을 위한 요소에 대해 토론하시오.

3. 프로그램 실행 계획을 철저하게 수립하기 위한 요소에 대해 토론하시오.

참고문헌

김진화(2011). 평생교육 프로그램 개발론. 경기: 교육과학사.

김영숙, 김욱, 엄기욱, 오만록, 정태신(2002). 사회복지 프로그램 개발과 평가. 경기: 교육과학사.

김종명, 구재관, 김성철, 김명근, 김재원, 신기원, 이순호, 현영렬(2014). 사회복지 프로그램 개발과 평가. 경기: 양서원.

안영환, 가영희, 임성우, 조현구(2011). 평생교육경영론. 서울: 동문사.

이화정, 양병찬, 변종임(2014). 평생교육 프로그램 개발의 실제. 서울: 학지사.

조은화(2014). 평생교육 프로그램 운영에 대한 평생교육사와 중간관리자의 인식 차이 연구. 동의대학교 대학원 석사학위논문.

최은수, 배석영(2009). **평생교육경영론**. 경기: 양서원.

Boone, E. J. (1985). *Developing programs in adult education*. Englewood Cliffs, N J: Prentice-Hall. Inc.

Hasenfeld, Y. (1979). Program development In F. Cox, J. Rothman, & J. Tropman(Eds.), *Strategies of community organization*(3rd ed.). Itasca, IL: Peacock.

평생교육 프로그램 평가

아무리 훌륭하고 아름다운 말도 행동하지 않으면 보람이 없다.

－석가모니－

학습목표

1. 프로그램 평가의 개념과 목적, 필요성에 대해 이해할 수 있다.
2. 프로그램 평가모형에 대해 이해할 수 있다.
3. 프로그램 평가방법 및 과정에 대해 이해할 수 있다.

학습 개요

평생교육 프로그램에서 프로그램에 대한 평가활동이 없다면 실행한 프로그램이 원래 의도한 바가 실현되었는지를 입증할 방법이 없다. 프로그램의 평가는 프로그램의 목적과 목표 달성도를 파악할 수 있고, 프로그램 기획과 실행 과정에서 나타난 문제점을 파악하여 후속 프로그램의 개선 방향을 제시해 준다. 이 장에서는 프로그램 평가의 개념에 대해 구체적으로 살펴보고자 한다.

1. 평생교육 프로그램 평가의 개념과 목적

1) 프로그램 평가의 개념

평가는 프로그램의 목적을 유지하게 하고, 프로그램 진행 과정의 의사결정 정보를 제공하며, 프로그램 설계와 학습활동 과정을 개선하고, 실시 과정에 책임감을 높이고, 미래 프로그램에 대한 방향을 제시한다(기영화, 2010).

Rutman(1984)은 프로그램 평가를 정책이나 프로그램에 관한 의사결정을 목적으로 사회과학적 조사방법을 사용하여 정책 또는 프로그램의 수행 과정과 결과를 측정하는 일련의 절차로 정의하였다(김종명 외, 2014 재인용).

Patton(1980)에 의하면, 프로그램 평가란 프로그램의 특성 및 활동, 결과에 관한 체계적 정보 수집을 통해서 불확실성을 제거하거나, 효과성을 증진시키거나, 프로그램의 진행 상황과 파급 효과에 관한 의사결정을 위한 것을 의미한다고 정의하였다(김종명 외, 2014 재인용).

프로그램 평가는 프로그램의 가치나 장점을 판단하거나 결정하는 것, 프로그램의 효과와 영향을 판단하는 것, 프로그램의 목적 달성도를 확인하는 것, 프로그램에 대한 의사결정을 보조하는 것 등을 포함한다고 할 수 있다(김영숙 외, 2002).

프로그램 평가는 프로그램의 발전을 위하여 프로그램의 기획 및 진행의 과정, 종결에서 나타나는 긍정적·부정적 요인의 원인을 총체적·체계적인 평가 기준을 이용하여 진단하는 것이다(우수명, 2004). 이 장에서는 프로그램 평가를 프로그램의 기획과 실행, 종결 과정에서 나타난 결과를 사회과학적 조사방법을 사용하여 측정하는 일련의 절차로 여기에는 프로그램의 목적과 목표의 달성도가 포함된다.

2) 프로그램 평가의 목적

프로그램 평가의 목적은 여러 측면에서 설명될 수 있다(김영숙 외, 2002).

첫째, 프로그램의 기획과 실행에 필요한 정보를 제공할 목적으로 수행된다. 프로그램의 평가는 프로그램의 중단, 축소, 유지, 확대 등의 여부를 결정하는 데 필요한 정보를 제공한다.

둘째, 평생교육 조직의 책무성을 이해하는 목적을 갖는다. 평생교육 활동은 각 개인이나 단체에 의한 자선적 활동이 아니라 사회적 차원에서 제도화된 활동으로, 인가를 받은 평생교육기관은 사회에 대하여 책임을 져야 한다는 것을 의미한다.

셋째, 평생교육 이론의 형성에 기여하는 목적을 갖는다. 프로그램 평가활동의 결과 타당성이 있는 가설들은 이론으로 발전되고, 그렇지 못한 경우에는 이론을 수정하는 데 기여하게 된다.

프로그램 평가의 궁극적 목적은 프로그램 대상 체계에 대한 전체 진행 과정을 통하여 학습자들이 얼마나 변화를 가져왔는지에 대한 상세한 평가를 의미한다(김종명 외, 2014).

3) 프로그램 평가의 영역

프로그램 평가의 영역은 프로그램의 목적, 내용, 참여자, 운영 등의 네 가지로 요약할 수 있는데, 구체적인 내용은 〈표 11-1〉과 같다.

표 11-1 프로그램 평가의 영역

평가 영역	내용
프로그램의 목적	프로그램이 궁극적으로 의도하는 바가 성취되었는가를 확인하는 것에 초점을 둔다.
프로그램의 내용	프로그램의 질적인 측면에 관심을 가지고 프로그램 내용의 혁신성, 현실성, 즉시성, 적용성, 요구 반영 정도 등에 초점을 둔다.
프로그램 참여자	프로그램에 참여한 학습자를 중심으로 프로그램에 대한 인식, 태도, 느낌, 호감도, 만족도 등을 파악하는 데 초점을 둔다.
프로그램 운영	프로그램 운영과 관련된 시설, 매체, 수강료, 강사 자질 등을 종합적으로 확인하고 점검하는 데 초점을 둔다.

출처: 김진화(2011), p. 419를 재구성하였다.

2. 평생교육 프로그램 평가의 필요성

Lipsey와 Cordray(2000)에 따르면, 평가란 다음과 같은 다양한 실천적 이유로 인해 수행된다(지은구, 2005에서 재인용).

첫째, 프로그램이 계속 진행되어야 하는지, 개선되어야 하는지, 확대되어야 하는지 또는 축소되어야 하는지를 결정하기 위해 평가가 필요하다.

둘째, 새로운 프로그램의 만족도를 사정하기 위해 필요하다.

셋째, 프로그램 관리와 행정의 효과성을 증가시키기 위해 필요하다.

넷째, 프로그램 지원자들의 요구에 대한 책임성을 만족시키기 위해서 필요하다.

김종명 등(2014)은 평생교육 프로그램 평가의 필요성에 대하여 다음과 같이 제시하였다.

- 평가는 평생교육 프로그램의 관리 능력을 향상시킨다.
- 평생교육기관의 합리적 의사결정을 향상시킨다.
- 평생교육 지식 기반을 확대하기 위해서 필요하다.
- 평생교육 프로그램의 자원을 조정하고 개발하는 데 영향을 미치게 된다.
- 평생교육기관의 사회에 대한 책무성을 입증하기 위해 필요하다.
- 평생교육 프로그램 평가는 「평생교육법」에 따라 실행된다.

3. 평생교육 프로그램 평가모형

프로그램의 평가모형은 평가의 목적과 내용에 따라 다양하다. 이 장에서는 Tyler의 목표지향 평가모형, Kirkpatrick의 평가모형, Stufflebeam의 CIPP 평가모형에 대해 논의하기로 한다.

1) Tyler의 목표지향 평가모형

Tyler(1949)에 의하면, 평가는 설정된 프로그램의 목표와 프로그램 참여자들의 실제 성취 수준을 비교하는 활동으로, 프로그램의 목표를 제대로 설정하기 위해서는 참여자들의 욕구, 지역사회의 교육문제, 조직의 목적과 특성 등의 세 가지를 고려하여 잠정적인 목표를 설정해야 한다(김영숙 외, 2002). 목표지향 평가모형 접근은 프로그램을 실시하기 이전에 미리 설정해 두었던 프로그램의 평가 기능이 프로그램의 목표를 어느 정도 달성했느냐를 판단하는 것에 초점이 맞추어진다(김진화, 2011). 목표지향 평가의 장단점은 〈표 11-2〉와 같이 요약될 수 있다.

표 11-2 목표지향 평가의 장단점

장점	단점
• 프로그램이 그 목표를 성취하였는지에 대한 가장 기초적인 상식을 제공하고 있어 신뢰성이 매우 높다.	• 프로그램의 목표를 달성하지 못하였다고 판정할 때는 무엇이 잘못되었는지 알 수 없다.
• 프로그램을 진행한 담당자로 하여금 결과에 대해 명백히 하며, 결과물에 대하여도 책임감을 느낄 수 있게 한다.	• 목표지향 접근방식은 프로그램과 관련된 다양한 자원을 고려하지 못한다는 단점이 있다.
• 평가자의 입장에서도 시간적인 소모 및 그에 따른 장애를 최소화시킨다.	• 프로그램 평가가 피상적으로 수용되어 비판적으로 평가되지 않을 수 있다는 점이 있다.
• 표준화된 기제로 채점하는 시험이 사용될 때는 용이하고 비교적 비용도 저렴하다.	• 목표 그 자체가 잘못 설정되었거나 중요하지 않은 경우에는 문제가 될 수 있다.
• 프로그램 참여자의 성과를 쉽게 수량화할 수 있는 객관적 정보를 제공한다.	• 프로그램의 목표를 측정하는 데 초점을 둠으로써 의도하지 않은 긍정적 혹은 부정적 결과들이 인정되거나 평가되지 않을 수 있다.

출처: 김진화(2011), p. 424를 재구성하였다.

이 모형에서는 목표 자체가 평가에서 핵심적인 역할을 하며, 목표의 행동적 정의와 진술은 특정 및 평가를 용이하게 함으로써 평가의 효율성을 증진시키고자 한다(김영숙 외, 2002).

2) Kirkpatrick의 평가모형

평가 영역을 분류하기 위해 가장 널리 알려진 기본 모형은 Kirkpatrick의 평가모형이다(권인탁, 임영희, 2013). Kirkpatrick의 4수준 평가모형은 수많은 교육훈련 프로그램 평가모형 가운데서 현재까지도 가장 영향력이 있는 모델로 인정받고 있는데, 이 모델은 교육훈련 프로그램을 평가하는 일련의 연속적이고 체계적인 방법들을 제시하고 있으며, 각 수준은 각 수준 교육의 가치를 가지고 있어 다음 수준의 평가에 정적인 영향을 미친다고 가정한다(Kirkpatrick & Kirkpatrick, 2006; 전주성 외, 2016 재인용).

표 11-3 | Kirkpatrick의 평가모형

차원	내용
반응평가 (reaction evaluation)	• 반응평가는 고객만족도 평가로도 불리며, 자료, 강사, 시설, 내용 등을 포함하여 프로그램에 대해 참여자가 어떻게 생각하고 있는지를 알아보는 평가이다. • 반응평가는 향후 프로그램의 개선을 위한 가치 있는 피드백의 제공을 통하여 교수자가 프로그램 참여자들의 더 나은 수행을 도울 수 있다.
학습평가 (learning evaluation)	• 학습평가는 교육훈련 프로그램을 통해 학습자가 실제로 획득한 것이 무엇인가를 평가하는 것이다. 프로그램에서 제시된 원리, 사실, 기법 및 기술에 대한 학습을 측정하는 평가이다.
행동평가 (behavior evaluation)	• 행동평가는 교육훈련 프로그램의 참여를 통해 어느 정도 학습자들의 행동이 변화했는가를 측정하는 것이다. • 교육 훈련자는 물론이고 동료, 상사, 부하 직원 등을 통한 설문, 인터뷰 및 관찰 자료를 바탕으로 한다. • 교육훈련 상황이 아닌 실제 업무 현장에서 측정해야 하기 때문에 평가를 위한 시간 확보 및 관련 인력의 협조를 얻는 것이 중요하다.
결과평가 (result evaluation)	• 프로그램의 결과를 조직의 발전과 관련시키는 평가이다. • 결과평가는 교육훈련 프로그램 참여자들이 프로그램의 참여로 발생하는 조직 차원의 최종적인 산출물을 평가하는 것이다. • 최종 결과는 증가된 생산력, 향상된 품질, 비용의 절감, 줄어든 사고의 발생 빈도, 판매량 증가, 이직률 감소, 순이익 증가 등으로 표현될 수 있다.

출처: 권인탁, 임영희(2013), pp. 256-257; 전주성 외(2016), pp. 186-188을 재구성하였다.

3) Stufflebeam의 CIPP 평가모형

CIPP 평가모형은 배경평가, 투입평가, 과정평가, 산출평가로 구성되어 있다(권인탁, 임영희, 2013). Stufflebeam(1974)은 의사결정에 필요한 유용한 정보를 기술, 수집, 제공하는 과정을 평가라고 정의하였다(김영숙 외, 2002). CIPP 평가모형에 의하면, 평가활동은 프로그램 활동에 대해 의사결정자에게 도움을 주기 위한 것이기 때문에 평가자 자신에 대해서도 평가하고, 목표가 얼마나 달성되었는지를 확인하기도 하지만, 무엇보다도 중요한 역할은 의사결정자의 의사결정을 돕는 데 있다(김영숙 외, 2002). Stufflebeam(1971)의 CIPP 평가모형은 의사결정 중심평가 모형으로도 불리며, 프로그램의 의사결정을 위한 합리적 · 분석적인 근거를 제공하는 것을 목적으로 한다(신영주, 2017).

표 11-4 Stufflebeam의 CIPP 평가모형

구성	내용
배경(context) 평가	• 관련 환경, 요구 및 기회를 파악하고 특정한 문제를 진단한다. • 프로그램 지도 상황에서 무엇이 문제인가, 무엇이 충족되어야 할 것인가를 확인하는 것에 중점을 둔다. • 배경평가는 목표를 결정하고, 요구를 파악하며, 참여 전략을 구체화하기 위한 이론적 근거와 유관 환경적 상황을 파악하는 데 기여한다.
투입(input) 평가	• 프로그램의 목표를 가장 잘 달성하기 위해 어떻게 자원을 활용해야 하는지에 대한 정보를 제공한다. • 투입평가의 과제는 지도체제의 성질과 그 가능성을 확인하는 일, 배경평가에서 확인한 목적 성취에 필요한 잠재적 전략을 정하는 것이다.
과정(process) 평가	• 실행에 책임을 지고 있는 사람들에게 피드백을 제공하기 위한 평가이다. • 프로그램의 목표를 달성하기 위해 실천되고 있는 제반 지도활동의 효율성에 관한 정보를 수집하여 그것을 의사결정자에게 제공하는 것이 주된 과제이다.
산출(product) 평가	• 목표 달성에 대해 측정하고 해석한다. 결과평가는 미래의 프로그램 개발 노력을 위한 기준을 제공하기 위해서 실행 중에 각 단계에서뿐만 아니라 프로그램이 끝날 때 결과를 측정하고 해석하기 위해 실시된다. • 산출평가는 실제로 달성된 목표를 확인, 반성하여 그 결과를 후속적인 프로그램에 반영하는 재순환적 의사결정을 하는 데 필요한 정보를 제공한다.

출처: 권인탁, 임영희(2013), p. 259; 김영숙 외(2002), pp. 306-307을 재구성하였다.

4. 평생교육 프로그램 평가의 유형

전문가들은 프로그램 평가의 유형을 각기 보는 관점이나 목적에 따라 평가의 종류를 다양하게 제시하고 있다. 이 절에서는 정무성과 정진모(2001)가 제시한 두 가지 유형을 중심으로 살펴보았다.

1) 평가방법을 기준으로 한 유형

프로그램 평가방법을 기준으로 한 유형에는 실험적 접근, 목표지향적 접근, 의사결정 중심적 접근, 이용자 지향적 접근, 반응적 접근 유형이 있다.

표 11-5 | 평가방법을 기준으로 한 유형

	내용
① 실험적 접근	• 엄격한 실험설계 방법을 적용한 것으로, 통제집단과 실험집단을 비교하여 인과적 관계를 도출함으로써 객관성을 확보하려고 한다.
② 목표지향적 접근	• 프로그램의 목표를 명확히 설정을 하고 그 달성 여부를 평가하는 것으로, 목표달성척도 같은 것이 대표적인 예가 될 수 있다.
③ 의사결정 중심적 접근	• 관리상의 의사결정과 프로그램 수행을 모니터링하기 위해서 체계적인 정보 수집과 분석을 강조하는 접근법이다.
④ 이용자 지향적 접근	• 평가에 있어 다양한 이해 집단의 상호 관계성을 강조한다.
⑤ 반응적 접근	• 반응적 접근은 이용자 지향적 접근과 의사결정 중심적 접근을 결합한 것으로, 다양한 이해당사자의 개인적 인지와 기대, 가치들을 포함한다.

출처: 정무성, 정근모(2001), pp. 208-209를 재구성하였다.

2) 운영 과정을 기준으로 한 유형

프로그램 운영 과정을 기준으로 한 유형에는 과정 중심의 형성평가와 프로그램의 결과를 평가 대상으로 하는 총괄평가가 있다.

표 11-6 운영 과정을 기준으로 한 유형

	내용
① 형성평가/과정평가	• 형성평가는 서비스나 그 전달방법의 개선, 프로그램 결과의 향상, 서비스의 효율성을 증진시킬 목적으로 실시하는 평가이다. • 프로그램 진행 중에 프로그램의 원활하고 성공적인 수행을 위하여 문제점을 찾아내고 수정, 보완할 목적으로 실시되는 평가이다.
② 총괄평가/ 목표지향적 평가	• 총괄평가는 연역적·객관적 방법으로 한 기관의 정책 또는 프로그램이 달성하고자 했던 목표를 얼마나 잘 성취했는가의 여부를 평가한다.
③ 통합/혼합평가	• 통합평가는 과정평가와 총괄평가를 통합한 것이다. • 프로그램 시행 초기 단계에서는 신속한 환류를 제공할 수 있는 과정평가의 방법을, 프로그램 종결 후에는 프로그램의 성공 여부에 관심을 가지고 있는 과학적이고 객관적인 자료를 제시할 수 있도록 총괄평가를 사용할 수 있다.

출처: 정무성, 정근모(2001), pp. 210-211를 재구성하였다.

5. 평생교육 프로그램 평가방법

프로그램 평가방법에는 평가의 관점에 따라 양적 평가와 질적 평가, 상대평가와 절대평가, 평가 시점에 따라 형성평가와 총괄평가 등으로 구분해 볼 수 있다.

1) 양적 평가와 질적 평가

프로그램 평가방법에는 평가의 관점에 따라 양적인 접근법과 질적인 접근법으로 구분되는데, 양적인 방법은 가시적인 평가결과의 증빙자료를 수반하며, 질적인 방법은 인터뷰와 관찰 등으로 가시적인 증빙자료가 수반되지 않는다(기영화, 2010).

표 11-7 프로그램 평가방법

평가 초점	양적 접근	질적 접근
참여자의 학습	참여자들의 지식, 기술, 가치의 변화를 측정할 수 있는 검증법 사용	교수자에 의해 참여자들의 지식, 기술, 태도의 변화가 관찰됨

프로그램 운영	5점 척도를 사용해서 부서장과 참여자들에게 프로그램의 아이디어, 구성, 목표 집단 선정 등의 방법과 실천을 평가	부서장과 직원들에게 프로그램의 아이디어, 구성 등의 효율성을 서술식 질문지를 사용해 인터뷰
조직적 이슈	조직의 변화에 관한 구체적인 증거 데이터를 수집하여 제시함	조직의 변화에 관련된 사람들을 직접 면담하여 그 내용을 기술함
사회적 쟁점	지역사회의 신문기사를 색인하는 등 구체적인 자료를 수집하여 제시	무작위 샘플을 전화 인터뷰하여 변화와 프로그램의 관련 정도를 결정함
수집된 자료의 특징	주로 수량화되어 있는 자료(예: 숫자, 퍼센티지, 비율)	수량화되어 있지 않은 자료들(예: 문장, 단어, 사진, 상징)
자료 수집방법	설문조사: 질문지(또는 구조화된 질문지를 이용)	• 구조화되지 않은 공식적 인터뷰, 심층 인터뷰, 열린 형태의 인터뷰 • 관찰

출처: 기영화(2010), p. 215; 지은구(2005), p. 271을 재구성하였다.

2) 상대평가와 절대평가

상대평가는 상대비교평가 또는 규준지향평가라고도 하는데, 이는 프로그램 참여자들의 성적을 그가 속해 있는 집단 구성원들의 점수 결과에 비추어 상대적 서열로 나타내는 방법을 말한다(김영숙 외, 2002).

절대평가는 절대기준평가 또는 목표지향평가라고 하는데, 이 평가체제는 프로그램 참여자들의 성적을 그가 속해 있는 집단 구성원들의 점수 결과에 비추어 비교하는 것이 아니라, 프로그램의 목적과 목표를 실질적으로 어느 정도 달성하였는가, 즉 목적, 목표, 목표의 달성도에 의하여 나타내는 방법이다(김영숙 외, 2002). 따라서 절대평가를 적용할 경우에는 평가 기준이 되는 목적과 목표가 사전에 구체적으로 설정되어야 한다(김영숙 외, 2002).

상대평가와 절대평가의 개념, 이론적 근거, 관점, 강조점, 평가 기준, 장단점에 대해 구체적으로 살펴보면 다음의 〈표 11-8〉과 같다.

표 11-8 상대평가와 절대평가

평가 유형 비교 기준	상대평가 (상대비교평가, 규준지향평가)	절대평가 (절대기준평가, 목표지향평가)
개념	참여자들의 성적을 그들이 속해 있는 집단구성원들의 점수 결과에 비추어 상대적 서열로 나타내는 방법	참여자들의 성적을 그가 속해 있는 집단 구성원들의 점수결과에 비추어 나타내는 것이 아니라, 프로그램의 목적과 목표를 실질적으로 어느 정도 달성했는가에 의해 나타내는 방법
이론적 근거	정규분포(참여자들의 능력이나 특성은 정상분포를 이룬다는 이론적 근거)	부적편포(참여자들은 효과적인 지도활동에 의해 목적과 목표를 성공적으로 달성할 수 있다는 이론적 근거)
관점	선발적 관점(참여자들의 개인차를 밝혀 내고 능력의 판정을 위주로 함)	발달적 관점(인간의 무한한 발달 가능성과 지도 효과에 대한 신념을 강조함)
강조점	신뢰도(대상을 얼마나 오차 없이 정확하게 측정하느냐에 관심)	타당도(측정하려고 의도했던 목표를 얼마나 충실하게 측정하느냐에 관심)
지향점	규준지향(평가의 기준이 집단의 내부에서 결정됨)	목적·목표 지향(목적과 목표를 어느 정도 달성하였는가 하는 목표의 달성도에 의해 평가가 이루어짐)
평가 기준	평균	목적·목표 달성도
장점	• 개인차의 변별이 용이함 • 지도자(평가자)의 편견 배제 • 외발적 동기 유발에 도움	• 프로그램 개선을 위한 자료 제공 • 지도활동의 개선에 도움 • 성공감과 성취감의 경험 • 의미 있는 점수 제공 • 협동활동 조장
단점	• 지적 계급주의 발생 • 타 집단과의 비교 불가능 • 참다운 평가 불가능 • 경쟁의식을 지나치게 조장 • 인간의 발전 가능성과 지도의 효과에 대한 신념을 흐리게 함	• 개인차의 변별이 어려움 • 외발적 동기 유발에 부적절 • 통계적 활용이 불가능 • 절대 기준의 설정이 어려움

출처: 김영숙 외(2002), p. 343.

3) 진단평가, 형성평가와 총괄평가

(1) 진단평가

의사가 환자를 치료하기 위해서는 환자에 대한 정확한 진단을 해야 하는 것처럼, 프로그램 지도활동에 있어서도 효과적인 지도를 위해서는 참여자들이 가지고 있는 출발점 행동을 정확히 파악해야 한다(김영숙 외, 2002). 프로그램의 활동에 들어가기 전에 참여자들의 출발점 행동을 확인하는 평가를 진단평가 혹은 사전평가라고 하는데, 진단평가의 기능은 다음과 같다(김영숙 외, 2002).

첫째, 진단평가는 인지적 · 정의적 출발점 행동을 확인하여 적절한 후속조치를 취하게 한다.

둘째, 진단평가는 전체 참여자들을 특정 하위 코스나 소집단에 배치하고자 할 때 그에 대한 증거를 제공해 준다.

셋째, 진단평가는 지도활동의 중복을 피하게 해 준다.

(2) 형성평가

형성평가(formative evaluation)는 프로그램을 개발 및 개선하는 것과 관련되어 있는데, 형성평가는 프로그램을 형성하는 데 사용되고, 기관의 직원들로부터 보다 양질의 서비스를 이끌어 내기 위해서 수행하는 것으로, 형성평가의 목적은 평가를 실시함으로써 피드백을 제공하는 것이라고 할 수 있다(지은구, 2005). 유용한 정보는 직원 및 참여자의 면접, 문서 기록, 참여 관찰 등을 통해서 얻을 수 있다.

형성평가(과정평가)는 프로그램 지도활동의 개선을 위한 평가로서 지도활동이 진행되는 도중에 참여자들의 진전 상황에 대하여 피드백을 주고, 지도방법을 개선하기 위해서 실시하는 평가를 말한다(김영숙 외, 2002).

(3) 총괄평가

총괄평가는 사후(事後)에 행해지는 것이며, 보통 외부 후원자들, 위원회 그리고 다른 유사 단체들이 총괄평가를 감독한다. 총괄평가는 일반적으로 외부 평가자에 의해 수행되며, 중요한 보고서를 제출한다(지은구, 2005).

총괄평가의 기능은 다음과 같이 설명할 수 있다(김영숙 외, 2002).

첫째, 참여자들의 성적이나 자격을 종합적으로 판정해 준다.

둘째, 후속 프로그램에 있어서의 참여자의 성공 정도를 예언하게 해 준다.

셋째, 후속 프로그램을 위한 전략의 수립에 대한 정보를 제공해 준다.

넷째, 집단 간의 성과를 비교할 수 있게 해 준다.

다섯째, 참여자들의 성취에 대한 피드백을 제공해 준다.

6. 평생교육 프로그램 평가의 과정

프로그램 평가의 과정은 ① 평가목적 확인, ② 평가목표 진술, ③ 평가설계 선정, ④ 평가도구 선택, ⑤ 평가자료 수집, ⑥ 평가결과 분석, ⑦ 평가결과 보고서 작성, ⑧ 평가결과 활용의 단계이다.

표 11-9　프로그램 평가의 과정

평가 과정	내용
① 평가목적 확인	평가를 실시하는 이유 또는 목적을 구체적으로 정확하게 기록하고, 평가를 실시하는 목적에 비추어 평가하고자 하는 내용과 그 하위요소 또는 항목도 결정한다.
② 평가목표 진술	평가의 목적에 따라서 구체적인 평가목표를 나열한다. 규모가 아주 크면 평가계획서를 작성할 때 평가목표를 진술하는 방식 중에 하나를 선택하여 진술한다.
③ 평가설계 선정	평가설계는 평가목적에 비추어 자연과학 분야에서 실험을 설계하듯이 필요한 데이터를 효과적으로, 그리고 정확하게 수집, 분석, 비교할 수 있는 가장 적절한 절차를 선정한다.
④ 평가도구 선택	이미 제작되어 널리 사용되고 있는 측정도구를 그대로 사용할 것인가, 일부 수정 및 보완해서 사용할 것인가 또는 완전히 새로 제작해서 사용할 것인가를 결정한다.
⑤ 평가자료 수집	평가를 실제로 수행할 때 측정도구를 사용하여 자료를 언제, 어떻게 수집할 것인지 결정하여 실행한다.
⑥ 평가결과 분석	수집된 자료를 가지고 통계적인 처리를 하거나 정리 및 요약하여 도표를 활용하여 결과를 분석하기도 한다.

⑦ 평가결과 보고서 작성	평가결과를 분석한 것을 정리 및 요약하여 일정한 형식을 갖추어서 보고서를 작성한다.
⑧ 평가결과 활용	평가를 통해서 얻은 정보를 가능한 잘 활용하는 것이 좋다. 평가서의 활용을 통해서 외부의 제3자에게 합리적인 답변이 가능하며, 기관 혹은 프로그램의 필요성을 확인하고 계속적인 유지를 가능케 한다.

출처: 정무성, 정진모(2001), pp. 217-218 재구성.

✋ 토론 문제

1. 평생교육 프로그램 평가모형의 유형별 장단점에 대해 토론하시오.

2. 양적 평가와 질적 평가의 장단점에 대해 토론하시오.

3. 상대평가와 절대평가의 장단점에 대해 토론하시오.

참고문헌

권인탁, 임영희(2013). 평생교육경영론. 서울: 학지사.

기영화(2010). 평생교육 프로그램 개발론. 서울: 학지사.

김진화(2011). 평생교육 프로그램 개발론. 경기: 교육과학사.

김영숙, 김욱, 엄기욱, 오만록, 정태신(2002). 사회복지 프로그램 개발과 평가. 경기: 교육과학사.

김종명, 구재관, 김성철, 김명근, 김재원, 신기원, 이순호, 현영렬(2014). 사회복지 프로그램 개발과 평가. 경기: 양서원.

안영환, 가영희, 임성우, 조현구(2011). 평생교육경영론. 서울: 동문사.

우수명(2004). 사회복지 프로그램 개발과 평가. 서울: 인간과 복지.

이화정, 양병찬, 변종임(2014). 평생교육 프로그램 개발의 실제. 서울: 학지사.

전주성, 임경미, 김미자(2016). 교육복지 프로그램 개발의 이론과 실제. 경기: 공동체.

정무성, 정진모(2001). 사회복지 프로그램 개발과 평가. 경기: 양서원.

조은화(2014). 평생교육 프로그램 운영에 대한 평생교육사와 중간관리자의 인식 차이 연구. 동의대학교 대학원 석사학위논문.

지은구(2005). 사회복지프로그램 개발과 평가. 서울: 학지사.

최은수, 배석영(2009). 평생교육경영론. 경기: 양서원.

신용주(2017). 평생교육 프로그램 개발론. 서울: 학지사.

Hammond, R. W. (1973). Evaluation at the Local Level. In B. R. Sanders, & J. R. Sanders (Eds.), *Educational evaluation: Theory and practice*. Belmont, CA: Wodsworth.

Kirkpatrick, D. L., & Kirkpatrick, J. D. (2006). *Evaluation training programs: The four levels* (3rd ed.). San Francisco: BK.

Lipsey, M. W., & Cordray, D. S. (2000). Evaluation methods for social intervention. *Annual Review of Psychology, 51*, pp. 345-375.

Patton, M. Q. (1980). *Qualitative evaluation method*. Beverly Hills, CA: Sage.

Rossi, P. (1997). Program outcomes: Conceptual measurement & issues. In E. J. Mullen & J. Magnabosco (Eds.), *Outcomes measurement in the human services: cross-cutting issues and methods* (pp. 20-34). Washington, DC: National Associaltion of Social Workers.

Rutman (1984). The function of program theory, planning useful evaluations: Evaluability assessment. *New Directions for Program Evaluation*, 33, 5-18.

Tyler, R. W(1949). Basic Principriniciples of Curriculum & Instruction. Chicago: university of Chicago Press.

Stufflebeam, D. L. (1974). Alternative approaches to educational evaluation: A self-study guide for educators. In W. J. Popham(Ed.), Evaluation in education: Current applications (pp. 95-144). Berkeley, CA: McCutcham.

Stufflebeam, D. L. (1971). The relevance of the CIPPevaluation model for educational accountability. *Journal of Research and Development in Education*, 5, 19-25.

제3부

평생교육 프로그램 개발의 사례

평생교육 프로그램 개발 사례

뜻이 있어야 일을 이룰 수 있다.

일을 시작하기 전에 뜻을 먼저 세우라.

-권근(權近)-

1. 프로그램 개발 사례를 통해 평생교육 프로그램 개발 과정을 이해할 수 있다.
2. 학습자들이 개발한 사례를 통해 학습자들의 평생교육 프로그램에 대한 선호도를 이해할 수 있다.

✏️ 학습 개요

　평생교육 프로그램 개발은 단순한 작업이 아니라 평생교육과 관련한 다양한 이론을 평생교육 현장에서 평생교육사 등의 전문가적인 지식과 기술을 활용하여 교육문제를 해결하기 위한 통합적인 과정이다. 이 장의 프로그램 개발 사례는 평생교육을 전공하는 대학원생, 학부생이 평생교육 프로그램 개발론 교과목을 수강하면서 본인의 관심 분야에 대해 한 학기 동안 과제로 제출한 것이다. 개발 사례를 통해 학습자들은 평생교육 프로그램 개발 과정을 이해할 수 있을 것이다.

1. 평생교육 프로그램 개발 사례 1[1]

〈초등학생을 위한 올바른 식품 정보 및 영양교육 체험 프로그램〉

목차

---

1) 김가현(2017). 호서대학교 식품공학과. 평생교육 프로그램 개발론 과제로 제출한 것임(2017년 10월 25일 제출).

1) 상황 분석

(1) 타당성 검토

① 프로그램을 개발해야 하는 이유

ㄱ. 사회적 요구

소득 수준의 향상과 식품산업의 급속한 발전으로 식생활이 크게 변화하고 있으며, 특히 바쁜 현대인들은 신속하고 간편한 것을 선호한다. 그리하여 현대 사회는 경제 성장과 생활 수준의 향상으로 식생활이 발전하였고, 핵가족화와 여성의 사회 진출 등으로 인해 가공식품의 생산 및 소비가 증가하고 있다(김운주 외, 2000). 앞으로도 점점 빠르게 변화하는 사회에서 가공식품은 우리에게 더 중요한 생활의 일부를 차지하게 될 것이며, 이러한 사회에서 소비자들의 올바른 가공식품의 인식과 선택의 교육이 필요하다.

또한 급격한 경제 발전과 서구화에 따른 식생활의 변화 및 활동량의 감소로 인해 비만이 중요한 건강문제로 대두되고 있으며, 세계보건기구(WHO)에서는 전 세계 인구 중 16억 명가량이 과체중이라고 추산하고 있다(WHO, 2006). 우리나라에서도 생활 수준의 향상과 함께 성장기 아동들의 신장과 체중이 꾸준히 증가되어 왔고, 여러 연구에서 보고된 우리나라 아동 비만 실태를 살펴보면, 1970년대는 2~3% 수준으로 비교적 낮은 편이었으나, 1980년대에는 10%로 높아졌고, 1990년대에는 10~20% 수준으로 급격한 증가를 보였다. 최근 질병관리본부의 국민건강영양조사(2013)에 따르면 국내 아동 · 청소년 1명(10%)은 비만 상태로 나타났는데, 청소년기(12~18세)에 가장 높았으며, 남자가 여자에 비해 높았다(K 스피릿, 2014).

아동의 비만 원인은 유전적인 요인을 비롯한 다양한 환경적인 요인이 비만의 정도에 영향을 미치는데, 이들 환경요인 가운데 식사 섭취, 운동 및 신체활동 등의 생활 습관이 중요한 요인으로 대두되고 있다. 이러한 아동 비만의 영향 요인을 고려해 볼 때 식품 섭취 방법과 식품의 정보에 대한 교육을 배울 필요가 있다.

아동의 식품에 대한 기호도는 영양 섭취와 직결되며, 아동기에 형성된 식습관은 그 이후의 식습관 행동에 영향을 미치게 되며, 일단 형성된 식품 기호는 쉽게 영향을 받지 않고 변화되지 않는다. 그러므로 아동의 올바른 식습관 형성은 그들의 전 생애의 건강을 위해 매우 중요하므로 식습관이나 가치 형성이 시작되는 학령기 아동에 대한 영양교육의 효과는 매우 크다고 할 수 있다(최현경 외, 2016).

1960~1970년대의 영양결핍 및 영양부족으로부터 1990년대에 들어서는 먹거리의 다양화와 더불어 과잉섭취가 문제가 되기 시작하였다. 2000년대에 들어 칼로리는 높지만 영양적으로 불균형되거나 또 위생적으로 안전하지 못한 불량한 식품들이 어린이의 생활 주변에 증가하고 또 무차별하게 놓이게 되었다. 한창 성장기에 있는 학생들에게 안전하고 건전한 식품을 먹을 수 있도록 해야 하지만, 이와 같은 보고들은 아직까지 학교 주변에 안전하지 못한 식품들이 존재하고 있고 어린이들이 식품 안전으로부터 완벽하게 보호받지 못하고 있다는 것을 알려 준다.

그동안 식품 안전 의식이나 식품 구매 행동에 대하여 성인을 대상으로 교육을 많이 했지만, 초등학생을 대상으로 교육 프로그램이 미흡한 편이다.

ㄴ. 개발자의 요구

현재 초등학생들은 점심 식사를 대부분 급식을 통해서 끼니를 해결하고 있으며, 학원 등 학습 교육에 치우쳐 끼니를 간식이나 가공식품으로 해결하는 경우가 많이 있다. 일반적으로 어린이와 청소년이 어른보다 농약, 식품첨가물 등 과다 요인이 되는 물질에 훨씬 민감하게 반응하여 건강에 크게 영향을 미치기 때문에 식품 선택에 있어서 안전성이 중요하지 않을 수가 없다는 것을 느끼게 되었다.

뿐만 아니라 현대에는 과거와 달리 없어서 못 먹는 시대를 지나 과잉 섭취로 인한 영양섭취 과다에도 불구하고 불균일한 식사로 인해 성인병 유발이 더욱더 심각해지고 있음을 느꼈다.

앞으로 식품의 정보를 정확히 알고 직접 식품을 골라 먹는 시대가 올 것으로 예상된다. 따라서 어렸을 때부터 건강을 위협하는 식습관 및 불량식품 등 몸에 해로운 식품에 대해 바르게 학습하고 안전한 식품을 선택하는 방법과 균일한 식습관을 가질 수 있는 영양교육에 대한 정보를 알려 줘야 함을 느꼈다.

② 프로그램을 통해 얻고자 하는 궁극적인 목적

초등학생에게 식품에 대한 올바른 정보와 영양교육을 제공하고, 초등학생의 눈높이에 맞춘 식생활 체험을 통하여 직접 실생활에 적용해 봄으로써 영양 불균형 예방 및 올바른 식품 정보를 통해 건강하게 생활할 수 있도록 도와주는 프로그램이다.

③ 프로그램 예상 효과 및 장애요인

ㄱ. 프로그램 예상 효과

　－초등학생의 식품 정보 및 식습관에 대한 지식이 증가함

　－실생활에 직접 적용하고 실행할 수 있음

　－초등학생의 올바른 식습관 개선과 함께 신체적 건강을 키울 수 있는 기회가 됨

　－식품에 대한 중요성을 인식할 수 있는 계기가 될 수 있음

ㄴ. 프로그램 장애요인

　－학부모들의 관심이 없으면 학생들이 참여하기가 어려움

　－식품에 대한 인식 부족, 필요성에 대한 중요성을 느끼지 못할 수 있음

④ 기존 유사 프로그램의 존재 여부와 차이점

현재는 학교에서 많은 교육을 하고 있으나, 한정적인 부분이 많으며, 많은 인원이 있고, 직접 체험하기보다는 주입식 교육으로 되어 있는 것이 대부분이다. 이러한 교육 프로그램은 한 번에 많은 정보를 알려 주기 때문에 학생들이 지루해 할 우려가 있다.

기존의 유사 프로그램	만들고자 하는 프로그램과의 차이점
달성군 초등학생 대상 어린이 식품 안전 및 영양교육	1. 식품의 올바른 정보 교육 및 영양교육뿐만 아니라 직접 체험할 수 있는 교육도 있다.
	2. 학교가 아닌 평생교육기관을 통해서 시간적 여유 및 조금 더 다양한 매체를 통해서 배울 수 있다.
성동구어린이급식센터 식품첨가물 바로 알기 교육	3. 기존 프로그램은 거의 저학년 대상을 위주로 하였으나, 만들고자 하는 프로그램은 고학년의 눈높이에 맞추었다.
	4. 각 주차별 프로그램에 맞는 활동지를 통해 직접적인 배움을 느낄 수 있다.

현재 비만에 관한 교육 프로그램이 평생학습관에 많이 있지만, 아직까지는 직접 식품 정보를 알려 주고 체험하는 평생학습 프로그램은 없는 것으로 보인다.

⑤ 추진 여부 결정
● 프로그램 개발 순서 및 계획
　－프로그램 개발 주제 선정 및 구상하기
　－각 주차별(약 6주차)로 프로그램 자료를 조사하고, 각 주차별로 나눈 파트를 어떤 방식으로 교육할지 생각하여 작성하기
　－자료 조사를 한 내용을 바탕으로 프로그램 개발 양식에 맞게 작성하기
　－마무리한 보고서를 정리 및 편집하여 PPT 만들기
　－최종 보고서를 바탕으로 프로그램 추진하기

(2) 잠재적 학습자 분석
● 목표 집단의 특성 및 분석 내용

목표 집단의 특성	분석 내용
예상 연령층	－초등학교 고학년(4~6학년)
교육 대상	－〈초등학생 눈높이에 맞춘 프로그램〉 　식품의 안전성과 영양 관리에 대한 이해가 필요한 초등학생
잠재적 학습자 간의 유사점	－불량식품(가공식품) 등 몸에 해로운 식품을 자주 섭취함 －식품에 대한 안전성 인식이 부족함 －섭취하는 식품에 어떤 첨가물 및 성분이 들어가 있는지 잘 모르고 섭취함 －편식 및 영양섭취 불균형 → 과식 및 과도한 칼로리 섭취 　[성인병 유발(비만 등)]
잠재적 학습자 간의 차이점	－다양한 식품 교육 프로그램 및 직접 체험 활동 －교육 장소의 접근성 －시간적 · 경제적 여건

(3) 기관 분석
● 올바른 식품 정보 및 영양교육 체험을 실시하고자 하는 ○○구에 위치한 인천광역시 ○○구 평생학습관 분석

① 기관 소개 및 비전

ㄱ. 소개
　　–누구나, 언제나, 어디서나 평생학습을 통하여 자기주도적으로 미래를 만들어 가고, 배움의 결과를 개인과 사회가 함께 공유하면서 내일을 일구어 갈 수 있도록 교육 인프라 구축
　　–행복한 도시, 학습이 재미있는 교육도시, 더불어 살고 싶은 교육도시, 나아가 소통과 참여가 함께하는 평생학습도시

ㄴ. 비전

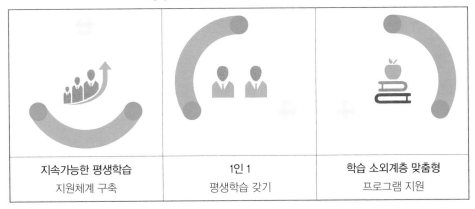

평생학습으로 지속가능한 행복도시 ○○

| 지속가능한 평생학습 지원체계 구축 | 1인 1 평생학습 갖기 | 학습 소외계층 맞춤형 프로그램 지원 |

② 운영 방향

네트워크 구축 및 역량 강화	구민 맞춤형 평생학습 지원
• 평생학습관 운영 • 공공기관 네트워크 지원 • 평생학습 관계자 역량 강화	• 찾아가는 평생학습 운영 • 학습 취약계층 프로그램 지원 • 생애주기별 프로그램 운영
일–학습 연계를 통한 지속가능 도시 구현	시민 참여 행복학습사회 조성
• 일–학습 연계 강화 • 전문 자격증 프로그램 확대 • ○○구 지역 특성에 맞는 자원활동가 양성 및 지원	• 주민들의 자발적 참여 유도 • 생활밀착형 프로그램 개발 • 새로운 미래를 위한 평생학습 지역 공동체 발전에 기여

③ 프로그램

ㄱ. 정규프로그램

영유아: 오감놀이 감성톡톡	중장년: 직장인 퇴근길 몸살림 운동
초등학생: 보드게임이랑 한국사랑 놀자	시니어: 조부모 아카데미

ㄴ. 일반인 누구나

- 영화로 배우는 스크린 영어(기초)
- 오감테라피
- 브라운백 인문학 (상반기)
- 중국어 왕초보반
- 가족성장프로젝트(부모교육)

- 반려동물 관리사 자격대비반
- 행복을 위한 재미난 심리학교실
- 생활 속 법률교육 '시민로스쿨'
- 브라운백

ㄷ. 청소년

- 청소년 인격교육-청년커리어코칭 교실

ㄹ. 중장년

- 은퇴 후 인생 설계-나만의 가드닝(원예)-시니어 한방티 테라피

(4) 선택한 지역의 환경 분석

○○ 평야의 넓은 들을 중심으로 농경문화가 발달한 지역으로서 1914년에 △△군 부내면으로 편입되었다가, 1940년에 와서 □□부에 편입되었으며, 1970년대 이후 산업발달의 가속화와 대단위 아파트 단지 조성으로 급격히 팽창 및 발전하여 1988년에 △구를, 1995년에 □□구를 각각 분리시키고, 1995년 3월 1일에 구 명칭을 ×구에서 ○○구로 변경하였다.

○○구는 □□시의 동부에서 ○○도 △△시와 연담하고 있으며, 북·서·남방으로 각각 ○○시의 □□구, △구, ××구와 연결되어 있다. ○○구의 면적은 □□시의 3.06%를 차지하는 32.00㎢, 인구는 2017년 9월 1일 기준으로 544,606명, 거주 환경은 아파트 61.6%, 연립·다세대 28.8%, 단독 9.6%로 구성되어 있다. 학교는 초등학교 42개, 중학교 21개, 고등학교 19개, 특수학교 4개, 대학교 1개, 유치원 68개, 어린이집 392개소가 설립되어 있다.

경제적인 측면에서 보면 철마산과 만월산을 축으로 이어지는 도시 숲과 공원이 잘 어우러

진 녹색도시로 유구한 역사와 풍물과 문화가 꽃피는 문화도시로 발전하였으며, □□국제공항, 철도(지하철), 고속도로 등 국내외 연결 광역 교통망과 첨단산업 및 유통서비스 산업이 발달하였고, 경제자유구역과 연계한 지식산업 기반 구조와 우수한 인적 자원을 바탕으로 새로운 도약의 계기를 맞이하고 있다.

수도권 교통의 요충지이자 □□의 관문도시!

지리적인 측면에서 보면 경인고속도로와 서울외곽순환도로, 경인전철 · 인천지하철 1호선 · 서울지하철 7호선 등이 도시를 격자형으로 관통하는 수도권 최대 교통 요충지로서 인천과 서울 도심, 기타 주변 지역과의 연결이 용이한 대한민국의 관문도시이다. 또한 만월산 터널과 원적산 터널의 이용으로 △△국제도시와 □□국제공항으로도 접근이 용이한 사통팔달의 여건을 갖춘 도시이다.

○○구의 인구는 총 544,606명(2017)으로, 50대(96,255)의 인구가 제일 많으며, 그다음 순으로는 40대(90,350명), 30대(83,540명), 20대(79,864명), 60대(54,664명), 70~100세 이상(41,817명) 순이다. 그 중 ○○구의 초등학생 인구는 약 62,000명 정도이므로 초등학생도 상당한 인구를 차지하고 있다.

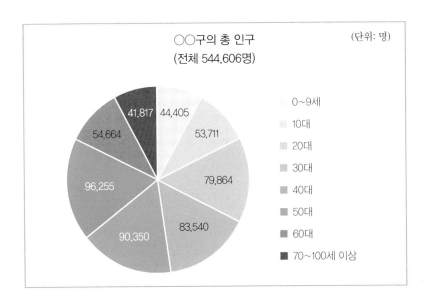

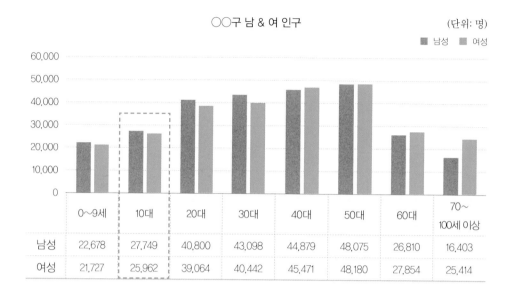

○○구 남 & 여 인구

(단위: 명)

■ 남성 ■ 여성

	0~9세	10대	20대	30대	40대	50대	60대	70~ 100세 이상
남성	22,678	27,749	40,800	43,098	44,879	48,075	26,810	16,403
여성	21,727	25,962	39,064	40,442	45,471	48,180	27,854	25,414

평생교육적인 측면으로 평생학습도시 내의 제한된 학습자원의 효과적인 공유를 위한 지역 평생학습 시설의 활용성과 높은 네트워크 시스템이 구축되어 있으며, 지역 학습 수요와 거점 기관(도서관)의 장점을 살린 특성화 프로그램을 운영하여 지역 학습자들의 평생학습의 수혜율을 높일 수 있는 곳이다. 또한 공원 녹지, 수질 및 환경(○○ 굴포누리 기후변화체험관), 평생학습축제, ○○국민체육센터, 평생학습도시, 북수도서관, ○○도서관 등 여러 개의 도서관, ○○장애인 종합복지관, 삼산종합사회복지회관, 청소년 수련관 등 평생학습을 위한 시설이 많이 있어 평생학습시설의 최적의 조건을 갖추고 있다.

(5) SWOT 분석

● 초등학생을 위한 올바른 식품 정보 및 영양교육 체험 프로그램

① S: 강점
　－매년 소아 비만, 영양 불균형이 증가해 많은 관심을 가질 것으로 예상함
　－많은 수요로 인해 평생교육기관의 유지가 가능하고 성장 가능성이 있음
　－다양한 식품 정보와 영양을 직접 체험을 통해 올바른 식습관 및 건강한 삶과 흥미가 올라갈 것임

② W: 약점

   −식품 교육 프로그램 운영에 대해 잘 몰라서(관심이 없어서) 참여도가 부족할 수 있음

   −식품 정보에 대한 인식 부족, 필요성에 대한 중요성을 느끼지 못할 수 있음

   −초등학생 혼자서 오기에는 힘들 수 있음

   −올바른 식품 정보를 알고 있다고 생각하여 참여하지 않을 수 있음

③ O: 기회

   −올바른 식품 정보와 영양교육을 한다면 학생들의 비만 감소, 균형 잡힌 식습관과 올바른 식품에 대한 정보를 얻을 수 있음

   −식품에 대한 지식이 높아질 수 있음

④ T: 위협

   −식품에 대한 교육은 이미 학교에서도 실시하고 있음

   −인터넷, TV프로그램, 식품 관련 책 등을 통해서도 자료를 찾을 수 있음

2) 스케줄 관리

(1) 프로그램의 전체적인 상황 분석 실시

part1	9/12	9/14	9/16	9/18	9/19	
프로그램 주제 선정	○	○				
타당성 검토			○	○		
잠재적 학습자 분석			○		○	
기관 분석 및 SWOT 분석			○	○	○	

(2) 프로그램의 세부적인 내용 설정

part3 & part4	9/20	10/1	10/5	10/7	10/8	10/13
요구 분석 통계 자료 찾기 (초등학생들을 대상으로 식품 관련 자료)	○				○	○
프로그램 학습내용과 교수방법	○					
프로그램 세부내용	○		○	○		
검사지 작성					○	○
프로그램 활동, 교육방법 및 학습매체 선정		○		○		

(3) 프로그램 실행을 위한 최종 마무리

part5 & part6	10/1	10/5	10/9	10/26	10/27	10/28	11/7
필요한 자원 조사	○						
자원 확보에 필요한 예산 편성 및 관리	○	○					
홍보 전략 기획 및 자료		○	○				
보고서 작성	○	○	○	○	○	○	
PPT 만들기			○	○	○	○	
최종 검토 및 점검					○	○	
최종 발표 및 검사							○

3) 요구 분석과 프로그램 목표 설정

−통계 자료 및 뉴스 등을 토대로 생각해 본 프로그램 대상자의 요구 분석

  (http://m.wngo.kr/a.html?uid=32891)

● 초등학생 4명 중 1명은 영양표시 몰라

식품의약품안전처가 초등학교 5학년 학생을 대상으로 식품 영양표시 인지도에 대한 설문
조사 결과 4명 중 1명은 영양표시를 모르는 것으로 나타났다.

▶ 조사 방법

지난해 11월 서울, 경기, 제주 등 전국 32개 시군 61개의 초등학교 5학년 학생 2,195명을 대상으로 우편조사로 가공식품과 외식 음식의 영양표시 인지도를 확인하는 방식으로 진행하였다.

▶ 설문조사 결과

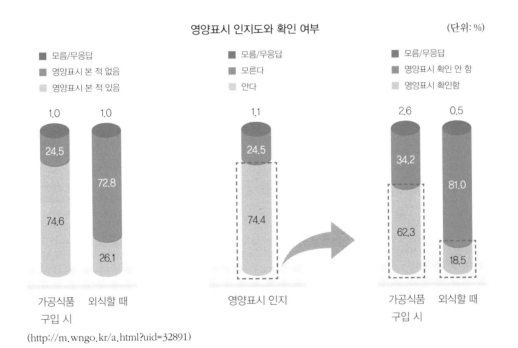

영양표시 인지도와 확인 여부   (단위: %)

(http://m.wngo.kr/a.html?uid=32891)

영양표시를 안다고 응답한 비율은 전체 설문 대상자 중 75%에 달해 비교적 높은 인지도를 보였다. 그러나 이 중 실제 식품 선택 시 영양표시 확인 비율은 62%, 외식할 때 18.5%에 그쳐 인지도와 실제 행동은 다른 양상을 보이고 있는 것으로 조사되었다. 또한 영양표시를 확인하는 학생 가운데 주의 깊게 확인하는 영양성분이 외식 음식(51%)과 가공식품(42%) 모두 열량이라고 응답한 비율이 가장 높고, 세부 영양 성분에 대한 확인은 상대적으로 낮은 것으로 나타났다.

(1) 영양표시를 확인하지 않는 이유

(http://m.wngo.kr/a.html?uid=32891)

가공식품(59.7%), 외식(42.6%) 모두 관심이 없다고 답한 응답자가 가장 많았으며, 그 이외의
사유로 가공식품은 이해하기 어려움(15.2%), 모름(10.2%), 외식의 경우, 영양 정보 제공 사실
을 모름(19.9%), 주변에 영양표시 실시를 하는 음식점이 없어서(15.5%) 등이 그 뒤의 순을 이
루었다.

(2) 영양표시 인지 경로에 대한 조사 결과

(http://m.wngo.kr/a.html?uid=32891)

영양표시 인지경로는 부모(38.4%), TV 등 대중매체(28.6%), 영양교육 수업(14%) 순으로 나타났다. 영양교육 수업을 통한 인지도는 아직 많이 낮음을 알 수 있다.

(3) 영양표시 확인하는 이유

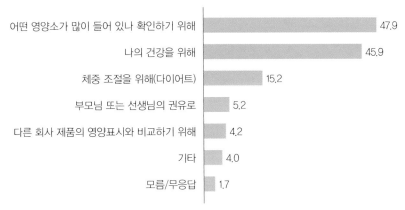

어떤 영양소가 많이 들어 있나 확인하기 위해	47.9
나의 건강을 위해	45.9
체중 조절을 위해(다이어트)	15.2
부모님 또는 선생님의 권유로	5.2
다른 회사 제품의 영양표시와 비교하기 위해	4.2
기타	4.0
모름/무응답	1.7

(http://m.wngo.kr/a.html?uid=32891)

영양표시를 확인하는 이유는 어떤 영양소가 많이 들어 있나 확인하기 위해(47.9%), 건강을 위해(45.9%), 체중 조절을 위해(15.2%) 순으로 응답하였다.

● 식약청, "어린이 식생활환경 조사 결과" 발표 (http://www.fooddesk.com/news/quickView ArticleView.html?idxno=1365)

어린이들이 필수적으로 섭취해야 하는 과일, 채소, 우유 등과 같은 신선식품의 '일일 섭취 횟수'가 많은 어린이에게서 권장 수준보다 낮은 것으로 조사되었다.

식품의약품안전처(청장 윤여표, 2010)가 전국 초등학생 2,772명을 대상으로 실시한 '어린이 식생활환경 조사' 결과 매일 2회 이상 과일을 섭취하는 어린이는 17.8%, 채소 반찬은 23.7%, 우유는 20.7%에 불과하여 '한국인 영양섭취 기준'에 따른 권장 섭취 횟수에 비하여 많은 어린이가 이들 식품에 대한 섭취가 부족한 것으로 나타났다.

조사 결과, 일주일에 1~2회 패스트푸드를 섭취한다(62.9%), 먹지 않는다(30%)고 응답하였다.

식약청(2010)의 조사 결과에 의하면, 주 1회 이상 컵라면을 섭취하는 어린이는 47.9%, 탄산음료는 74.6%, 과자 및 초콜릿은 80.8%를 섭취하는 것으로 나타났다.

고열량 · 저영양 식품에 대한 이해도 및 초등학교 주변 식품 판매처의 위생 상태 평가항목은 조사 대상 어린이의 대부분인 74.3%에서 고열량 · 저영양 식품을 먹지 않기 위해 노력하고 있다고 대답하였으며, '고열량 · 저영양 식품'이 무엇이라는 것을 정확하게 알고 있는 어린이는 35.7%에 불과한 것으로 나타났다.

● "초등생 3명 중 2명, 일주일에 라면 한 개 이상 섭취"

(http://m.news.naver.com/read.nhn?mode=LSD&mid=sec&sid1=102&oid=003&aid=0003680967)

초등학생 5학년 3명 중 2명 이상은 일주일에 라면을 1회 이상 먹는 반면에 과일, 채소는 기피하는 것으로 나타났다. 식품의약품안전처에서 실시하였으며, 2010년 6~7월까지 한국영양학회와 공동으로 전국 만 10~11세(초등생 5학년 기준) 2,335명 대상이었다.

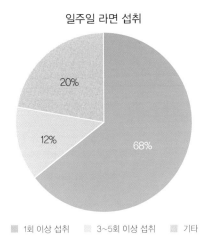

라면, 컵라면을 일주일에 1회 이상 먹는다는 비율은 68.4%로 조사됐고, 특히 일주일에 3~5회 이상 라면을 섭취한다는 비율도 11.5%에 달했다.

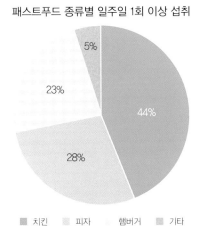

패스트푸드의 경우 일주일에 1회 이상 치킨을 섭취한다는 비율은 44%, 피자는 28%, 햄버거는 23%의 비율로 조사되었다.

4) 프로그램 학습내용과 교수방법

(1) 프로그램의 전체적인 상황 분석 실시

① 선형 접근법

선형 접근법이란 프로그램 개발을 단선적으로 일어나는 현상으로 간주하며 프로그램 개발 과정을 단계별로 세분화하여 그 절차를 도식화한 것이다. 이 접근법은 프로그램 개발에 가장 많이 사용되는 방법으로, 마치 우리가 1층에서 2층으로 가기 위해 계단을 오르는 것과 같다. 프로그램 개발자는 선형 모델이 제시하는 과정을 순서대로 실행하기만 하면 하나의 프로그램 이 완성될 수 있다. 선형 접근법은 학습을 위한 프로그램 개발의 논리적 경로를 제공함으로써 프로그램 개발 경험이 없는 초심자들이 매우 유용하게 사용할 수 있고, 초심자의 프로그램 실 패 가능성을 최소화시켜 준다.

초등학생을 위한 올바른 식품 정보 및 영양교육 체험 프로그램의 경우에는 실무의 경험도 없을 뿐만 아니라 평생교육이 아닌 식품공학 학생이 만든 것으로서 그에 따라 프로그램 개발 이 미흡해 실패할 확률이 높다. 따라서 선형 접근법에 따라 계획서의 틀에 맞게 각 단계별로 조사하고 설계해 보았다.

② 프로그램의 유형

학생들에게 식품에 대한 정확한 정보와 지식을 제공하고, 습득 및 영양교육을 실시하여 정 보만을 전달해 주는 것 외에도 그것을 실제로 적용하고 체험 및 적용시킬 수 있는 프로그램을 개발할 계획이다.

학생들이 이를 통해 식품에 대한 이해와 식습관 개선을 할 수 있는 노하우를 가질 수 있으 며, 정신적뿐만 아니라 자발적으로 건강을 찾을 수 있도록 할 것이다.

(2) 초등학생을 위한 올바른 식품 정보 및 영양교육 체험 프로그램의 세부내용

① 프로그램 목표

 -올바른 식품 정보 및 영양교육을 통한 초등학생들의 식생활 개선 및 건강 향상

② 프로그램 대상자

　　－초등학생의 눈높이를 맞춘 올바른 식품 정보 및 영양교육 체험 프로그램

③ 프로그램

　　－3주 동안 주 2회 진행(총 6회)

　　－총 20~25명

　　－교육 정보 및 영상 60분, 체험 40분(총 100분)

　　－강사 1명, 조력자 1명

　　－매 수업 첫 5분 정도 지난 시간에 배운 내용으로 ○× 퀴즈

④ 회기당 중간 목표

　　1회차: 식품, 가공식품, 불량식품이란 무엇인가

　　2회차: 식품첨가물 바르게 알기

　　3회차: 영양 표시 알아보자

　　4회차: 영양과 균형 있는 섭취의 중요성

　　5회차: 안전한 식품 선택 및 신선한 보관법

　　6회차: 요리사가 되어 보기(체험 교실)

〈1회차〉

활동명	식품, 가공식품이란 무엇인가	활동장소	○○구 평생학습관
담당자	강사 1명, 조력자 1명	소요시간	100분
참가대상	초등학생의 눈높이를 맞춘 올바른 식품 정보 및 영양교육 체험	참가인원	20~25명
활동목표	－프로그램의 목적과 방향을 이해하고, 진행자와 참여자, 참여자와 참여자 간의 신뢰감 및 친밀감을 형성한다. －식품에 대해한 기본적인 이해를 한다.		
유의사항	1. 첫 시작이 중요한 만큼 전체적인 프로그램의 방향/강사, 조력자의 역할에 대한 안내, 규칙, 매회기마다 반복되는 진행사항 등을 구체적으로 설명해 준다. 2. 프로그램이 진행되는 동안 참여자들의 눈높이에 맞추어 재미있게 설명을 해 준다. 3. 첫 수업을 통해 학생들의 수준을 파악해야 하므로 너무 심화된 내용은 삼간다. 4. 너무 무리를 지어 학생들이 행동하지 않도록 주의한다.		

준비물	동영상, 빔 프로젝터, 책상, 의자, 색연필, A4용지, 설문지		
활동단계	활동내용		
도입	전반적 프로그램의 내용 및 소개를 한다.		
	① 강사와 조력자는 자신을 소개한다.		
	② 프로그램의 목적을 참여자들이 이해하도록 안내한다.		
	③ 프로그램의 구성과 목표를 이야기한다.		
	④ 참여자들은 사전조사지를 작성한다.		
전개	강의 1	식품에 대해 서로 토의하고 생각하는 시간을 갖는다.	
	① 참여자들이 식품의 정의와 가공식품의 정의가 무엇인지 생각하고 토의하는 시간을 갖는다. (활동지 작성)		
	② 참여자들이 식품에 대한 인식과 경험에 대해 서로 이야기하는 시간을 갖는다.		
	강의 2	식품의 정의와 가공식품에 대해 강의한다.	
	① 식품의 정의에 대해 강의한다.		
	② 가공식품이란 무엇이고, 종류 및 특성에 대해 강의한다.		
	③ 강의한 내용에 대해 질문을 받고 응답하는 시간을 갖는다.		
	실습	식품 그림을 통해 가공식품의 종류를 분리한다.	
	① 조를 나누고 주어진 식품 그림을 가공식품의 종류에 따라 분리한다.		
	② 조별로 분리한 결과를 비교해 보고 무엇이 다른지 비교 및 토의한다.		
	③ 최종적으로 강사가 결과를 알려 주고 질문을 받는 시간을 갖는다.		
마무리	강의 내용을 정리하고 마무리한다.		
	① 오늘 과정에 대한 소감을 나누고 질문사항이 없는지 점검한다.		
	② 강사는 오늘의 프로그램 참여에 대한 고마움을 표현하고 다음 프로그램 계획을 공지한 후에 마무리한다.		
기대 효과	단순히 식품의 정의뿐만 아니라 일상생활에서 많이 섭취하는 가공식품에 대해 알아보고, 참여자들이 가공식품을 얼마나 많이 먹는지, 몸에 해로운지에 대해 알 수 있는 계기가 될 것이다. 또한 참여자들은 직접 실습을 통해서 서로 정답을 공유하고 토의함으로써 친밀감 형성과 재미를 느낄 수 있을 것이다.		

※ 식품에 대한 정보 및 식습관에 대한 사전 교육 요구도 평가

본 프로그램에서는 식품에 대해 얼마나 알고 있는지, 식습관(영양섭취)에 대해 사전 조사를 하여 맞춤형 교육을 하고자 합니다. 따라서 설문에 답한 내용은 학생 여러분의 평소 지식과 식습관을 알아보기 위한 교육 이외의 목적으로는 사용하지 않으므로 솔직하게 다음의 질문 항목에 대해서 신중하게 응답해 주시길 바랍니다. (학생 여러분은 질문에 해당하는 것에 ✓ 표시를 해 주시길 바랍니다)

〈식품에 대한 정보 알아보기〉

번호	나의 식품에 대한 지식	초등학생의 응답			
		매우 그렇다	그렇다	그렇지 않다	전혀 그렇지 않다
1	식품이란 무엇인지 설명할 수 있다.				
2	식품을 섭취하기 전에 영양성분표를 확인한다.				
3	나트륨 섭취 기준 함량에 대해 알고 있다.				
4	가공식품이 무엇인지 설명할 수 있다.				
5	건강한 식품이란 무엇인지 알고 있다.				
6	식품 구성 자전거에 대해서 알고 있다.				
7	식품 첨가물이 무엇인지 알고 있다.				
8	식품의 색깔에 따른 영양 성분을 알고 있다.				
9	자신이 올바른 식품에 대해 알고 있다고 생각한다.				
10	식품정보에 관한 교육을 받은 적이 있다.				
11	식품 안전 정보 및 영양에 대한 매체 활용을 자주 이용하고 있다.				

1. 그렇다, 매우 그렇다라고 답한 분만
   식품이란 무엇이라고 생각하십니까?

3. 그렇다, 매우 그렇다라고 답한 분만
   나트륨 섭취 기준 함량이 얼마라고 알고 계십니까?

6. 그렇다, 매우 그렇다라고 답한 분만
   식품 구성 자전거의 성분은 무엇입니까?

10. 그렇다, 매우 그렇다라고 답한 분만
    어디에서 교육을 받았으며, 식품 중 무엇을 중점으로 교육을 받으셨습니까?

〈식습관 알아보기〉

번호	나의 식습관에 대한 지식	초등학생의 응답			
		매우 그렇다	그렇다	그렇지 않다	전혀 그렇지 않다
1	아침 식사를 한다.				
2	좋아하는 음식만 골라 먹을 때가 많다.				
3	밥보다는 햄버거나 피자, 간식을 더 좋아한다.				
4	아이스크림, 사탕, 과자 등을 일주일에 5번 이상 즐겨 먹는다.				
5	저녁을 먹은 후 간식을 먹는다.				
6	많이 먹은 후에는 기분이 좋다.				
7	고기와 튀김류를 좋아한다.				
8	야식을 즐겨 먹는다.				
9	자신이 올바른 식습관을 가지고 있다고 생각한다.				
10	음식을 골고루 섭취한다.				
11	편의점 식품을 자주 즐겨 먹는다.				

1. 그렇지 않다, 매우 그렇지 않다라고 응답한 분만
   아침을 섭취하지 않는 이유는 무엇입니까?

4. 그렇다, 매우 그렇다라고 답한 분만
   주로 언제 많이 즐겨 먹습니까?

5. 그렇다, 매우 그렇다라고 답한 분만
   저녁 식사 후에 간식을 먹는 이유는 무엇입니까?

8. 그렇다, 매우 그렇다라고 답한 분만
   야식을 먹는 이유가 무엇입니까?

※ 설문에 응해 주셔서 감사합니다.
귀하가 제공한 자료는 프로그램 진행에 귀중한 자료로 사용됩니다.

〈활동지 1〉

식품과 가공식품의 종류 분석하기

모둠 이름:

1. 식품이란 무엇이라고 생각하는지 적어 보세요.

2. 가공식품이란 무엇이라고 생각하는지 적어 보세요.

3. 가공식품을 섭취(구입)하는 이유가 무엇인가요?

4. 가공식품에는 어떤 종류가 있을까요?

5. 다음을 보고 자연식품과 가공식품의 종류를 분리해 보세요.
   빵, 케이크, 떡, 초콜릿류, 설탕, 오징어, 포도당, 엿류, 사과, 아이스크림, 딸기, 발효유, 치즈, 버터, 치킨, 식용유, 라면, 통조림, 병조림, 햇반, 3분 카레, 고추, 마늘, 햄, 소시지

자연식품	가공식품	
	빵류	
	과자류	
	유제품	
	즉석식품류	
	육가공품	

〈2회차〉

활동명	식품첨가물 바르게 알기	활동장소	○○구 평생학습관
담당자	강사 1명, 조력자 1명	소요시간	100분
참가대상	초등학생의 눈높이를 맞춘 올바른 식품 정보 및 영양교육 체험	참가인원	20~25명
활동목표	−참여자들이 음식을 먹거나 구입할 때, 식품첨가물에 대해 잘 알고 선택하게 도와준다. −직접 식품을 보고 식품첨가물이 무엇이 들어 있는지 확인하여 실생활에 적용하여 습득한다.		

유의사항	1. 강사는 참여자들에게 흥미와 적극적인 참여를 유도한다. 2. 프로그램이 진행되는 동안 참여자들의 눈높이에 맞추어 재미있게 설명을 해 준다. 3. 사진과 영상을 사용한다. 4. 실습 시 너무 시끄럽게 떠들지 않는다. 5. 참여자들이 질문한 내용에 대해 강사는 이해하기 쉽게 설명해 준다.
준비물	동영상, 빔 프로젝터, 책상, 의자, 색연필, A4용지, 설문지, 식품(재료 성분)
활동 단계	활동내용
도입	식품첨가물 개요에 대해 설명한다. ① 전 시간에 배운 내용에 대해 ○ × 퀴즈를 한다. ② 오늘 학습할 내용에 대한 순서를 소개한다. ③ 참여자들에게 식품첨가물이 무엇이라고 생각하는지 질문한다.
전개	강의 1 식품첨가물의 정의 및 종류에 대해 강의한다. ① 5명이 한 조가 되어 식품첨가물에 대해 토의한다. ② 식품첨가물에 대한 간략한 영상을 보고, 활동지를 통해 식품첨가물의 종류에 대해 알아보는 시간을 갖는다. 강의 2 식품첨가물이 어디에 사용되는지 강의한다. ① 강의 1을 토대로 식품첨가물이 어디에 사용되고 있는지 사진과 그림을 통해서 알기 쉽게 설명해 준다. ② 식품첨가물이 하는 일 및 사용하는 이유에 대해 설명해 준다. ③ 식품첨가물의 종류를 활동지를 통해 배우면서 습득한다. 실습 식품에 사용된 식품첨가물을 확인하는 방법을 직접 실습을 통해 적용시킨다. ① 각 조별로 식품에 사용되는 첨가물을 확인하는 방법을 알려 준다. ② 직접 식품 포장지에 있는 내용을 통해 식품첨가물을 종류별로 분리한다. ③ 가장 먼저 분리한 팀이 우승이 된다.
마무리	강의 내용을 정리하고 마무리한다. ① 오늘 학습한 내용에 대한 간략한 영상을 보며, 요약 및 정리한다. ② 강사는 학생들이 수업에서 이해가 가지 않았던 부분에 대해 질문사항을 받는다. ③ 다음 프로그램 계획을 공지한 후 마무리한다.
기대 효과	식품첨가물에 대한 정의와 종류를 배우고, 어디에 사용되는지 배움으로써 학생들이 식품을 통해 직접 첨가물을 확인하는 방법을 습득하여 일상생활에서도 적용할 수 있도록 해 준다. 또한 실습을 통해서 학습에 대한 적극성과 협동심을 배울 수 있다.

〈활동지 2〉

식품 포장지에서 식품첨가물 찾기

모둠 이름:

● 식품첨가물의 종류 〈동영상을 보고 적어 보세요〉

1. 주어진 식품 포장지를 보고 식품첨가물을 찾아보세요.

라벨에 영양정보가 표시된 제품. [자료 식품의약품안전처]

2. 식품첨가물을 찾은 후 종류에 대해 분리해 보세요.

〈3회차〉

활동명	영양 표시 알아보자	활동장소	○○구 평생학습관
담당자	강사 1명, 조력자 1명	소요시간	100분
참가대상	초등학생의 눈높이를 맞춘 올바른 식품 정보 및 영양교육 체험	참가인원	20~25명
활동목표	−식품 표시에 대해 습득하여 직접 표시방법을 확인하고 적어 보면서 이해한다. −영양성분표를 배우고, 이를 실생활에서도 적용할 수 있다.		
유의사항	1. 식품 표시에 대한 그림이나 사진을 빔 프로젝터에 띄워서 설명하기 2. 식품의 영양성분표를 참여자들이 이해하기 위해 활동지 활용하기 3. 강사는 참여자들이 활동지를 잘 작성할 수 있도록 지도해야 한다.		
준비물	동영상, 빔 프로젝터, 책상, 의자, 색연필, A4용지, 학습지, 각자 가져온 식품 포장지, 풀, 가위		

활동단계	활동내용		
도입	① 전 시간에 배운 내용에 대해 ○ × 퀴즈를 한다. ② 오늘 학습할 내용에 대한 순서를 소개한다. ③ 참여자들에게 식품 표시와 영양성분표가 무엇인지 질문한다.		
전개	강의 1	식품 표시에 대한 강의를 한다.	
	① 참여자들이 이해하기 쉽게 동영상을 통해서 먼저 재미와 이해를 가지도록 한다. ② 강사는 식품 표시에 대해 화이트보드를 이용하여 참여자들의 눈높이에 맞추어 설명한다.		
	강의 1	영양 표시 성분에 대해 강의한다.	
	① 영양성분표를 보는 방법에 대해 설명한다. ② 강의한 내용에 대해 질문을 받고 응답하는 시간을 갖는다.		
	실습	활동지를 통해서 직접 식품 표시 정보 찾기와 영양 표시 성분을 찾아 작성한다.	
	① 각자 가져온 식품 포장지를 활동지에 붙인 후 분석한다. ② 참여자들은 모르는 내용이 있거나 궁금한 사항을 질문한다. ③ 참여자들은 활동지를 작성한 후 소감을 발표한다.		
마무리	강의 내용을 정리하고 마무리한다.		
	① 오늘 과정에 대한 소감을 나누고 질문사항이 없는지 점검한다. ② 다음 시간에 학습할 내용에 대하여 과제(하루 동안 섭취한 음식에 대한 리스크 작성해 오기)를 내 준다.		
기대 효과	식품 표시와 영양 표시 성분에 대해 배운 후 직접 식품 포장지를 통해 정보를 찾고 분석함으로써 보다 더 이해하기 쉽고, 일상생활에서도 적용할 수 있는 길을 열어 줄 수 있다.		

〈활동지 3〉

식품 포장지 속의 식품정보 및 영양성분표 관찰하기

이름:

가져온 식품 포장지를 붙여 주세요.

식품 포장지를 보고 다음의 표를 작성해 보세요.

유통기한	
제품명	
내용량	
영양성분	
주의 사항	
원재료 및 함량	
알레르기 유발 식품	
부정 · 불량 식품 신고	

영양성분표의 기준치 양의 이 식품을 섭취하였을 경우 1일 영양소 기준치에 가장 가깝게 섭취할 수 있는 영양소는 무엇인가요?

〈4회차〉

활동명	영양과 균형 있는 섭취의 중요성	활동장소	○○구 평생학습관
담당자	강사 1명, 조력자 1명	소요시간	100분
참가대상	초등학생의 눈높이를 맞춘 올바른 식품 정보 및 영양교육 체험	참가인원	20~25명
활동목표	－영양소가 하는 일과 종류에 대해 알 수 있다. －식품에 들어 있는 영양소를 구별할 수 있다. －균형 잡힌 식습관의 중요성을 인식하고 이를 실천할 수 있다.		
유의사항	1. 참여자들은 3주차 마지막 시간에 주어진 과제를 해 와야 한다. 2. 강사는 동영상과 애니메이션을 적극적으로 활용해야 한다. 3. 강사는 참여자들의 눈높이에 맞추어 프로그램을 진행해야 한다. 4. 참여자들은 활동지 작성 및 프로그램에 적극적인 태도를 가져야 한다.		
준비물	동영상, 빔 프로젝터, 책상, 의자, 색연필, A4용지, 포장지(과자, 라면 봉지, 우유갑 등), 식단계획표, 식품도형자석, 화이트보드 등		
활동단계	활동내용		
도입	① 전 시간에 배운 내용에 대해 ○ × 퀴즈를 한다. ② 오늘 학습할 내용에 대한 순서를 소개한다. ③ 전 시간에 내 준 과제를 통해 참여자들의 식습관에 대해 이야기한다.		
전개	강의 1　　　　　　　영양소의 종류와 기능에 대해 강의한다. ① 참여자들은 영양소의 종류와 기능이 무엇인지 토의한다. ② 영양소의 종류와 기능에 대해 강의한다. 　　동영상 및 영상을 보여 주어 이해하기 쉽게 한다. ③ 질문 및 질의응답 시간을 갖는다. 강의 2　　　　　　　균형 잡힌 식습관에 대해 강의한다. ① 균형 잡힌 식습관에 대해 강의한다. ② 강의한 내용에 대해 질문을 받고 응답하는 시간을 갖는다. 실습　　　　　　　활동지를 통해서 직접 실천해 본다. ① 활동1을 통해 식품 구성 자전거를 직접 그려 보고, 영양소의 종류에 대한 기능을 작성한다. ② 활동2를 통해 식품에 들어 있는 영양소와 종류 및 함량을 작성해 본다. ③ 5일 식단을 작성하여 균형 있는 식습관을 길러 보고, 그 후의 변화된 점을 관찰해 본다.		
마무리	강의 내용을 정리하고 마무리한다. ① 오늘 과정에 대한 소감을 나누고 질문사항이 없는지 점검한다. ② 참여자들은 5일 동안 식단표에 맞추어 실천하도록 한다. ③ 다음 시간의 주제를 알려 주고 마무리를 한다.		

기대 효과	일상생활에서의 참여자들의 식습관을 반성할 수 있는 계기가 되며, 영양소의 종류 및 기능을 습득하여 균형 잡힌 식단을 직접 짤 수 있다. 또한 올바른 식습관과 균형 잡힌 식사를 할 수 있는 계기가 될 수 있다.

〈활동지 4-1〉

식품 구성 자전거 그려 보기

● 식품 구성 자전거를 그려 보세요.

● 영양소의 종류에 대한 기능을 작성해 봅시다.

종류	기능
탄수화물	
단백질	
지방	
비타민 & 무기질	
물	

〈활동지 4-2〉

식품 포장지 속의 영양성분 분석하기

이름: 음식의 종류:

1. 선택한 식품에 가장 많이 들어 있는 영양성분은 무엇인가요? (세 가지만 적어 보세요)

	영양소 이름	종류	함량
1			
2			
3			

2. 영양성분표의 기준치 양의 이 식품을 섭취하였을 경우 1일 영양소 기준치에 가장 가깝게 섭취할 수 있는 영양소는 무엇인가요?

3. 이 식품을 평소에 먹는 양대로 먹게 된다면 어떠한 변화가 생길까요?

〈활동지 4-3〉

균형 잡힌 식습관 식단

이름:

● 여러분의 5일 동안의 균형 있는 식단을 작성해 보세요.

	월	화	수	목	금
아침					
점심					
간식					
저녁					

● 골고루 섭취하지 않으면 어떻게 될까요?

● 과잉 섭취하면 몸에 무슨 변화가 일어날까요?

● 균형 있는 식습관 후에 변화된 것은 무엇인가요? (일주일 식단 실천 후 작성하세요!)

⟨5회차⟩

활동명	안전한 식품 선택 및 신선한 보관법	활동장소	○○구 평생학습관
담당자	강사 1명, 조력자 1명	소요시간	100분
참가대상	초등학생의 눈높이를 맞춘 올바른 식품 정보 및 영양교육 체험	참가인원	20~25명
활동목표	−안전한 식품이 무엇인지 이해할 수 있다. −올바른 식품을 고를 수 있다. −식품을 신선하게 보관하는 방법에 대해 습득할 수 있다.		
유의사항	1. 강사는 참여자들과 커뮤니케이션을 적극적으로 한다. 2. 프로그램이 진행되는 동안 참여자들의 눈높이에 맞추어 재미있게 설명을 해 준다. 3. 식품 모형 및 장난감 냉장고를 준비한다. 4. 참여자들이 직접 체험할 수 있는 조건과 분위기를 형성한다.		
준비물	동영상, 빔 프로젝터, 책상, 의자, 색연필, A4용지, 식품 모형, 종이 냉장고, 과일, 채소, 대하 등		
활동단계	활동내용		
도입	① 전 시간에 배운 내용에 대해 ○ × 퀴즈를 한다. ② 오늘 학습할 내용에 대한 순서를 소개한다. ③ 참여자들은 전 시간에 내 준 과제에 대한 소감을 발표한다.		
전개	**강의 1**　안전한 식품을 선택하는 방법에 대해 강의한다. ① 고열량 · 저영양 식품에 대해 소개한다. ② 식품의 종류별로 카페인 함량에 대해 설명한다. (활동지) ③ 어린이 기호식품 품질인증 마크에 대해 설명한다. 　동영상 및 애니메이션을 보여 주어 이해하기 쉽게 한다. ④ 질문 및 질의 응답 시간을 갖는다. **강의 2**　안전하고 위생적으로 식품을 보관하는 방법에 대해 설명한다. ① 과일, 채소의 올바른 세척방법에 대해 강의한다. ② 안전하고 위생적인 조리방법에 대해 강의한다. ③ 참여자들은 평소에 집에서 어떻게 식품을 보관하는지 발표하고 문제점에 대해 토의하는 시간을 갖는다. ④ 식품 보관방법에 대해 강의한다. **실습**　활동지를 통해서 직접 실천해 본다. ① 과일, 채소 등을 직접 씻어 본다. ② 냉장고 모형에 식품 모형의 위치를 파악하여 붙여 본다. ③ 직접 가져온 음료의 카페인 함량 등을 확인해 본다.		

마무리	강의 내용을 정리하고 마무리한다.
	① 오늘 배운 내용을 요약 및 정리한다.
	② 오늘 과정에 대한 소감을 나누고 질문사항이 없는지 점검한다.
	③ 다음 시간에 할 내용에 대해 간략하게 설명하고, 참여자들은 준비물을 잘 챙겨 오도록 한다.
기대 효과	참여자들이 올바른 식품을 직접 고를 수 있는 능력을 향상시켜 줄 뿐만 아니라, 식품을 보관하는 방법을 배움으로써 일상생활에서 실천할 수 있도록 도와줄 수 있다. 또한 직접 실습하면서 배우고, 참여자 간의 협동성을 기를 수 있다.

〈활동지 5〉

음료 섭취 및 식품 보관방법

이름:

1. 참여자들은 음료를 얼마나 자주 마시고 있는지 해당하는 칸에 ○표 해 주세요.

	매일 1회 이상	주 2~3회	주1회	거의 먹지 않음
콜라				
캔 커피				
에너지 음료				
녹차				
초콜릿				
커피 우유 & 초코 우유				
느낀 점				

2. 음료를 자주 섭취하는 이유는 무엇인가요?

3. 가정에서는 식품 보관을 어떻게 하고 있나요?
● 과일, 채소는 어떻게 씻나요?

● 음식을 속까지 익히기 위해서 어떻게 하고 있나요?

● 냉장, 냉동은 몇 ℃에서 보관하고 있나요?

● 칼, 도마는 어떻게 사용하고 있나요?

〈6회차〉

활동명	요리사가 되어 보기(체험 교실)	활동장소	○○구 평생학습관
담당자	강사 1명, 조력자 1명	소요시간	100분
참가대상	초등학생의 눈높이를 맞춘 올바른 식품 정보 및 영양교육 체험	참가인원	20~25명
활동목표	−총 5회의 프로그램을 바탕으로 직접 참여자들이 요리사가 되어 본다. −식품에 대한 관심과 흥미 및 체험을 해 본다.		
유의사항	1. 음식을 직접 만들어 보는 것이므로 칼, 불 등의 사용에 유의해야 한다. 2. 참여자들은 강사의 지도에 따라 신중하게 행동해야 한다. 3. 음식 제조 시 장난을 하거나 부주의한 행동을 하지 않도록 한다. 4. 음식을 먹을 양 만큼만 만들어 남지 않도록 한다. 5. 참여자들은 즐거운 마음으로 체험에 임해야 한다. 6. 참여자들은 다치거나, 도움이 필요하면 강사 또는 조력자에게 요청한다.		
준비물	동영상, 빔 프로젝터, 책상, 의자, 버너, 학생들이 가져온 음식 재료 및 주방용품, 설문지		
활동 단계	활동내용		
도입	음식을 만들 시 주의사항에 대해 설명한다. ① 전 시간에 배운 내용에 대해 ○ × 퀴즈를 한다. ② 강사는 음식을 만들 시 주의사항에 대해 설명한다. ③ 참여자들은 조별로 가져온 음식 재료를 확인한다.		
전개	실습 1 　 참여자들은 조별로 음식을 만든다. ① 참여자들은 서로 원하는 음식을 만들어 본다. ② 음식 만드는 순서를 익힌다.		

	실습 2	조별로 만든 음식에 대해 소개하고 먹는다.
전개		① 조별로 음식을 만든 후 음식에 대해 소개 및 발표한다.
		② 조별로 서로 음식을 나누어 먹는다.
		③ 가장 음식이 맛있는 팀을 투표하여 우승팀을 정한다.
		④ 우승팀에게는 푸짐한 간식을 준다.
마무리		강의 내용을 정리하고 마무리한다.
		① 오늘 과정에 대한 소감을 나누고 질문사항이 없는지 점검한다.
		② 참여자들은 체험 후 소감 및 사후평가에 대해 작성을 한다.
		③ 강사는 마지막 프로그램에 대해 마무리를 하고, 참여자들에게 감사의 표현을 한다.
기대 효과		참여자들이 그동안 배운 내용을 통해 직접 음식을 만들어 보고, 균형 잡힌 영양 섭취를 할 수 있는지 스스로 평가할 수 있는 기회를 제공해 준다. 참여자 간에 경쟁도 하고 적극성을 향상시킬 수 있으며, 창의적인 사고를 기를 수 있는 계기가 될 수 있다.

〈활동지 6〉

내가 요리사가 되어 보기

- 조이름:
- 조원:
- 만들 음식:
- 필요한 재료:
- 음식 만드는 순서 적기

- 조리 시 주의사항은 무엇인가?

- 만든 음식이 영양소가 골고루 함유되어 있는가? (어떤 영양소가 함유되어 있는가?)

● 어떤 조의 음식이 제일 맛있었는가?

조원					
점수(5점 만점)					

● 느낀 점

(3) 프로그램 교수 기법

① 프로그램 교육방법 선정

ㄱ. 강의법

식품에 대한 기본적인 지식 습득을 위해 수업에 충분한 흥미를 가질 수 있도록 시각 자료 및 동영상을 활용하여 지식을 효과적으로 전달해야 한다. 지루함을 방지하기 위해 배운 내용에 대한 ○× 퀴즈를 준비하여 학생들이 적극적으로 참여하도록 해야 한다.

ㄴ. 체험 실습법

각 회마다 식품에 대한 지식을 배운 후에 즉각적으로 적용할 수 있는 시간을 주어야 한다. 강의 내용을 토대로 지식을 충분히 습득하여 전달받았는지 확인하고, 직접 활용할 수 있는지 경험해 보는 교육방법으로 눈으로만, 머리로만 습득하는 것이 아닌 삶에 적용할 수 있는 체험법이 가장 적합하다.

따라서 강의법 + 체험 실습법을 적절하게 활용하여 프로그램을 진행해야 한다.

② 프로그램 교육매체 선정

ㄱ. 핵심 단어와 시각적인 그림을 PPT 강의 자료를 만들어 학습자들의 주의를 이끈다(시각).

초등학생의 눈높이에 맞추어 시각 자료와 핵심 키워드를 통하여 효과적인 지식을 전달할 수 있는 매체이다. 또한 시각적인 그림을 통하여 학습에 대한 흥미를 유발시킬 수 있으며, 언제든지 자료를 복사할 수 있고, 파일을 공유하여 학습이 끝난 이후에도 자료를 찾아서 복습할 수 있다.

ㄴ. PPT 강의 중간마다 동영상 및 학습내용에 관련된 노래를 들려 주어 흥미와 적극성을 높여 준다(참여도 향상).

강사의 강의와 이론만으로는 학습자에게 지루함을 유발하고 관심이 떨어질 우려가 있으므로 강의 중간 중간마다 동영상 또는 관련 만화를 보여 주어 관심을 갖게 하고, 학습내용에 관련된 동요를 들려줌으로써 보다 더 흥미와 적극성을 높일 수 있으며, 더욱 더 오래 기억에 남게 할 수 있다.

낭비 없는 식생활을 위한 유통기한 바로알기

〈유통기한 관련 동영상〉

올바른 냉장보관 식품안전

〈안전한 식품보관법 동영상〉

식습관 2회 골고루먹어요

〈올바른 식습관 관련 동영상〉

식품첨가물 바로알기 공모전 1등 [최우수상] 수상작품_이하경, 전소연

〈식품첨가물 바로 알기 동영상〉

ㄷ. 동시에 강사는 쉽게 풀어서 말로 설명해 준다(청각).

프로젝트를 활용한 PPT 화면의 단어나 시각적인 그림만 보고 학습자가 교육내용을 전부 이해할 수 없기 때문에 학습자의 눈높이에 맞추어 강사의 목소리를 통하여 교육을 쉽게 이해하고 흥미와 관심을 유발시킬 수 있다.

ㄹ. 학습한 내용을 바탕으로 직접 식품 모형 및 다양한 체험 도구를 통하여 체험할 수 있는 시간을 가진다(삶의 적용 및 촉각).

실제 체험을 통해서 강의식 교수방법의 지루함에서 벗어나 흥미도 및 참여도를 끌어올릴 수 있으며, 실제 삶에 적용하여 실천할 수 있다. 따라서 교육 효과의 상승으로 이어질 수 있다.

5) 자원 확보 및 관리

(1) 인적 자원 선발 및 관리

초등학생을 대상으로 한 이론과 체험 강의이므로 초등학생의 눈높이에 맞는 의사소통 능력과 다양한 정보를 가지고 있어 학생들에게 흥미를 줄 수 있는 지도교사가 필요했다. 여러 기업과 기관 및 다양한 프로그램, 뉴스 등에서 지도교사가 출연하는 것을 보아 학생들에게 이해하기 쉽게 설명해 주고, 지루함이 없게 강의할 것이라고 생각하여 지도교사를 선출하였다.

인적 자원	전문 지도교사
	학습지도 조력자 대학생 1명

① 예시로 뽑아 본 강사와 선정 이유

다양한 프로그램 및 뉴스를 통해서 오랜 시간 동안 출현 및 연설(강의)을 해 온 심○○ 교수는 ○○구 지역 초등학생의 눈높이에 맞추어 원활한 소통이 가능할 것이며, 가르침에 대한 열정과 학습자 지원 및 관리, 그리고 다양한 교수 기법과 충분한 노하우를 갖추고 있을 것이라고 생각된다. 그렇기 때문에 상황에 따른 유연한 대처와 학습내용, 교수 기법 등을 잘 병행하여 강의방식에 적용할 것이다.

〈섭외 예정 강사〉

심○○ 교수	학력사항	−○○대학교 의학 학사 −○○대학교 대학원 의학 석사 −△△대학교 대학원 의학 박사
	경력사항	−○○대학교 가정의학교실 교수 −○○병원 비만클리닉 소장
	활동 프로그램 및 출현	−생방송 〈오늘 아침〉에 출연하여 다양한 영양 정보 및 의학에 관한 설명 −〈엄지의 제왕〉 출연 −〈여유만만〉 출연 (다양한 식품에 대한 정보 제공) −식품 관련 책 집필 −식품에 관한 이슈가 나올 때마다 뉴스에서 정보를 알려 줌 −천기누설 식품에 대한 질문에 답할 때 등

② 교수자의 자질(여러 프로그램 출연 이력)

여러 다양한 프로그램에 출연하고, 다양한 분야에 걸쳐 여러 대학교 및 식품 관련 책을 집필한 것으로 심경원 교수의 능력이 인증된 것이다.

③ 우리 프로그램과의 적합성

심○○ 교수는 가정의학과 교수로 재직 중이며, 많은 연구를 통해 깊은 지식을 가지고 있는 상태이다. 또한 현재 초등학생의 식습관 및 성인병 등에 대한 정보를 많이 알고 있는 상태이며, 뉴스, 다양한 건강 관련 프로그램에 출연하여 사람들에게 식품 및 건강에 관한 정보를 이해하기 쉽고 명확하게 잘 설명하고 있기 때문에 식품의 올바른 정보와 영양에 대한 필요성에 대해서도 초등학생의 눈높이에 맞추어 잘 설명할 수 있을 것이다.

뿐만 아니라, 초등학생을 대상으로 시각적 이론과 체험 강의가 요구되는 프로그램이므로 다양한 연령층에 대한 폭넓은 의사소통 능력을 가진 자가 필요했다. 따라서 여러 다양한 기업과 기관 및 TV 프로그램에 출연 및 진행한 강의로 보아 다양한 연령층을 상대해 왔을 것으로 생각하였다. 그리하여 초등학생들에게 알기 쉽고, 배움에 흥미를 줄 수 있는 열정과 관심을 가지고 있을 것이라고 생각하여 개발하고자 하는 프로그램에 적합하다고 생각하였다.

마지막으로 많은 교육에 대한 체험과 경험이 있는 강사가 필요했기 때문에 언어 능력과 학력 등 다양한 분야에 대한 지식은 교수자로서의 능력을 평가할 수 있는 척도가 되었다.

(2) 물적 자원과 관리

프로그램 학습활동을 진행하기 위해서는 시설과 설비 및 기타 체험활동에 필요한 물품들이 필요하다. 이때 물리적인 편의시설은 프로그램의 효과에 직접적인 영향을 미친다. 물적 자원은 각 프로그램에 따라 달라진다. 프로그램의 기간과 참여자 수, 프로그램의 내용과 교수 기법 및 교육매체에 따라 필요한 물적 자원이 다르게 갖추어진다.

따라서 초등학생을 위한 올바른 식품 정보 및 영양교육 체험 프로그램을 위해서 선정한 장소는 ○○광역시 ○○구평생학습관이다. ○○구평생학습관은 이미 네트워크의 활용 및 연령층별로 할 수 있는 교육과 놀이 등 다양한 활동을 진행하고 있기 때문에 교육 프로그램을 진행할 수 있는 교실이 존재하며, 책상 및 컴퓨터와 빔 프로젝터 등이 있다. 따라서 강의법과 실습 체험을 하기에 적합한 시설을 갖추고 있다. 또한 ○○구는 △△구, □구, ××구와 연결되어 있으며, 지하철을 이용할 수 있어 이곳에 거주하고 있는 초등학생들이 방문하기에 수월하며, 학교도 많이 있어 초등학생 대상으로 한 프로그램에 대한 참여와 접근이 수월하다.

●현재 개설되어 있는 강좌의 시간

	화	수	목	금
10:00~12:00	반려동물관리사 자격대비반	건강을 지키는 한방티 테라피	반려동물관리사 자격대비반	중국어 왕초보반 마중물
14:00~15:30				생활 속 법률교육 시민로스쿨
15:00~17:00	중장년을 위한 원예교실 나만의 가드닝			

이와 같이 개설되어 있는 강좌가 보통 12시 정도에 끝나므로 비는 시간과 초등학생의 정규수업이 끝나는 시간을 고려하여 수업을 할 계획이다.

(3) 예산 관리

식품에 대한 정보 및 영양에 대해 관심 있는 수강생을 받고 있으며, 대상자들의 특성을 고려할 때 본 프로그램은 초등학생을 위한 프로그램이기 때문에 수강료 부담을 최대한 주지 않기 위해 노력해야 한다.

○○구평생학습관은 시의 예산을 받고 있고, 다양한 지역과의 네트워크를 공유하고 있기 때문에 교육비는 무료로 할 예정이며, 평생교육센터 또는 네트워크를 통한 지역활성비 및 시에서 받은 예산으로 운영할 계획이다.

종목	산출 근거
강사비	일 100분 4만5천 원 × 6회 = 270,000원
강의실 대여료	하루 3시간 × 6회 = 210,000원
홍보비	전단지 150장 = 50,000원
식품 모형	5개 = 60,000원
다과비	주스 4가지 × 4 = 18,000원 쿠키 및 초콜릿 = 17,000원 18,000원 + 17,000 × 10 = 188,000원
학용품비	A4용지 80매 × 2 = 4,000원 색연필 12색 × 5 = 21,000원 연필 × 2다스 = 3,400원 4,000원 + 21,000원 + 3,400원 = 28,400원
도구비(예비비)	150,000원
총계	956,400원

6) 홍보와 마케팅

(1) 홍보 대상

이 프로그램은 홍보 대상을 나눌 필요가 있다. 수강 인원, 즉 초등학생에게 이 프로그램을 통해 올바른 식품 정보에 대한 지식을 확장시키고, 나아가 직접 삶에 적용할 수 있는 체험을 통하여 삶의 질 향상과 잘못된 식습관을 개선하여 성인병 예방 등을 통해 삶의 질 향상과 건강 개선에 도움을 줄 수 있음을 홍보한다. 강사와 조력자를 대상으로 단순히 가르치는 것에 그치지 않고 서로 간의 의사소통을 통해 배우고 체험을 통해 배움의 즐거움을 느끼게 할 것이다.

(2) 구체적인 홍보방법

① 수강 인원
  - 초등학교 게시판 및 아파트 단지 주변에 포스터 홍보물 부착
  - 평생학습관 홈페이지에 팝업창을 띄워서 홍보하기
  - SNS를 통한 홍보
  - 평생학습관 내 포스터 부착 및 프로그램 설명 포스터 배치

② 강사
  - 일반적인 지식 전달이 아닌 학습자와의 상호작용을 통한 효과적인 교육 진행 강조
  - 직접 연락을 통해서 사전에 프로그램에 대해 알리고, 강사 지원을 부탁함

③ 조력자
  - 각 대학교에 포스터 부착(관련 학과 공문 발송, 학교 홈페이지 게시판 활용)
  - 자원봉사센터 문의(봉사활동)
  - SNS를 활용하여 홍보

(3) 모집

① 회원 모집
  - 식품에 대한 올바른 정보와 영양에 대해 알고 싶은 초등학생(고학년)
  - 직접 체험하면서 식품에 대해 재미있게 배우고 싶은 초등학생(고학년)

② 강사 모집
  - 식품에 대한 많은 지식과 경험이 있고, 초등학생의 눈높이에 맞게 재미와 흥미를 줄 수 있는 강사
  - 열정적이고 적극적으로 프로그램을 가르쳐 주는 강사

③ 조력자 모집

   −자원봉사 경험이 있거나 의욕이 있고, 식품에 대한 기본적인 지식을 갖고 있는 자

   −강사를 도와 적극적으로 협조하며 보조해 줄 수 있는 자

   −초등학생을 좋아하여 눈높이에 맞추어 줄 수 있는 자

※ 홍보 포스터 예시

① ○○구평생교육관 홈페이지에 팝업창 띄우기

② SNS를 통한 홍보

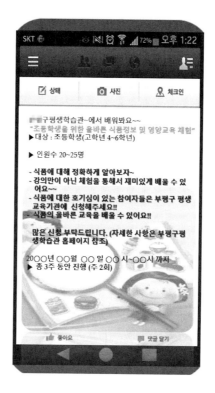

③ 포스터 홍보

7) 평가

(1) 평가 목적

현재 프로그램에서 제공하는 학습이 좋은 효과를 거두고 있는지, 목표한 결과가 도출되었는지 확인하는 절차이며, 궁극적으로 현재 상황을 진단하고 다음 목표를 수정하고 개선하기 위한 자료 제공에 목적이 있다.

(2) 식품에 대한 정보 및 식습관에 대한 사전교육 요구도 평가

본 프로그램에서는 식품에 대해 얼마나 알고 있는지, 식습관(영양섭취)에 대해 사전 조사를 하여 맞춤형 교육을 하고자 합니다. 그러므로 설문에 답한 내용은 학생 여러분의 평소에 대한 지식과 식습관을 알아보기 위한 교육 이외의 목적으로는 사용하지 않으므로 솔직하게 다음의 질문 항목에 대해서 신중하게 응답해 주시길 바랍니다.
(학생 여러분은 질문에 해당하는 것에 ✓ 표시를 해 주시길 바랍니다.)

〈식품에 대한 정보 알아보기〉

번호	나의 식품에 대한 지식은?	초등학생의 응답			
		매우 그렇다	그렇다	그렇지 않다	전혀 그렇지 않다
1	식품이란 무엇인지 설명할 수 있다.				
2	식품을 섭취하기 전에 영양성분표를 확인한다.				
3	나트륨섭취 기준 함량에 대해 알고 있다.				
4	가공식품이 무엇인지 설명할 수 있다.				
5	건강한 식품이란 무엇인지 알고 있다.				
6	식품 구성 자전거에 대해서 알고 있다.				
7	식품첨가물이 무엇인지 알고 있다.				
8	식품의 색깔에 따른 영양성분을 알고 있다.				
9	자신이 올바른 식품에 대해 알고 있다고 생각한다.				
10	식품정보에 관한 교육을 받은 적이 있다.				
11	식품 안전 정보 및 영양에 대한 매체 활용을 자주 이용하고 있다.				

1. 그렇다, 매우 그렇다라고 답한 분만
   식품이란 무엇이라고 생각하십니까?

3. 그렇다, 매우 그렇다라고 답한 분만
   나트륨 섭취 기준 함량이 얼마라고 알고 계십니까?

7. 그렇다, 매우 그렇다라고 답한 분만
   식품 구성 자전거의 성분은 무엇입니까?

11. 그렇다, 매우 그렇다라고 답한 분만
   어디에서 교육을 받았으며, 식품 중 무엇을 중점으로 교육을 받으셨습니까?

〈식습관 알아보기〉

번호	나의 식품에 대한 지식은?	초등학생의 응답			
		매우 그렇다	그렇다	그렇지 않다	전혀 그렇지 않다
1	아침식사를 한다.				
2	좋아하는 음식만 골라 먹을 때가 많다.				
3	밥보다는 햄버거나 피자, 간식을 더 좋아한다.				
4	아이스크림, 사탕, 과자 등을 일주일에 5번 이상 즐겨먹는다.				
5	저녁을 먹은 후 간식을 먹는다.				
6	많이 먹은 후에는 기분이 좋다.				
7	고기와 튀김류를 좋아한다.				
8	야식을 즐겨먹는다.				
9	자신이 올바른 식습관을 가지고 있다고 생각한다.				
10	음식을 골고루 섭취한다.				
11	편의점 식품을 자주 즐겨 먹는다.				

1. 그렇지 않다. 매우 그렇지 않다라고 응답한 분만
   아침을 섭취하지 않는 이유는 무엇입니까?

4. 그렇다, 매우 그렇다라고 답한 분만
   주로 언제 많이 즐겨 먹습니까?

5. 그렇다, 매우 그렇다라고 답한 분만

　 저녁 식사 후에 간식을 먹는 이유는 무엇입니까?

8. 그렇다, 매우 그렇다라고 답한 분만

　 야식을 먹는 이유가 무엇입니까?

※ 설문에 응해 주셔서 감사합니다.

귀하가 제공한 자료는 프로그램 진행에 귀중한 자료로 사용됩니다.

(3) 사전·사후 검사

동일 집단의 교육 전과 후를 비교하는 사전·사후 검사를 함으로써 교육의 효과성을 입증할 수 있고 타당도 저해를 예방할 수 있다.

〈○○구 평생학습관〉
- 작성자 이름:
- 자신이 생각하기에 가장 적합한 문항에 ○표 해 주세요.

　(작성 시에 연필과 지우개로 정확하게 표시해 주세요)

	문항	예	잘 모르겠다	아니요
1	나는 식품에 대해 설명할 수 있다.			
2	나는 식품첨가물에 대해 안다.			
3	나는 영양성분표에 대해 안다.			
4	나는 식품 구성 자전거에 대해 설명할 수 있다.			
5	나는 현재 소아비만의 위험성을 알고 있다.			
6	나는 피토케미컬에 대해 설명할 수 있다.			
7	나는 식품의 안전성이 왜 중요한지 알고 있다.			
8	나는 소아비만이란 무엇인지 알고 있다.			
9	나는 건전한 식품에 대해 알고 있다.			
10	나는 건강에 좋은 식품의 선택과 신선한 보관법에 대해 알고 있다.			

		매우 그렇지 않다	약간 그렇지 않다	보통 이다
11	나는 직접 균형 잡힌 식단을 짤 수 있다.			
12	나는 식품에 대한 위험성에 대해 알고 있다.			
13	나는 식품과 관련된 교육매체에 대해 알고 활용할 수 있다.			

(4) 만족도 조사

만족도 조사를 실시하여 통계 자료로 활용해서 개선할 점과 나아갈 방향성을 잡을 수 있다.

초등학생을 위한 올바른 식품 정보 및 영양교육 체험 프로그램

　안녕하세요? 본 설문지는 이번에 여러분이 참여한 '초등학생을 위한 올바른 식품 정보 및 영양교육 체험 프로그램' 만족도를 조사하기 위한 질문지입니다. 학생들께서 응답한 내용은 조사 목적을 위해 통계자료로만 사용될 뿐, 그 외의 목적으로 사용되는 일은 절대 없을 것을 약속드리며, 조사는 익명으로 진행되오니 솔직하게 응답하여 주시기 바랍니다. 본 설문에 응해 주셔서 진심으로 감사드립니다.

담당자: ○○○ ○○구평생학습관

● 다음은 프로그램 운영 과정에 대한 질문입니다.

	문항	매우 그렇지 않다	약간 그렇지 않다	보통 이다	약간 그렇다	매우 그렇다
1	프로그램 강의실 환경이 활동하기에 적합하다.					
2	마이크, 빔 프로젝터, 책상 등 기자개가 잘 구비되어 있다.					
3	프로그램 자료(교재)의 질이 좋았다					
4	강사 선생님이 전문성을 갖추었다.					
5	프로그램 신청 절차에 대해 만족한다.					
6	프로그램이 계획대로 잘 진행되었다.					
7	프로그램 내용이 올바른 식품 정보를 잘 반영하고 있다.					
8	참여자들의 관계가 친밀했다.					
9	강사 선생님이 참여자들의 질문에 잘 대답했다.					
10	프로그램 대상 눈높이에 맞추어 강사 선생님이 잘 진행시켰다.					

● 다음은 프로그램 참가 후 경험에 대한 질문입니다.

문항	매우 그렇지 않다	약간 그렇지 않다	보통 이다	약간 그렇다	매우 그렇다
11	모든 프로그램에 결석 없이 참여했다.					
12	모든 과제 및 체험 활동에 적극적으로 참여했다.					
13	프로그램을 통해 식품의 올바른 정보에 대해 알게 되었다.					
14	프로그램을 통해 식품의 정보 지식이 향상되었다.					
15	프로그램을 통해 올바른 식습관 개선에 도움이 되었다.					
16	프로그램을 통해 영양성분표를 보는 방법을 알게 되었다.					
17	프로그램을 통해 자발적으로 배우고 습득할 수 있어 재미를 느낄 수 있었다.					

● 프로그램에 대한 건의사항이나 기타 의견을 작성해 주십시오.

참고문헌

김운주, 김봉희, 박양우(2000). 가공식품 구매행동과 식품첨가물에 대한 인식도. 생활과학논문집, 3, 71-80. 충북: 충북대학교 생활과학연구소.

김종규, 정민지, 김중순(2016). 초등학생의 어린이 기호식품에 대한 의식과 섭취 실태 조사. *Journal of Food Hygieneand Safety, 31*(3), 176-185.

최현경, 김지나, 박수진, 신원선(2016). 일부 지역 학동기 아동을 대상으로 식품경도별, 조리법에 따른 학교 급식 식단 메뉴에 대한 기호도 조사. 한국생활과학연구, 36(1), 34-44.

이명하, 김현옥, 형희경, 김희선(2007). 초등학생의 비만과 관련된 지식, 태도, 형태에 관한 연구. 지역사회간호학회지, 18(3). 469-479.

정유철(2014.10.10). "비만, 만만하게 볼 게 아니다.". K 스피릿.

허혜연(2014). 가공식품의 이미지 제고를 위한 대소비자 커뮤니케이션 전략 연구. 서울: 녹색소비자연대 녹색식품연구소.

http://blog.daum.net/jmson220/11266840

http://www.fsnews.co.kr/news/articleView.html?idxno=22164

http://www.mois.go.kr/frt/sub/a05/ageStat/screen.do

http://m.news.naver.com/read.nhn?mode=LSD&mid=sec&sid1=102&oid=003&aid=0003680967

http://m.wngo.kr/a.html?uid=32891

http://www.fooddesk.com/news/quickViewArticleView.html?idxno=1365

http://www.ohmynews.com/NWS_Web/View/at_pg.aspx?CNTN_CD=A0002343091

http://news.joins.com/article/21668736

http://blog.naver.com/yayoooong/130189839788

http://m.wngo.kr/a.html?uid=32891

http://book.busanedu.net/src/viewer/main.php?host=main&site=20090105_142737_3&category=1&page=58

http://www.bizforms.co.kr/form_view/form_66700.asp

https://www.youtube.com/watch?v=5U7N7RBLoqk

https://www.youtube.com/watch?v=QG3UFR8u5bw

https://www.youtube.com/watch?v=1JOB_HgUS50

https://www.youtube.com/watch?v=QG3UFR8u5bw

www.icbp.gp.kr/

2. 평생교육 프로그램 개발 사례 2[2)]

코딩을 통해 '복잡함과 창의성'을 배우자

1. 상황 분석

　가. 타당성 검토

2. 잠재적 학습자 분석

　가. 목표 집단의 특성 및 분석 내용

3. 기관 분석

　가. 창의적 교육방식을 체험 및 실행하고자 현장 중심 평생교육 실현을 학습관 비전으로 한 경기평생
　　교육학습관(수원)

4. 선택한 지역의 환경 분석

5. SWOT 분석

　가. 코딩을 통해 '복잡함과 창의성'을 배우자

6. 스케줄 관리

　가. 프로그램의 전체적인 상황 분석 실시

　나. 프로그램의 세부적인 내용 설정

　다. 프로그램 실행을 위한 최종 마무리

7. 요구 분석과 프로그램 목표 설정

　가. '디지털 아니면 죽는다' 변신에 변신 거듭하는 은행들(코딩교육의무화, AI 금융메신저 도입)

　나. 코딩교육이 아이들의 미래를 바꾼다(행복하고 재미있는 코딩교육을 지향).

　다. 선진국들도 코딩교육에 집중, 더 집중!

8. 프로그램 학습내용과 교수방법

　가. 프로그램의 전체적인 상황 분석 실시

　나. 코딩을 통해 '복잡함과 창의성'을 배우자 교육 프로그램의 세부내용

---

2) 지준호(2018). 호서대학교 컴퓨터공학과. 평생교육 프로그램 개발론 과제로 제출한 것임(2018년 10월 18일 제출).

9. **프로그램 교수기법**
  가. 프로그램 교육방법 선정
  나. 프로그램 교육매체 선정

10. **자원 확보 및 관리**
  가. 인적 자원 선발 및 관리
  나. 물적 자원과 관리
  다. 예산 관리
  라. 홍보와 마케팅

11. **평가**
  가. 평가 목적
  나. 코딩에 대한 정보 및 컴퓨터에 대한 사전교육 요구도 평가

12. **만족도 조사**

1) 상황 분석

(1) 타당성 검토

① 프로그램을 개발해야 하는 이유

ㄱ. 사회적 요구

제4차 산업혁명이 도래하였다. 제1차 산업혁명부터 시작하여 제3차 산업혁명을 통해 인간 사의 큰 변화를 도래하였으며, 인간의 삶은 좀 더 편리해지며 정보의 불균형 또한 해소되어 모든 사람이 이전보다 더 나은 삶과 평등을 실현하였다. 제4차 산업혁명은 이전의 혁명과는 다르게 산업 구조만 혁신되는 것이 아닌 전 분야에 혁신되며, 일명 ICBM(Iot, Cloud, Bigdata, Mobile)과 AI와 같은 핵심 기술을 통해 국가나 단체가 아닌 개개인을 위한 맞춤 생활 및 서비스를 제공받을 수 있으며, 그로 인해 스마트한 삶을 영위할 수 있게 되었다. 그렇다면 이렇게 변화하는 제4차 산업혁명에는 무엇이 필요할까? 그것은 바로 '코딩 역량 강화'이다. 코딩은 현 세대의 어린이들이 미래에 취업하기 위한 핵심 능력, 기술의 발전으로 인해 컴퓨터 관련 기술이 일상생활의 많은 부분과 전반적인 산업 분야에 필수적으로 포함되면서 이전까지와는 다

른 능력(디지털 숙련도)이 각광받기 시작하였고, 현재에도 자연스레 많은 이가 디지털 숙련도를 미래 직업의 '핵심 능력'으로 여기게 되었고, 미래 세대를 위한 교육을 시작한 것이 코딩교육 열풍의 원인으로 여기고 있다. 하지만 이러한 경제적 · 교육적인 요인보다는 바로 '창의적인 사고 강화'에 좀 더 집중되어 있다. 바로 스스로가 만들고 싶은 것, 스스로가 하고 싶은 대로 하는 것, 좀 더 창의적으로 접근하는 방식 등 코딩 능력으로써 제4차 산업혁명의 부작용인 기술 상향 평준화의 부작용을 완충해 주며, 오히려 이를 이용해 더욱 더 크리에이티브한 가치를 실현할 수 있다. 현재 이러한 코딩교육은 이러한 크레에이티브한 사고 중심보다는 기술 교육 중심으로 진행하기 때문에 기술 교육과 사고 중심의 균형 잡힌 교육 프로그램이 절실한 상황이다.

ㄴ. 개발자의 요구

불과 몇 년 전만 해도 영어와 중국어 등 외국어교육이 열풍이었다. 어떤 꿈을 가지고 있어도 꼭 해야 한다. 부모의 생각으로 인해 학생들은 어쩔 수 없이 외국어 공부를 하였지만, 지금은 코딩이 대세이다. 대도시를 중심으로 코딩 조기교육, 사교육이 성행할 정도이다. 우리 사회가 바라는 인재상이 '글로벌＋창의융

[실기 연수에 열중인 교사들. 전라남도교육청 제공]

합형 인재'로 변화하면서 이뤄진 시대적 흐름과 이 같은 변화에 맞춰 올해부터 중학교에서는 SW교육이 의무화되었다. 2019학년도부터는 초등학교 5~6학년으로 의무교육 대상이 확대되며, 이처럼 코딩교육의 중요성이 날로 커지고 있다. 영국을 시작으로 미국, 이스라엘, 일본 등 경제적으로 전 세계가 코딩교육에 열을 내고 있다. 전 세계적으로 코딩교육에 열을 올리는 이유는 코딩을 통해서 우리는 어떤 문제를 두고 더욱 창의적으로, 합리적으로 사고하는 방법을 배울 수 있으며, 한국 교육에서 논란이 되는 '주입식 교육'에서 벗어나 학생들이 스스로 주도적으로 찾고, 방법을 탐구하면서 공부하는 교육이 된다는 점에서 단순히 자판을 치는 것만이 아닌 아주 긍정적인 효과를 기대할 수 있다.[3] 또한 코딩을 배운다고 해서 모두 컴퓨터 프로그래머가 되는 것은 아니다. 코딩은 아이들이 문제해결 방법을 스스로 고민하고 이를 해결

해 나가는 과정을 통해 사고력을 키우는 일종의 도구일 뿐이다. [4)]

ㄷ. 프로그램을 통해 얻고자 하는 궁극적인 목적

컴퓨터 프로그래밍을 통해서 일반적 문제해결 능력과 논리력을 기르는 것이 목적이다. 자세하게 말하자면 논리적이고 조직적인 사고방식, 복잡한 문제를 분석해서 이를 명확하게 이해하는 능력, 큰 문제를 간단한 여러 문제로 분할하여 추상화하는 능력, 문제를 순차적, 기계적으로 해결하는 능력, 수치와 판단을 기반해 문제를 해결하는 방법, 작은 부분을 조합해서 크고 복잡한 기능을 만드는 능력, 다른 사람과 소통하고 협력하여 큰 문제를 해결하는 능력 등등 한마디로 말하면 '복잡함(complexity)'과 순차적·조직적 문제해결 과정을 다루는 능력을 기르는 것이 목적이다.

ㄹ. 프로그램 예상 효과 및 장애요인

* 프로그램 예상 효과
  - 논리적이고 조직적인 사고방식
  - 복잡한 문제를 분석해서 이를 명확하게 이해하는 능력
  - 큰 문제를 간단한 여러 문제로 분할하여 추상화하는 능력
  - 문제를 순차적, 기계적으로 해결하는 능력
  - 수치와 판단에 기반해 문제를 해결하는 방법
  - 작은 부분을 조합해서 크고 복잡한 기능을 만드는 능력
  - 다른 사람과 소통하고 협력하여 큰 문제를 해결하는 능력

* 프로그램 장애요인
  - 조금이나마 프로그램 언어를 교육해야 한다.
  - 프로그램에 조금이라도 관심이 없다면 이 교육이 무의미해진다.

---

3) https://m.post.naver.com/viewer/postView.nhn?volumeNo=9792479&memberNo=25883682&vType=VERTICAL [네이버 포스트]

4) http://www.namdonews.com/news/articleView.html?idxno=480680#09U0 [남도일보] / 지금 학교는 '코딩' 열풍

ㅁ. 기존 유사 프로그램의 존재 여부와 차이점

기존의 유사 프로그램	만들고자 하는 프로그램과의 차이점
초중등학교 학생에게 정규 교과로 편성되는 코딩수업을 미리 대비하는 프로그램 방식	1. 학업 위주가 아닌 프로그램
초등학교에서 다뤄질 수 있는 코딩 프로그램인 스크래치 코딩을 경험해 보고 이를 바탕으로 자격증 시험에 도전	2. 기존의 주입식 교육이 아닌 방식 3. 창의적 문제해결 능력을 늘려 주는 교육

ㅂ. 추진 여부 결정

* 프로그램 개발 순서 및 계획

  -프로그램 개발 주제 선정 및 구상하기

  -각 주차별(약 6주차)로 프로그램 자료를 조사하고, 각 주차별로 나눈 파트를 어떤 방식
   으로 교육할지 생각하여 작성하기

  -자료 조사를 한 내용을 바탕으로 프로그램 개발 양식에 맞게 작성하기

  -마무리한 보고서를 정리 및 편집하여 PPT 만들기

  -최종 보고서를 바탕으로 프로그램 추진하기

2) 잠재적 학습자 분석

(1) 목표 집단의 특성 및 분석 내용

목표 집단의 특성	분석 내용
예상 연령층	초등학교 고학년(4~6학년)부터 고등학교 2학년생까지
교육 대상	-〈청소년기 눈높이에 맞춘 프로그램〉 -주입식 교육을 벗어나 창의적 문제해결 능력을 기르고 싶은 학생
잠재적 학습자 간의 유사점	-사교육에만 너무 집중 -주입식 교육으로 인해 자기의 스타일이 없어짐 -교육에만 집중되다 보니 다른 사람과 협력 및 소통이 원활하지 않음
잠재적 학습자 간의 차이점	-주입식 교육방식이 아닌 창의성 교육방식 위주 -교육 장소의 접근성 -시간적 및 경제적 여건

3) 기관 분석

(1) 창의적 교육방식을 체험 및 실행하고자 현장 중심 평생교육 실현을 학습관 비전으로 한 경기평생교육학습관(수원)

① 기관 소개 및 비전

ㄱ. 소개

- '꿈과 미래를 가꾸는 행복한 평생교육 실현'
- 평생교육 프로그램의 개발과 운영
- 학교 평생교육 활동 지원
- 제4차 산업혁명 시대에는 평생학습을 통한 새로운 배움과 성장이 그 어느 때보다 중요합니다. 경기평생교육학습관은 모든 지역 주민이 요람에서 무덤까지 자유로운 참여와 자발적인 학습으로 삶의 욕구를 실현할 수 있도록 최선을 다하겠습니다.

ㄴ. 비전

학생 중심, 현장 중심의 평생학습 '행복을 드립니다' 꿈과 미래를 가꾸는 행복한 평생교육 실현

추진 과제	실천 과제
현장 중심 평생교육 실현	• 스스로 꿈을 키우는 맞춤형 프로그램 운영 • 평생학습 공동체 활성화 지원 • 경기도 교육감 지정 대표 평생학습관 역할 수행
학교평생교육 활성화	• 교육공동체 모두가 만족하는 학교평생교육 지원 • 행복 배움터 조성을 통한 교육생태계 확장 • 학생평생교육 정책 연구 및 컨설팅
학교도서관 지원 확대	• 경기디지털자료실지원센터 운영 • 학교도서관 운영 및 성장을 위한 현장 지원 • 학생 중심 프로그램 운영을 통한 학교독서교육 지원
지식정보서비스 강화	• 다양한 지식정보 자료 확충 • 이용자 중심의 맞춤형 정보서비스 제공 • 최적의 서비스를 위한 정보시스템 관리

독서진흥사업 전개	• 학생 중심 독서진흥활동 강화 • 독서진흥 프로그램의 활성화 • 학생 중심의 독서문화 활성화

ㄷ. 경기교육정책

－단 한 명의 아이도 포기하지 않겠습니다.

－더불어 살아가는 능력을 키우겠습니다.

－교직원의 교육적 지위를 지키겠습니다.

－학부모의 참여를 확대하고 교육비 부담을 덜겠습니다.

－혁신교육으로 행복한 학교를 만들겠습니다.

－평등하고 안전한 교육 여건을 마련하겠습니다.

－마을교육 공동체와 함께 학생의 성장을 돕겠습니다.

－학교 현장을 지원하는 공감 행정을 실천하겠습니다.

ㄹ. 프로그램

〈연간사업계획〉

구분	사업명	주요내용	운영	대상	신청
스스로 꿈을 키우는 맞춤형 프로그램	정규 맞춤형 평생교육 프로그램	학습자 필요에 맞춘 다양한 프로그램 운영	2~12월	○○도민	연 3회
	－학습자(아동, 청소년, 성인/학부모, 실버, 취약계층) 필요에 맞춘 맞춤형 평생교육 프로그램 운영 －정규 및 단기 강좌 운영, 연 3기 1기 10주 총 178강좌				
	방학 단기 특강	방학을 이용한 단기 특강 프로그램	1월, 8월	어린이, 청소년	연 2회
	－여름·겨울 방학 기간을 활용한 학생 중심 특강(사회적 배려 대상자 우선 선발) －기초과학, 진로지도 및 제4차 산업혁명 등 특화 분야 연계, 연 2회 총 16개 강좌				
	특별기획 체험 프로그램	5월 어린이날, 8월 여름방학 특별 프로그램	5월, 8월	어린이, 청소년	연 2회
	－유·아동 대상의 다양한 체험의 장 제공(사회적 배려 대상자 우선 선발) －청소년 동아리 및 재능 기부 교육자원과 연계, 연 2회 총 12개 강좌				

얍!(Young Artist Projet) 콘서트	학생 참여형 프로젝트	3~12월	중고등학생	연 4회

−참여형 프로젝트 공모를 통한 학생 주도의 문화 공연
−학생들의 꿈과 끼를 펼칠 수 있는 무대 제공

특별기획 학부모 단기 특강	자녀교육 관련 맞춤형 특강	3월, 8월, 11월	학부모	연 3회

−새내기 학부모의 자녀교육 특강 프로그램 운영
−자녀와의 소통을 위한 맞춤형 학부모 특강

특별기획 실버 단기 특강	건강한 노년을 위한 평생교육 특강	5월, 10월	만 60세 이상	연 2회

−건강한 삶을 위한 평생교육 프로그램
−건강한 여가활동 증진

전시실(갤러리 윤슬) 융합 강의	전시+강의 융합 프로그램	12월	어린이, 청소년, ○○도민	연 2회

−강의실 밖의 현장 중심 강의로 갤러리(윤슬) 내 특별 강의
−학생 중심의 창의 체험 강의, 성인 대상 기획 강의

착한나눔, 벼룩시장	나눔 문화 프로그램	6월, 11월	○○도민	연 2회
취약계층 평생교육 프로그램	비문해자, 고령자 등을 위한 한글·영어 교실	2~12월	취약계층	연 3회
평생학습 어울림 한마당	평생학습 강좌 작품 전시 및 발표회	10월	○○도민	연 1회

−평생교육 강좌 작품 전시 및 발표회 등 참여가 있는 프로그램 운영
−청소년 동아리 지원 사업과 연계 등 프로그램 내실화

평생학습 공동체 (배움, 나눔, 모둠) 활성화 지원	월별 테마가 있는 톡톡 (TALK TALK) 특강	다채로운 테마의 월별 선정에 따른 특강	1~12월	○○도민	연중
	−2018년도에 선정된 월별 테마에 적합한 특강, 총 48개 강좌 −학습공동체 전문성 함양 및 지역 주민의 삶의 질 고양				
	차(茶)와 함께하는 인문학 한 잔	인문학 전문 강좌 학습관 특화 사업	1~12월	○○도민	연중
	−매주 목요일 인문학 특강을 통한 지역 주민의 인문학적 소양 향상, 총 48개 강좌 −언제, 어디서나 즐길 수 있는 인문학 특강으로 지역 주민의 삶의 질 고양				
	라라라 (Life Long Learning) DAY	지역 주민을 위한 평생학습 활성화의 날	1~12월	○○도민	연중

- 매월 마지막 주 수요일 문화예술 관련 공연 진행
- 지역 주민에게 다채로운 문화 체험 기회 제공

학습공동체 마을연극단 프로그램	연극에 관심 있는 ○○도민을 위한 학습공동체	2~11월	○○도민	연 2회

- 연 2회 지역 주민을 위한 연극 공연
- 각 4개월간의 연극교실(발성, 연기, 각본 지도 등) 진행

콕! 잡아 프로그램	자기주도적 학습과 지역 사회 환원 연계 활동 지원	4~11월	고등학생 동아리	연 1회

- 청소년 학습동아리 공모 선정 지원(30개 학생동아리)
- 학습관 내 재능 기부 프로그램 및 지역사회 봉사활동과 연계하여 활동

전시실(갤러리 윤슬) 운영	정기 및 수시대관 기획전 운영	3~12월	지역 주민	연중
평생학습 동아리	학생과 지역 주민의 자발적인 학습동아리 구성(8개)	3~12월	지역 주민	연중
○○도교육감 지정 대표 평생학습관	지정 평생학습관 74기관 지원 및 사례집 배포	1~12월	지정 평생학습관 74기관 평생교육기관	연중
평생교육 관계자 워크숍	평생교육 관계자 간 네트워크 활성화	9월	평생교육 관계자	연 1회
○○도교육청 관할 평생교육 네트워크	평생교육기관 및 평생교육 프로그램 등록 자료 관리 및 공유	1~12월	○○도민	연중
평생학습 계좌제	이력 관리 시스템에 학습계좌 기록 누적 관리	1~12월	○○도민	연중
취약계층 평생교육기관 프로그램	○○도 내 평생교육기관 10기관 공모 선정	4~12월	평생교육기관 10기관	연중

○○도 교육감 지정 대표 평생학습관 역할 강화

- 문해교육 및 소외계층 평생교육 프로그램 사업 10기관 지원
- 학교 밖 청소년, 장애인 및 다문화 지원 프로그램 우선 선발

대한민국 평생학습박람회 참가	평생학습 활성화	10월	지역 주민	연 1회 (격년제)
강사은행제	강사 정보의 데이터베이스화 평생교육기관과 일선 학교에 평생교육 강사 정보 제공	1~12월	자격증 소지자 또는 해당 분야 경력자	연중

평생학습 상담실 운영	○○도여성비전센터, 찾아가는 노후 설계 상담, 평생교육사 견학 운영	1~12월	○○도민	연중
학점은행제	학점은행제 학습자 등록 학점인정 신청 접수	1월, 4월, 7월, 10월	○○도민	연4회

4) 선택한 지역의 환경 분석

수원시는 ○○도 중남부에 위치하고 있으며, 동쪽은 용인시 수지구 및 기흥구에, 서쪽은 안산시 상록구와 화성시 봉담읍 및 매송면에, 남쪽은 화성시 병점 및 동탄에, 북쪽은 의왕시에 접하고 있다. 경부고속도로, 영동고속도로, 용인서울고속도로가 분기하고 있으며, ○○도 남부의 교통중심지로, 인천과 여주로 통하는 육로의 기점이 된다. 수원시의 인구는 2018년 9월 말 기준 124만 2,733명, 49만 1,033가구이고, 이 중 대한민국 국민이 117만 7,376명, 등록 외국인이 3만 9,775명으로 외국인이 수원시 거주 인구의 3%에 해당된다.[5]

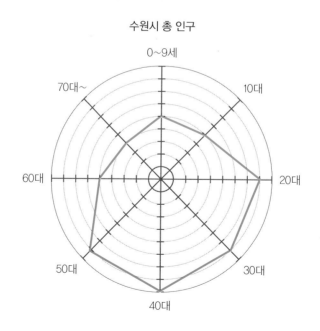

수원시 총 인구

5) http://stat.suwon.go.kr/stat/index.do [통계로 보는 수원]

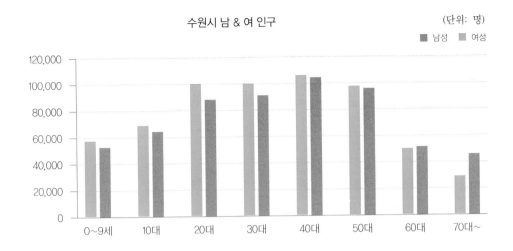

학교는 유치원 195개, 초등학교 97개, 중학교 56개, 고등학교 44개, 대학교 4개, 대학원 4개, 기타 학교 6개소가 설립되어 있다.[6)]

평생교육적인 측면으로 평생학습 도시 내의 제한된 학습자원의 효과적인 공유를 위한 지역 평생학습 시설의 활용성과 높은 네트워크 시스템이 구축되어 있으며, 지역 학습 수요와 거점 기관(도서관)의 장점을 살린 특성화 프로그램을 운영하여 지역 학습자들의 평생학습에 수혜율을 높일 수 있는 곳이다.

5) SWOT 분석

(1) 코딩을 통해 '복잡함과 창의성'을 배우자

① S: 강점
- 2019년부터 초등학교 코딩교육 의무화에 대비할 수 있다.
- 많은 수요로 인해 평생교육기관의 유지가 가능하고 성장 가능성이 있다.
- 코딩으로 인해 다양한 것을 만들어 볼 수 있으며, 코딩에 대한 흥미가 올라갈 것으로 예상된다.

---

6) http://stat.suwon.go.kr/stat/stats/statsView.do?categorySeqNo=119 [통계로 보는 수원]

② W: 약점

　－C언어에 대한 기초 지식이 없는 사람은 처음에 흥미를 느끼지 못할 것으로 예상된다.

　－컴퓨터에 대한 기초 지식이 없는 사람은 처음에 흥미를 느끼지 못할 것으로 예상된다.

　－C언어와 컴퓨터 기초에 대한 교육의 시간을 많이 투자해야 된다.

③ O: 기회

　－C언어와 컴퓨터 기초를 알면 차후에 폭넓은 취업이 가능하다.

　－컴퓨터에 대한 지식이 높아진다.

④ T: 위협

　－코딩에 대한 사교육이 많이 늘어나고 있다.

　－인터넷 강의 및 서점을 통해 공부할 수 있다.

6) 스케줄 관리

(1) 프로그램의 전체적인 상황 분석 실시

part1	9/12	9/14	9/16	9/18	9/19	9/20
프로그램 주제 선정	■	■				
타당성 검토		■	■	■		
잠재적 학습자 분석			■	■		■
기관 분석 및 SWOT 분석			■	■	■	■

(2) 프로그램의 세부적인 내용 설정

part3 & part4	9/21	10/3	10/4	10/7	10/8	10/15
요구 분석 통계 자료 찾기	■	■			■	■
프로그램 학습내용과 교수방법	■	■				
프로그램 세부내용	■	■				
검사지 작성					■	■
프로그램 활동, 교육방법 및 학습매체 선정		■		■		

(3) 프로그램 실행을 위한 최종 마무리

part5 & part6	10/15	10/16	10/19	10/26	10/27	10/28	12/6
필요한 자원 조사	▓						
자원 확보에 필요한 예산 편성 및 관리	▓						
홍보 전략 기획 및 자료		▓	▓				
보고서 작성	▓			▓	▓	▓	
PPT 만들기			▓	▓			
최종 검토 및 점검							
최종 발표 및 검사							▓

7) 요구 분석과 프로그램 목표 설정

통계자료 및 뉴스 등을 토대로 생각해 본 프로그램 대상자의 요구 분석

◎ "디지털 아니면 죽는다" 변신에 변신 거듭하는 은행들(코딩교육의무화, AI 금융메신저 도입)[7]

　KB국민은행은 최근 모바일 애플리케이션 '리브똑똑'에 탑재된 '메신저를 이용한 대화형 금융플랫폼' 기술의 특허를 취득했다. 리브똑똑 앱에서는 인공지능(AI) 비서인 일명 '똑똑이'가 고객을 맞는다. 고객이 "내 펀드의 수익률 알려 줘"라고 채팅 메시지를 보내거나 스마트폰에 대고 말하면 똑똑이가 이를 인식해 수익률 현황을 보여 주는 식이다. 이것저것 메뉴를 누르지 않아도 계좌조회, 이체는 물론이고 대출 연장까지 가능하다. 이 서비스는 불과 1년 전까지 영업점에서 근무하던 평범한 은행원들의 머리에서 나왔다.

◎ 코딩교육이 아이들의 미래를 바꾼다(행복하고 재미있는 코딩교육을 지향)[8]

　최근 교육과정에서 주목받는 분야 중 하나가 코딩교육이다. '2015년 개정 교육과정'이 도입되는 올해부터 코딩교육이 의무화되었기 때문이다. '2015년 개정 교육과정'에 따르면, 중학교 1학년과 고등학교 1학년은 올해부터, 초등학교 5, 6학년은 내년부터 코딩교육이 필수화된다. 따라서 코딩교육 전문가들의 역할이 어느 때보다 중요해졌다.
코딩교육의 중요성을 알리고자 제2의 인생 도전 시작!

---

7) http://news.kmib.co.kr/article/view.asp?arcid=0924020772&code=11151300&cp=nv [국민일보]

8) http://www.issuemaker.kr/news/articleView.html?idxno=22759 [이슈메이커]

◎ 선진국들도 코딩교육에 집중, 더 집중![9]

어릴 때부터 자연스럽게 접할 수 있는 시스템 구축, 중국 및 인도는 창의성보다 단순 기술에 초점 아쉬워…….

해외 코딩교육사례들

국가	내용
에스토니아	1992년부터 공교육 과정에 코딩 포함 초등학교 1학년 때부터 코딩교육 실시
영국	2014년을 '코드의 해'로 정하고 5세부터 16세까지 공교육 과정에 코딩 포함 정부가 나서서 MS, 구글, IBM 등과 함께 코딩교육 교사 양성
핀란드	2016년부터 코딩교육 의무화 초등학교 1~2학년은 기초 교육, 3~6학년은 코딩교육 본격화 7~9학년은 스스로 알고리즘을 짤 수 있도록 프로그래밍 언어 1개 이상 마스터
스웨덴	2018년 가을 학기부터 코딩교육 의무화 초등학교 1학년부터는 코딩교육, 기존 과목인 수학과 기술에 코딩 내용 포함
미국	플로리다, 아칸소, 캘리포니아 등에서 정규 교육과정에 코딩 포함 2016년 SW교육 지원을 위해 40억 달러 규모 기금 조성 대학입학시험(SAT) 선수과목(AP)에도 컴퓨터 프로그래밍 추가
중국	2001년 초등학교 3학년부터 연간 70시간 이상 SW교육 실시 고등학교는 인공지능 수업 필수, 코딩 사교육 성행
인도	2010년부터 SW교육을 초중고 필수과목으로 지정 고등학교 때 C++, 자바 스크립트 등 주요 코딩언어 학습, 코딩 사교육 성행

9) http://www.fntimes.com/html/view.php?ud=201808271927055141dd55077bc2_18 [한국금융]

8) 프로그램 학습내용과 교수방법

(1) 프로그램의 전체적인 상황 분석 실시

① 선형 접근법
선형 접근법이란 프로그램 개발을 단선적으로 일어나는 현상으로 간주하며, 프로그램 개발 과정을 단계별로 세분화하여 그 절차를 도식화한 것이다. 이 접근법은 프로그램 개발에 가장 많이 사용되는 방법으로, 마치 우리가 1층에서 2층으로 가기 위해 계단을 오르는 것과 같다. 프로그램 개발자는 선형 모델이 제시하는 과정을 순서대로 실행하기만 하면 하나의 프로그램이 완성될 수 있다. 선형 접근법은 학습을 위한 프로그램 개발의 논리적 경로를 제공함으로써 프로그램 개발 경험이 없는 초심자들이 매우 유용하게 사용할 수 있고, 초심자의 프로그램 실패 가능성을 최소화시켜 준다.

② 프로그램의 유형
이 프로그램은 학생뿐만 아니라 남녀노소 누구에게나 맞는 프로그램이며, 유치원생과 초등학생들은 퍼즐이나 블록 맞추기 등의 게임방식을 이용해 컴퓨터 프로그래밍의 원리를 배운다. 학습자들이 코딩교육을 통해 논리력, 창의력, 문제해결력을 키울 수 있도록 할 것이다.

(2) 코딩을 통해 '복잡함과 창의성'을 배우자 교육 프로그램의 세부내용

① 프로그램 목표
코딩교육을 통해 논리력, 창의력, 문제해결력을 향상

② 프로그램 대상자
10~40세 이하의 논리력과 창의력, 문제해결력을 향상시키고 싶은 참여자

③ 프로그램
　　－5주 동안 주 2회 진행(총 11회)
　　－총 10~15명

−이론(PPT 수업 및 영상) 40분, 실습 80분 (총 120분)

−강사 1명, 조력자 1명

④ 회기당 중간 목표

1회차: 파이썬을 소개합니다

2회차: 변수를 소개합니다

3회차: 계산해 볼까요

4회차: 조건을 따져 봅시다

5회차: 반복해 봅시다

6회차: thinter로 GUI 만들기

7회차: 프로젝트−1 (거북이 경주 게임)

8회차: 프로젝트−2 (thinter를 사용하여 윈도우를 생성해 보자)

9회차: 아두이노를 소개합니다

10회차: 아두이노를 이용해 스마트 스위치 제작하기

〈1회차〉

활동명	파이썬을 소개합니다	활동장소	경기평생교육학습관
담당자	강사 1명, 조력자 1명	소요시간	100분
참가대상	10~40세 이하의 논리력과 창의력, 문제해결력을 향상시키고 싶은 학습자	참가인원	10~15명
활동목표	−프로그램의 목적과 방향을 이해하고, 강사와 학습자, 학습자와 학습자 간의 신뢰감 및 친밀감을 형성한다. −파이썬에 대해 기본적인 이해를 한다.		
유의사항	1. 첫 시작이 중요한 만큼 전체적인 프로그램의 방향, 강사 및 조력자의 역할에 대한 안내, 규칙, 매 회기마다 반복되는 진행사항 등을 구체적으로 설명해 준다. 2. 프로그램이 진행되는 동안 학습자들의 눈높이에 맞추어 설명을 해 준다. 3. 첫 수업을 통해 학습자들의 수준을 파악해야 하므로 너무 심화된 내용은 삼가한다.		
준비물	동영상, 빔 프로젝터, 컴퓨터, 책		
활동 단계	활동내용		

도입	전반적 프로그램의 내용 및 소개한다.
	① 강사와 조력자는 자신을 소개한다.
	② 프로그램의 목적을 참여자들이 이해하도록 안내한다.
	③ 프로그램의 구성과 목표를 이야기한다.
	④ 학습자들은 사전조사지를 작성한다.
전개	강의 1 　　　　　　코딩을 왜 해야 하는가에 대해 토의한다.
	① 학습자들이 코딩의 정의와 프로그래밍 언어의 종류를 생각하고 토의하는 시간을 가진다.
	② 학습자들이 코딩에 대한 인식과 경험에 대해 서로 이야기하는 시간을 가진다.
	강의 2 　　　　　　프로그래밍 언어의 종류에 대해 강의한다.
	① 프로그래밍 언어의 종류에 대해 강의한다.
	② 프로그래밍 언어 중 파이썬에 대해 소개하며, 특성에 대해 강의한다.
	③ 강의한 내용에 대해 질문을 받고 응답하는 시간을 가진다.
	실습 　　　　　　직접 파이썬 설치를 해 본다.
	① 자신의 컴퓨터에 파이썬을 설치한다.
	② 파이썬을 실행한다.
	③ 질의응답 시간을 가진다.
마무리	강의 내용을 정리하고 마무리한다.
	① 오늘 강의 내용에서 어려웠던 부분이나 이해가 되지 않는 부분에 대해 피드백을 받는다.
	② 피드백을 받아 다음 강의 때 피드백 부분을 적용한다.
기대 효과	첫 프로그래밍 시작인만큼 코딩에 대해 차근차근 알아보고, 컴퓨터와 조금 더 친해지는 계기가 될 것이다.

코딩 정보에 대한 사전 교육 요구도 평가

이 프로그램에서는 코딩에 대해 얼마나 알고 있는지, 프로그래밍에 대해 사전 조사를 하여 맞춤형 교육을 하고자 합니다. 따라서 설문에 답한 내용은 학습자 여러분의 평소 지식과 프로그래밍에 대해 알아보기 위한 교육 이외의 목적으로는 사용하지 않으므로 솔직하게 다음의 질문 항목에 대해서 신중하게 응답해 주시길 바랍니다.
(학습자 여러분은 질문에 해당하는 것에 ✓ 표시를 해 주시길 바랍니다)

〈코딩에 대한 정보 알아보기〉

번호	나의 코딩에 대한 지식	학습자의 응답			
		매우 그렇다	그렇다	그렇지 않다	전혀 그렇지 않다
1	나는 평소 컴퓨터를 즐겨 한다.				
2	나는 컴퓨터에 대해 설명할 수 있다.				
3	나는 코딩 및 프로그래밍이 무엇인지 안다.				
4	나는 프로그래밍 언어를 한 가지 이상 들어 보았다.				
5	나는 타자(한글)가 200타 이상 나온다.				
6	나는 타자(영어)가 200타 이상 나온다.				
7	나는 iOS 및 안드로이드 어플을 개발하고 싶다.				
8	나는 IOT를 개발하고 싶다.				
9	나는 IT 전공이 아닌 다른 전공으로 갈 것이다.				

※ 설문에 응해 주셔서 감사합니다.
귀하가 제공한 자료는 프로그램 진행에 귀중한 자료로 사용됩니다.

〈2회차〉

활동명	변수를 소개합니다	활동장소	경기평생교육학습관
담당자	강사 1명, 조력자 1명	소요시간	100분
참가대상	10~40세 이하의 논리력과 창의력, 문제해결력을 향상시키고 싶은 학습자	참가인원	10~15명
활동목표	–파이썬에 대한 변수를 소개하고, 어떻게 사용하는지 강의한다.		
유의사항	1. 자칫 지루해지지 않게 강사가 잘 강의한다. 2. 프로그램이 진행되는 동안 학습자들의 눈높이에 맞추어 설명을 해 준다. 3. PPT와 영상을 사용한다. 4. 질문은 바로바로 받는다.		
준비물	동영상, 빔 프로젝터, 컴퓨터, 책, 파이썬 프로그램		
활동단계	활동내용		
도입	파이썬 변수의 개요를 설명한다. ① 컴퓨터에 파이썬 설치가 되어 있는지 확인한다. ② 오늘 강의할 내용에 대해 소개한다. ③ 학습자들에게 변수가 무엇이라고 생각하는지 질문한다.		
전개	강의 1　　컴퓨터에 대한 명령의 모임 ① 두 개의 정수를 가지고 덧셈 연산을 실행한 후에 연산 결과를 화면에 출력한다. ② 데이터들을 메모리에 저장하기 위하여 변수라는 새로운 개념을 사용한다 강의 2　　프로그래밍 언어의 종류 ① 프로그래밍 언어의 종류에 대해 강의한다. ② 프로그래밍 언어 중 파이썬에 대해 소개하며, 특성에 대해 강의한다. ③ 강의한 내용에 대해 질문을 받고 응답하는 시간을 가진다. 실습　　파이썬 설치하기 ① 자신의 컴퓨터에 파이썬을 설치한다. ② 파이썬을 실행한다. ③ 질의응답 시간을 가진다.		
마무리	강의 내용을 정리하고 마무리한다. ① 오늘 강의 내용에서 어려웠던 부분이나 이해가 되지 않는 부분에 대해 피드백을 받는다. ② 피드백을 받아 다음 강의 때 피드백 부분을 적용한다.		
기대 효과	코딩으로 인해 흥미 유발이 기대된다.		

〈3회차〉

활동명	계산해 볼까요	활동장소	경기평생교육학습관
담당자	강사 1명, 조력자 1명	소요시간	100분
참가대상	10~40세 이하의 논리력과 창의력, 문제해결력을 향상시키고 싶은 학습자	참가인원	10~15명
활동목표	—기본적인 사칙연산인 더하기, 빼기, 곱하기, 나누기 연산자뿐만 아니라 대입(할당), 나머지, 지수 연산자에 대해 이해한다.		
유의사항	1. 자칫 지루해지지 않게 강사가 잘 강의한다. 2. 프로그램이 진행되는 동안 학습자들의 눈높이에 맞추어 설명을 해 준다. 3. PPT와 영상을 사용한다. 4. 질문은 바로바로 받는다.		
준비물	동영상, 빔 프로젝터, 컴퓨터, 책, 파이썬 프로그램		
활동단계	활동내용		

도입	컴퓨터는 본질적으로 계산하는 기계?
	① 컴퓨터에 파이썬 설치가 되어 있는지 확인한다.
	② 오늘 강의할 내용에 대해 소개한다.
	③ 컴퓨터에서 모든 것은 계산으로 처리되는 것을 학습자들에게 인지시킨다.

전개	강의 1	수식은 어디에나 있다!
	① 영화의 컴퓨터 그래픽 장면은 컴퓨터의 계산 기능을 통해 나온 것이다.	
	② 수학? 그런 거 어렵지 않아!	
	강의 2	수식과 연산자
	① 수식에 대해 강의한다.	
	② 피연산자와 연산자의 정의를 설명한다.	
	실습	자동판매기 프로그램을 만들자!
	① 충분히 수식과 연산자를 이해했는지 파악한 후, 안 된 부분이 있으면 조력자에게 1대1 강의를 받는다.	
	② 자동판매기를 시뮬레이션하는 프로그램을 작성한다(다음에 참고 코드를 제공).	

마무리	강의 내용을 정리하고 마무리한다.
	① 오늘 강의 내용에서 어려웠던 부분이나 이해가 되지 않는 부분에 대해 피드백을 받는다.
	② 피드백을 받아 다음 강의 때 피드백 부분을 적용한다.

기대 효과	처음으로 자신이 만든 프로그램으로 인해 지속적으로 흥미가 유발된다.

자동판매기 프로그램 참고 코드

본 코드는 참고용입니다.

```
money = int(input("투입한 돈: "))
price = int(input("물건 값: "))

change = money-price
print("거스름돈: ", change)
coin500s = change // 500          #500으로 나누어서 몫이 500원짜리의 개수
change = change % 500             #500으로 나눈 나머지를 계산한다.
coin100s = change // 100          #100으로 나누어서 몫이 100원짜리의 개수

print("500원 동전의 개수: ", coin500s)
print("100원 동전의 개수: ", coin100s)
```

〈4회차〉

활동명	조건을 따져봅시다	활동장소	경기평생교육학습관
담당자	강사 1명, 조력자 1명	소요시간	100분
참가대상	10~40세 이하의 논리력과 창의력, 문제해결력을 향상시키고 싶은 학습자	참가인원	10~15명
활동목표	-조건을 따져서 서로 다른 동작을 하게 하는 것은 프로그래밍의 필수적인 특징, 외부 조건에 따라서 적절하게 반응할 수 있게 하는 것		
유의사항	1. 자칫 지루해지지 않게 강사가 잘 강의한다. 2. 프로그램이 진행되는 동안 학습자들의 눈높이에 맞추어 설명해 준다. 3. PPT와 영상을 사용한다. 4. 질문은 바로바로 받는다.		
준비물	동영상, 빔 프로젝터, 컴퓨터, 책, 파이썬 프로그램		
활동단계	활동내용		
	이번 장에서 만들 프로그램		
도입	① 3회차에 대해 질문을 받고 답변한다. ② 오늘 강의할 내용에 대해 소개를 한다. ③ 일상생활에서 수많은 선택을 해야 할 때를 학습자들과 토론한다.		

전개	강의 1	세 가지의 기본 제어 구조
	① 순차, 선택, 반복을 일상생활에 빗대어 토론한다. ② 파이썬으로 어떻게 작성할 것인가 생각해 보자.	
	강의 2	if−else?
	① 선택 구조 → if−else문? ② 예제 몇 가지를 보여 주며 설명한다.	
	실습	동전 던지기 게임
	① 충분히 조건문을 이해했는지 파악한 후, 안 된 부분이 있으면 조력자에게 1대1 강의를 받는다. ② 동전 던지기 게임을 작성한다.	
마무리	강의 내용을 정리하고 마무리한다.	
	① 오늘 강의 내용에서 어려웠던 부분이나 이해가 되지 않는 부분에 대하여 피드백을 받는다. ② 피드백을 받아 다음 강의 때 피드백 부분을 적용한다.	
기대 효과	자신이 만든 프로그램으로 인해 흥미가 유발된다.	

if-else 예제

* 본 코드는 참고용입니다.*

그림 if 예제

```
number = int(input("숫자를 입력하세요: "))
if number < 10;
    print("숫자가 10보다 작습니다!")


>>> if money == 500;
    print("아메리카노를 만듭니다")
elif money == 1000;
    print("까페라떼를 만듭니다")
elif money == 2000;
    print("카라멜 마끼아또를 만듭니다")
else:
    print("어떤 커피를 드려야 할지 모르겠어요.")
```

자동판매기 프로그램 참고 코드

* 본 코드는 참고용입니다.*

```
import random

print("동전 던지기 게임을 시작합니다.")
coin = random.randrange(2)
if coin == 0;
    print("앞면입니다.")
else:
    print("뒷면입니다.")
print("게임이 종료되었습니다.")
```

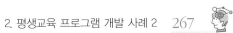

〈5회차〉

활동명	반복해 봅시다	활동장소	경기평생교육학습관
담당자	강사 1명, 조력자 1명	소요시간	100분
참가대상	10~40세 이하의 논리력과 창의력, 문제해결력을 향상시키고 싶은 학습자	참가인원	10~15명
활동목표	−반복문의 필요성을 이해한다. −while문을 사용하여 조건으로 반복하는 방법을 학습한다. −for문을 사용하여 정해진 횟수만큼 반복하는 방법을 학습한다.		
유의사항	1. 자칫 지루해지지 않게 강사가 잘 강의한다. 2. 프로그램이 진행되는 동안 학습자들의 눈높이에 맞추어 설명해 준다. 3. PPT와 영상을 사용한다. 4. 질문은 바로바로 받는다.		
준비물	동영상, 빔 프로젝터, 컴퓨터, 책, 파이썬 프로그램		
활동단계	활동내용		
도입	이번 장에서 만들 프로그램 ① 4회차에 대해 질문을 받고 답변한다. ② 오늘 강의할 내용에 대해 소개한다. ③ 일상생활에서 수많은 반복을 하는지를 학습자들과 토론한다.		
전개	강의 1 　　　　　　왜 반복이 중요한가? ① 인간은 똑같은 작업을 반복하는 것을 싫어하는데 컴퓨터는 어떤가? ② 반복은 시간 단축을 위해 사용한다. 강의 2 　　　　　　횟수 제어 반복 ① for 루프라는 횟수 제어 반복 키워드를 강의한다. ② 횟수 제어 반복을 하면 일상생활에 도움이 될까? 실습 　　　　　초등생을 위한 산수 문제 발생기 ① 충분히 반복문을 이해했는지 파악한 후, 안 된 부분이 있으면 조력자에게 1대1 강의를 받는다. ② 초등학생들을 위하여 산수 문제를 발생시키는 프로그램을 작성한다.		
마무리	강의 내용을 정리하고 마무리한다. ① 오늘 강의 내용에서 어려웠던 부분이나 이해가 안 되는 부분에 대해 피드백을 받는다. ② 피드백을 받아 다음 강의 때 피드백 부분을 적용한다.		
기대 효과	처음으로 자신이 만든 프로그램으로 인해 지속적으로 흥미가 유발된다.		

〈6회차〉

활동명	thinter로 GUI 만들기	활동장소	경기평생교육학습관
담당자	강사 1명, 조력자 1명	소요시간	100분
참가대상	10~40세 이하의 논리력과 창의력, 문제해결력을 향상시키고 싶은 학습자	참가인원	10~15명
활동목표	–그래픽 사용자 인터페이스를 소개하고, 이것을 이용하여 다양한 프로그램을 작성한다.		
유의사항	1. 자칫 지루해지지 않게 강사가 잘 강의한다. 2. 프로그램이 진행되는 동안 학습자들의 눈높이에 맞추어 설명을 해준다. 3. PPT와 영상을 사용한다. 4. 질문은 바로바로 받는다.		
준비물	동영상, 빔 프로젝터, 컴퓨터, 책, 파이썬 프로그램		
활동단계	활동내용		
도입	이번 장에서 만들 프로그램 ① 5회차에 대해 질문을 받고 답변한다. ② 오늘 강의할 내용에 대해 소개를 한다.		
전개	강의 1 GUI란? ① GUI의 정의를 간단하게 설명한다. ② GUI는 대표적으로 몇 개가 있는지 토의한다. 강의 2 thinter란? ① Thinterface 모듈을 소개한다. ② thinter의 위젯들을 설명한다. 실습 계산기 프로그램 ① 충분히 Thinterface을 이해했는지 파악한 후, 안 된 부분이 있으면 조력자에게 1대1 강의를 받는다. ② GUI 기반 계산기 프로그램을 제작한다.		
마무리	강의 내용을 정리하고 마무리한다. ① 오늘 강의 내용에서 어려웠던 부분이나 이해가 되지 않는 부분에 대해 피드백을 받는다. ② 피드백을 받아 다음 강의 때 피드백 부분을 적용한다.		
기대 효과	GUI 기반 프로그램을 개발하여 더더욱 코딩에 흥미를 유발한다.		

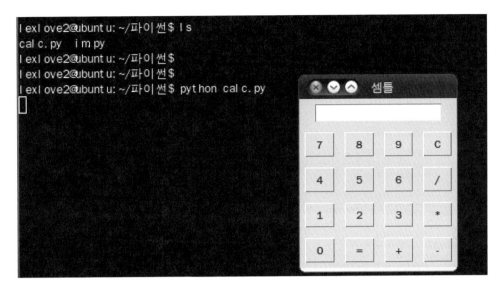

계산기 프로그램 예시

〈7회차〉

활동명	프로젝트-1 (거북이 경주 게임)	활동장소	경기평생교육학습관
담당자	강사 1명, 조력자 1명	소요시간	100분
참가대상	10~40세 이하의 논리력과 창의력, 문제해결력을 향상시키고 싶은 학습자	참가인원	10~15명
활동목표	-게임을 작성해 본다. -애니메이션을 작성해 본다.		
유의사항	1. 자칫 지루해지지 않게 강사가 잘 강의한다. 2. 프로그램이 진행되는 동안 학습자들의 눈높이에 맞추어 설명해 준다. 3. PPT와 영상을 사용한다. 4. 질문은 바로바로 받는다.		
준비물	동영상, 빔 프로젝터, 컴퓨터, 책, 파이썬 프로그램		
활동단계	활동내용		
도입	이번 장에서 만들 프로그램 ① 6회차에 대해 질문을 받고 답변한다. ② 오늘 강의할 내용에 대해 소개한다.		

전개	강의 1	난수 발생하기	
	① 난수는 게임과 시뮬레이션에서 필수적이다.		
	② 일상생활에서 난수를 사용하는 곳이 있을까에 대해 토의한다.		
	실습 1	거북이 경주 게임	
	① 터틀 그래픽이 무엇인가?		
	② 터틀 그래픽의 기능 및 함수를 소개한다.		
	실습 2	거북이 경주 게임	
	① 거북이 두 마리로 경주 게임을 만든다.		
마무리	강의 내용을 정리하고 마무리한다.		
	① 오늘 강의 내용에서 어려웠던 부분이나 이해가 안 되는 부분에 대해 피드백을 받는다.		
	② 피드백을 받아 다음 강의 때 피드백 부분을 적용한다.		
기대 효과	GUI기반 게임 프로그램을 개발하여 더더욱 코딩에 흥미를 유발시킨다.		

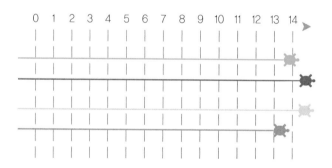

거북이 경주 게임 예시

〈8회차〉

활동명	프로젝트-2 (거북이 경주 게임)	활동장소	경기평생교육학습관
담당자	강사 1명, 조력자 1명	소요시간	100분
참가대상	10~40세 이하의 논리력과 창의력, 문제해결력을 향상시키고 싶은 학습자	참가인원	10~15명
활동목표	-게임을 작성해 본다. -애니메이션을 작성해 본다.		
유의사항	1. 자칫 지루해지지 않게 강사가 잘 강의한다. 2. 프로그램이 진행되는 동안 학습자들의 눈높이에 맞추어 설명해 준다. 3. PPT와 영상을 사용한다. 4. 질문은 바로바로 받는다.		
준비물	동영상, 빔 프로젝터, 컴퓨터, 책, 파이썬 프로그램		
활동단계	활동내용		
도입	이번 장에서 만들 프로그램 ① 7회차에 대해 질문을 받고 답변한다. ② 오늘 강의할 내용에 대해 소개한다.		
전개	실습 1 거북이 경주 게임 ① 거북이 두 마리로 경주 게임을 만든다.		
마무리	강의 내용을 정리하고 마무리한다. ① 오늘 강의 내용에서 어려웠던 부분이나 이해가 되지 않는 부분에 대해 피드백을 받는다. ② 피드백을 받아 다음 강의 때 피드백 부분을 적용한다.		
기대 효과	GUI 기반 게임 프로그램을 개발하여 더더욱 코딩에 흥미를 유발시킨다.		

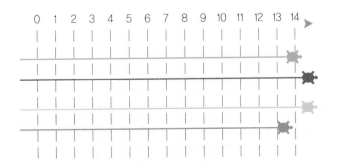

거북이 경주 게임 예시

〈9회차〉

활동명	아두이노를 소개합니다	활동장소	경기평생교육학습관
담당자	강사 1명, 조력자 1명	소요시간	100분
참가대상	10~40세 이하의 논리력과 창의력, 문제해결력을 향상시키고 싶은 학습자	참가인원	10~15명
활동목표	-아두이노와 친해진다.		
유의사항	1. 자칫 지루해지지 않게 강사가 잘 강의한다. 2. 프로그램이 진행되는 동안 학습자들의 눈높이에 맞추어 설명해 준다. 3. PPT와 영상을 사용한다. 4. 질문은 바로바로 받는다.		
준비물	동영상, 빔 프로젝터, 컴퓨터, 책, 파이썬 프로그램		
활동단계	활동내용		
도입	이번 장에서 만들 프로그램 ① 8회차에 대해 질문을 받고 답변한다. ② 오늘 강의할 내용에 대해 소개한다.		
전개	강의 IOT가 무엇인가? ① 실생활에서 볼 수 있는 IOT 기기는 어떤 것이 있는지 토론한다. ② 어떤 IOT 기기를 만들고 싶은지 작성해 본다. 실습 아두이노 체험 ① 아두이노를 이용해 지금까지 해 본 활동을 실행한다.		
마무리	강의 내용을 정리하고 마무리한다. ① 오늘 강의 내용에서 어려웠던 부분이나 이해가 안 되는 부분에 대해 피드백을 받는다. ② 피드백을 받아 다음 강의 때 피드백 부분을 적용한다.		
기대 효과	IOT 기기인 아두이노를 체험함으로써 무궁무진한 제품을 개발할 수 있다는 것을 인지한다.		

아두이노

〈10회차〉

활동명	아두이노를 이용해 스마트 스위치 제작하기	활동장소	경기평생교육학습관
담당자	강사 1명, 조력자 1명	소요시간	100분
참가대상	10~40세 이하의 논리력과 창의력, 문제해결력을 향상시키고 싶은 학습자	참가인원	10~15명
활동목표	－아두이노를 이용해 스마트 스위치를 만들 수 있다.		
유의사항	1. 자칫 지루해지지 않게 강사가 잘 강의한다. 2. 프로그램이 진행되는 동안 학습자들의 눈높이에 맞추어 설명해 준다. 3. PPT와 영상을 사용한다. 4. 질문은 바로바로 받는다.		
준비물	동영상, 빔 프로젝터, 컴퓨터, 책, 파이썬 프로그램		
활동단계	활동내용		
도입	이번 장에서 만들 프로그램 ① 9회차에 대해 질문을 받고 답변한다. ② 오늘 강의할 내용에 대해 소개한다.		
전개	강의 스위치 모듈 소개 ① 스위치 모듈 동영상을 시청한다. ② 사전에 대기업들이 만든 스위치를 보고 다른 사람과 토의한다. 실습 아두이노를 이용해 스마트 스위치 제작하기 ① 아두이노를 이용해 스마트 스위치를 제작한다.		
마무리	강의 내용을 정리하고 마무리한다. ① 오늘 강의 내용에서 어려웠던 부분이나 이해가 안 되는 부분에 대해 피드백을 받는다. ② 스마트 스위치가 제대로 작동될 때까지 강사와 조력자가 서포트해 준다.		
기대 효과	IOT 기기인 아두이노를 체험함으로써 무궁무진한 제품을 개발할 수 있다는 것을 인지한다.		

스마트 스위치 동영상 주소: https://youtu.be/RyJynAzR-W0

스마트 스위치 결과물

9) 프로그램 교수 기법

(1) 프로그램 교육방법 선정

① 강의법

코딩에 대한 기본적인 지식 습득을 위해 수업에 충분한 흥미를 가질 수 있도록 시각 자료 및 동영상을 활용하여 지식을 효과적으로 전달해 준다.

② 체험 실습법

각 회마다 자신의 컴퓨터를 활용해 강의를 들은 후 즉각적으로 제작할 시간을 주고, 강의 내용을 토대로 지식을 충분히 습득하여 전달받았는지 확인하며, 직접 활용할 수 있는지 경험해 보는 교육방법으로 눈과 머리만이 아닌 체험실습법이 가장 적합하다.

(2) 프로그램 교육매체 선정

글의 양이 적고, 사진과 영상이 많은 PPT 자료만으로 학습자들을 집중시킨다.

인프런 교육강좌

인프런 교육강좌

10) 자원 확보 및 관리

(1) 인적 자원 선발 및 관리

코딩에 대해 관심이 있으며, 학습자의 눈높이를 맞춰 주는 의사소통 능력과 다양한 정보를 가지고 있어 누구에게나 흥미를 줄 수 있는 조력자가 필요하다. 그래서 대학교에 재학 및 휴학 중인 학생이 제일로 적합하다고 생각한다.

인적 자원	전문 조력자
	프로그래밍 대학생 1명

(2) 물적 자원과 관리

프로그램 학습활동을 진행하기 위해서는 시설과 설비 및 기타 체험활동에 필요한 물품이 필요하다. 이때 물리적인 편의시설은 프로그램의 효과에 직접적인 영향을 미친다. 물적 자원은 각 프로그램에 따라 달라진다. 프로그램의 기간과 참여자 수, 프로그램의 내용과 교수 기법 및 교육매체에 따라 필요한 물적 자원이 다르게 갖추어진다. 따라서 〈코딩을 통해 '복잡함과 창의성'을 배우자〉 프로그램을 진행하기 위해서는 ○○평생교육학습관에서 해야 한다. 이유는 각자 개인 컴퓨터가 없을 수 있으니 그것을 대비해서 각 자리에 컴퓨터가 있는 학습실이 필요하기 때문이다.

(3) 예산 관리

코딩에 대한 예산은 강사비와 강의실 대여료만 있으면 되지만, 아두이노를 활용하는 것은 장비를 따로 구매해야 하므로 예산이 조금 많이 필요하다.

종목	산출 근거
강사비	일 100분 5만원 × 10회 = 500,000원
강의실 대여료	하루 3시간 × 10회 = 350,000원
홍보비	무료(SNS 활용)
아두이노 장비	10개 = 500,000원
총계	1,350,000원

(4) 홍보와 마케팅

① 홍보 대상

프로그램의 홍보는 SNS를 적극 활용할 것이다. 현재 주입식 교육에서 벗어나 다른 교육방식을 원하는 학생, 공부에만 매달려 있는 대학생, 취미를 가지고 싶은 직장인 등 여러 분야에서 모집이 가능하다.

② 모집

ㄱ. 회원 모집

　－Facebook에 코딩에 관심 있는 페이지마다 홍보, 수원시 홈페이지에 홍보
　－인스타그램에 해시태그를 이용해 홍보

ㄴ. 강사 모집

　－일반적인 지식 전달이 아닌 학습자와의 상호작용을 통한 효과적인 교육 진행 강구
　－직접 연락을 통해서 사전에 프로그램에 대해 알리고 강사 지원을 부탁

ㄷ. 조력자 모집

　－Facebook에 코딩에 관심 있는 페이지마다 홍보
　－대학교 컴퓨터학과 과사무실에 연락하여 포스터 부착
　－자원봉사센터 문의

11) 평가

(1) 평가 목적

현재 프로그램에서 제공하는 학습이 좋은 효과를 거두고 있는지, 목표한 결과가 도출되었는지 확인하는 절차이며, 궁극적으로 현재 상황을 진단하고 다음 목표를 수정하고 개선하기 위한 자료 제공에 목적이 있다.

(2) 코딩에 대한 정보 및 컴퓨터에 대한 사전교육 요구도 평가

본 프로그램에서는 코딩에 대해 얼마나 알고 있는지, 컴퓨터에 대해 사전 조사를 하여 맞춤형 교육을 하고자 합니다. 따라서 설문에 답한 내용은 학습자 여러분의 평소 지식과 코딩에 대해 알아보기 위한 교육 이외의 목적으로는 사용하지 않으므로 솔직하게 다음의 질문 항목에 대해서 신중하게 응답해 주시길 바랍니다.
(학습자 여러분은 질문에 해당하는 것에 ✓ 표시를 해 주시길 바랍니다)

〈코딩에 대한 정보 알아보기〉

번호	나의 코딩에 대한 지식	교육자의 응답			
		매우 그렇다	그렇다	그렇지 않다	전혀 그렇지 않다
1	나는 평소 컴퓨터를 즐겨 한다.				
2	나는 컴퓨터에 대해 설명할 수 있다.				
3	나는 코딩 및 프로그래밍이 무엇인지 안다.				
4	나는 프로그래밍 언어를 한 가지 이상 들어 보았다.				
5	나는 타자(한글)가 200타 이상 나온다.				
6	나는 타자(영어)가 200타 이상 나온다.				
7	나는 iOS 및 안드로이드 어플을 개발하고 싶다.				
8	나는 IOT를 개발하고 싶다.				
9	나는 IT 전공이 아닌 다른 전공으로 갈 것이다.				

2. 매우 그렇다, 그렇다라고 답한 분만
    컴퓨터란 무엇이라고 생각하십니까?

3. 매우 그렇다, 그렇다라고 답한 분만
    코딩이 무엇이라고 알고 계십니까?

※ 설문에 응해 주셔서 감사합니다.
귀하가 제공한 자료는 프로그램 진행에 귀중한 자료로 사용됩니다.

12) 만족도 조사

만족도 조사를 실시하여 통계 자료로 활용해서 개선할 점과 나아갈 방향성을 잡을 수 있다.

학습자들을 위한 코딩 체험 프로그램

안녕하세요? 이 설문지는 이번에 여러분이 참여한 '학습자들을 위한 코딩 체험 프로그램' 만족도를 조사하기 위한 질문지입니다. 학습자분들께서 응답한 내용은 조사 목적을 위해 통계 자료로만 사용될 뿐, 그 외의 목적으로 사용되는 일은 절대 없을 것을 약속드리며, 조사는 익명으로 진행되오니 솔직하게 응답하여 주시기 바랍니다. 본 설문에 응해 주셔서 진심으로 감사드립니다.

담당자: ○○○ △△평생교육관

● 다음은 프로그램 운영 과정에 대한 질문입니다.

	문항	매우 그렇지 않다	약간 그렇지 않다	보통 이다	약간 그렇다	매우 그렇다
1	프로그램 강의실 환경이 활동하기에 적합하다.					
2	마이크, 빔 프로젝터, 책상 등 기자재가 잘 구비되어 있다.					
3	프로그램 자료의 질이 좋았다.					
4	강사 선생님이 전문성을 갖추었다.					
5	프로그램 신청 절차에 대해 만족한다.					
6	프로그램이 계획대로 잘 진행되었다.					
7	프로그램 내용이 잘 이해되었다					
8	참여자들의 관계가 친밀했다.					
9	강사 선생님이 참여자들의 질문에 잘 대답했다.					

● 다음은 프로그램 참가 후 경험에 대한 질문입니다.

	문항	매우 그렇지 않다	약간 그렇지 않다	보통 이다	약간 그렇다	매우 그렇다
10	모든 프로그램에 결석 없이 참여했다.					
11	모든 과제 및 체험 활동에 적극적으로 참여했다.					
12	프로그램을 통해 코딩에 대한 관심에 생겼다.					
13	프로그램을 통해 코딩의 정보 지식이 향상되었다.					
14	프로그램 통해 창의성이 증가한 것 같다.					
15	프로그램을 통해 자발적으로 배우고 습득할 수 있어 재미를 느낄 수 있었다.					

● 프로그램에 대한 건의사항이나 기타 의견을 작성해 주십시오.

3. 평생교육 프로그램 개발 사례 3[10]

▶프로그램 개발 주제: '더불어 성장하는 소상공인 성장 클리닉'

▶프로그램 개발 목차

1. 프로그램 필요성의 검토
2. (프로그램 환경 분석) 내부/외부 환경 분석
3. 잠재적 학습자 분석
4. 요구 분석 및 요구의 우선순위 결정
5. 교육의 목표 설정 및 진술
6. 프로그램의 교육방법 매체 선정
7. 자원 배분(인적/물적/재정)
8. 마케팅과 홍보
9. 평가 및 보고

---

10) 강희경(2016). 세종대학교 교육대학원 평생교육과HRD(2016년 12월 6일 제출).

1) 프로그램 필요성의 검토

- 소상공은 지역 주민의 삶 속에서 생활에 필요한 재화와 서비스를 공급하는 기능을 수행하고 있어 지역 경제 발전에 기여하는 바가 크다고 할 수 있다
- 대전의 경우, 소상공인의 비중이 상당히 높은 85.9%(2011년 기준)로 대전 경제의 핵심적 역할을 담당하고 있는 것으로 나타났다. 반면, 소상공인은 경제의 침체 및 진입장벽이 낮은 까닭에 창업과 폐업이 반복되어 지속성이 부족하며, 영세성이 강한 것으로 나타나고 있어 경제의 어려움에 의해 직접적인 영향을 받는다.
- 정부 정책 방향의 변화에 대응
  - 정부의 서민경제 활성화를 위하여 소상공인 육성 및 재래시장 활성화를 위한 우선적 지원이 이루어지고 소상공인 창업 육성 자금 지원이 풍부하다. 특히 2014년에 신설된 소상공인시장진흥공단이 대전에 유치되어(전국 단위 지원이지만 대전은 지리적 이점이 있음) 소상공인에 대한 재정적 · 정책적 지원이 이루어질 예정으로, 소상공인 창업이 최적인 지역적 조건을 갖추고 있다.
- 타 기관 창업교육 프로그램의 한계성 극복
  - 대학에서 운영되는 창업 강좌는 대학생, 청년, 전문직 창업 위주로 운영되고 있으며, 소상공인시장진흥공단에서 운영되는 소상공인 창업교육 프로그램은 창업 자금을 지원하기 위하여 필수적으로 수강해야 하는 실무 관련 단기 강좌(창업 자금 지원 자격을 받기 위하여 수료) 위주로 운영되고 있다.

▶ 유사 프로그램

1) 소상공인 사관학교란
성장 가능성이 높은 신사업 아이디어 중심으로 예비창업자를 선발하여 교육, 실습 점포 체험, 멘토링, 창업 자금 등을 패키지로 지원하고 있다.

- 교육시간: 이론교육(150시간/6개월), 점포 체험(16주)
- 교육대상: 예비창업자 (20세 이상)
- 교육인원: 450명(1기: 225명, 2기: 225명)/ 점포체험 360명(이론교육 수료자 중 평가 선정)
- 교육기간: 3~12월

- 사관학교의 이론교육 과정 소개

  기본공통교육 30시간 내외 → 경영전문교육 50시간 이내 → 업종별 분반교육 50시간 이내 → 워크숍 20시간 이내 → 최종평가

※ 각 과정별 세부사항은 다음 참고

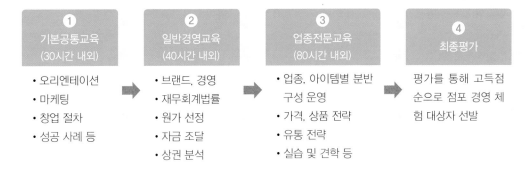

2) 소상공인 신사업 사업화

신사업 트렌드에 대응하는 신사업 아이디어의 사업화에 필요한 이론 및 실습 교육으로 예비창업자 또는 소상공인을 지원

- 지원규모: 1,500명(20명 × 75과정)
- 교육기간: 3~11월
- 지원대상: 예비창업자 또는 소상공인(20세 이상)
- 교육시간: 80시간 이내
- 교육생 부담금: 없음

2) 프로그램 환경 분석(내부/외부 환경 분석)

－기관 분석(소상공인시장진흥공단)

1. 필수 교육	2. 이론 및 실습 교육	3. 자율 실습	4. 워크숍 및 졸업식

• 아이스브레이킹
• 변화의 필요성 인식
• 지원 정책
• 사업계획서 작성 요령 등
	• 교육과정 이론 및
	  실습 교육
		• 교육생 자율 현장
		  실습 등
			• 사업계획서 발표
			• 현장 상담
			• 졸업장 수여 등

(10시간)	(48시간 이내)	(4~10시간 이내)	(6시간 이내)

－기관 설립일: 2014년 01월 01일

－설립 근거
「소상공인 보호 및 지원에 관한 법률」 제17조 제1항

제17조(소상공인시장진흥공단의 설립 등)
① 소상공인의 경영안정과 성장 및 「전통시장 및 상점가 육성을 위한 특별법」 제2조에 따른 전통시장, 상점가 및 상권활성화구역(이하 '전통시장 등'이라 한다)의 활성화를 위한 사업을 효율적으로 수행하기 위하여 소상공인시장진흥공단(이하 '공단'이라 한다)을 설립한다.

－설립 목적: 소상공인 육성, 전통시장 및 상점가 지원 및 상권 활성화를 위해 설립
－주무기관: 중소기업청
－홈페이지: www.semas.or.kr
－소재지: 대전광역시 □구 △△로 246 ○○빌딩 2, 3층
－사업자번호: ○○○-△△-□□□

◈ 기관 연혁
• 1999. 2. 10. 소상공인지원센터 설립(전국 13개, 지방중소기업청)
• 2005. 3. 15. 시장경영지원센터 설립(「재래시장 육성을 위한 특별법」)

- 2006. 5. 22. 소상공인진흥원 설립(「소기업 및 소상공인 지원을 위한 특별조치법」)
- 2010. 7. 1. 시장경영진흥원 전환('재래시장' 명칭을 '전통시장'으로 변경)
- 2011. 8. 25. 소상공인진흥원과 소상공인지원센터 통합
- 2013. 5. 28. 「소기업 및 소상공인 지원을 위한 특별조치법」 개정(공단 설립 근거)
- 2014. 1. 1. 소상공인시장진흥공단 출범(소상공인진흥원과 시장경영진흥원 통합)

◈ 주요 기능 및 역할
- 소상공인에 대한 교육, 컨설팅 및 협업, 조직화 지원
- 소공인 및 중소소매업 등 업종별 특화 지원
- 전통시장별도 특색에 맞는 시설 및 경영 지원
- 소상공인시장진흥기금 운용, 관리 및 융자 지원
- 소상공인 · 전통시장 창업 및 경영 정보 제공
- 소상공인 · 전통시장 현황 조사 및 정책 연구 등

◈ 경영 목표 및 전략
미션: 소상공인 · 전통시장 성장 및 발전 등 통해 국가 경제 발전에 기여
비전: 세계 일류의 소상공인, 시장 서비스 기관
핵심 가치: 고객 중심, 융합, 혁신, 가치 창조
경영 목표: 준비된 창업 10,000개 지원
        2조 원 정책 자금 지원
        명품 전통시장 100개 육성
        정부 3.0 공시 상위 기관 달성

◈ 중점 추진 과제
* 단계별 맞춤 지원 강화
  −창업 단계 안정화 지원
  −성장 단계 활성화 지원
  −폐업 · 전업 단계 재기 지원
  −성장 인프라 조성 확대

　　-정보 제공 인프라 확대

　　-소상공인 조직 협력화 촉진

　　-중소소매업 자생적 향상

　　-금융 지원 다각화

　　-소상공인 성장 역량 강화

　* 전통시장 활력 회복

　　-특성화 시장 육성 확대

　　-마케팅 다양화 및 정례화

　　-편리하고 안전한 쇼핑 환경 구축

　　-청년 상인 육성

　* 조직 혁신을 통한 고객 만족도 제고

　　-소상공인 접점 지원 강화

　　-사업성과 평가지표 재설계

　　-조직청렴도 강화

◈ 조직도

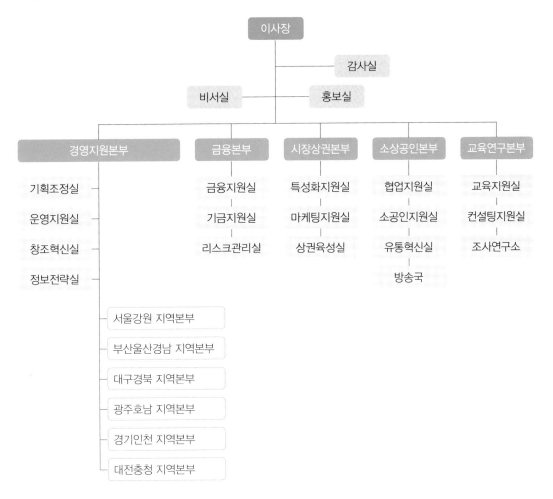

도로명 주소: 대전광역시 □구 △△로 246 ○○빌딩 2, 3, 11층

전화: 042-○○○-××××

지하철: 대전 □□역 하차 1번 출구, 대전 △△역 하차 3, 4번 출구(중구청 방향)

버스: □□ 또는 ××× 하차 ○○빌딩으로 이동

간선 파란색 버스

    108: 충대농대 ↔ 낭월차고지

    311: 대한통운 ↔ 동물원

    313: 동신고 ↔ 뿌리공원

    615: 대한통운 ↔ 정림동

620: 낭월차고지 ↔ 대한통운

101: 안산동 ↔ 대성여고

103: 수통골 ↔ 동춘당

201: 원내차고지 ↔ 비래동

613: 비래동 ↔ 갈마아파트

701: 탑립동 ↔ 서부터미널

202: 대전역 ↔ 신도아파트

지선 녹색 버스

317: 안산동 ↔ 월평주공아파트

513: 화물터미널 ↔ 정부청사역

614: 동물원 ↔ 향촌아파트

승용차 서울 방면: 대전IC > 중촌네거리 > 대종로네거리 > 대전세무서 > 중구청 > 중구보건지소네거리 > ○○빌딩(소상공인시장진흥공단)

부산 방면: 판암TG > 판암역 > 제1치수교앞네거리 > 보문오거리 > 대전고등학교 > ○○빌딩(소상공인시장진흥공단)

3) 잠재적 학습자 분석

(1) 소상공인 개념

소상공인은 소기업 중에서도 규모가 특히 작은 기업이라든지 생업적 업종을 영위하는 자영업자들로서 도소매업, 음식업, 숙박업, 서비스업의 경우에는 상시근로자 5인 미만 사업자를, 광업, 제조업, 건설업 및 운수업의 경우에는 상시근로자 10인미만의 사업자를 말한다(「소기업 및 소상공인지원을 위한 특별조치법 시행령」 제2조).

중소기업청의 정의에 의하면, 소상공인이라 함은 소기업 중 상시근로자 수가 5인 미만(제조, 광업, 건설, 운송업은 10인 미만)인 기업자를 의미한다.

소기업을 보호 및 육성하자는 차원에서 소기업과 중소기업을 구분하고 있으며, 1999년 2월 소상공인지원센터가 개소되면서 소상공인을 별도로 구분하여 지칭하게 되었다. 그 후 소상공인이라는 용어는 「소기업지원을 위한 특별조치법」이 2000년 12월 29일에 「소기업 및 소상공인 지원을 위한 특별조치법」(법률 제6314호)으로 개정됨에 따라 소기업 지원계획 수립 방법, 소상공인지원센터의 설치 및 운영방법 등이 제정되면서 법적으로 그 정의를 내리기 시작하였다(김기희, 2011, pp. 11-17).

(2) 소상공인의 정의

소상공인은 중소기업의 범위 안에 속해 있으면서 중소기업과 소기업으로 구분되는 특징을 지닌 집단이며, 개인사업 및 법인 또는 비법인 단체의 기업 형태의 구분 없이 광업, 제조업, 건설업, 운수업의 경우에는 10인 미만, 이 외의 업종의 경우에는 5인 미만의 상시근로자 규모로 재화와 서비스를 사회에 제공하는 집단을 말한다.

* 범주별 소상공인 사업체 수 및 종사자 변화 추이 (단위: 개수, 명, %)

연도		소상공인 전체	생활형 서비스업	지식 서비스업	기타 서비스업	제조업 관련 업종	농림어업
2007	사업체 수	78,550	53,541	6,450	10,305	8,253	1
	비중	100%	68.2	8.2	13.1	10.5	0.001
	종사자 수	144,927	90,713	13,994	17,655	22,552	3
	비중	100%	62.6	9.7	12.2	15.6	0.002
2008	사업체 수	79,580	51,444	6,554	10,663	8,238	1
	비중	100%	68	8.2	13.4	10.4	0.001
	종사자 수	147,973	91,533	14,198	18,453	23,780	4
	비중	100%	61.9	9.6	12.5	16.1	0.003
2009	사업체 수	78,819	53,951	6,691	10,748	8,427	2
	비중	100%	67.6	8.4	13.5	10.6	0.003
	종사자 수	148,281	91,458	14,493	18,750	23,572	8
	비중	100%	61.7	9.8	12.6	15.9	0.005

※ 출처: 통계청(2007, 2008, 2009), '사업체기초통계조사'에서 재편 및 가공

대전의 기업 규모별 사업체 수 및 종사자 수

(단위: 개수, 명, %)

구분		전체	소상공인	소기업	중기업	중소기업	대기업
2009	사업체	93,176	79,819 (85.66%)	87,972	5,042	93,014	162
	종사자	468,501	148,281 (31.66%)	215,487	171,799	387,286	81,215
2010	사업체	95,650	82,459 (86.31%)	90,182	5,294	95,476	174
	종사자	492,722	153,995 (31.25%)	224,408	182,382	406,790	85,932
2011	사업체	100,474	86,312 (85.90%)	94,649	4,547	100,306	168
	종사자	509,740	161,340 (31.65%)	233,997	191,618	425,615	84,125
비율	사업체	100%	85.9	94.2	5.6	99.8	0.2
	종사자	100%	31.7	45.9	37.6	83.5	16.5
증감률	사업체	5.0%	4.7	5.0	6.9	5.0	−3.4
	종사자	3.5%	4.8	4.3	4.3	3.5	−2.1

※ 주: ① ( ) 안의 수는 전체 대비 소상공인 비율을 나타냄.
　　② 비율 및 증감률은 2010년 대비 2011년의 수치임.
※ 출처: 통계청(2011, 2013) 전국사업체조사.

* 소상공인 조사 내용

조사 분야	조사 항목	주요 조사 내용	
응답자의 기본 정보	응답자 현황	• 지역 • 업종	• 성별 • 연령
소상공인 일반 현황	사업체 특성	• 사업체 형태 • 창업년도 • 종업원 수	• 사업장 소유 형태 • 사업장 입지 유형 • 성장단계(영업 상황 단계)
	사업체 일반 현황	• 고객 수 증감 • 주된 경쟁 상대 • 월평균 매출액	• 매출액 증감 및 이유 • 월평균 영업이익(순이익) • 월평균 영업이익 증감

	창업 관련 사항	• 창업 동기 • 현 사업 이전 직종 • 창업 준비 기간 • 창업 시 애로사항	• 창업 비용 • 자기 자본 비율 • 사업체 운영 경험
사업체 경영일반	경영활동 사항	• 영업활동 시 애로사항 • 종업원 관리 애로사항 • 외부 자금 사용 경험 여부	• 외부 자금 사용 출처 • 부채 규모 • 협회 및 단체 가입 여부
구조 개선	사업 전환 관련사항	• 향후 운영계획 • 업종 전환 시 애로사항	• 취업계획 • 근로자 취업 애로사항

정책 평가	정책 관련 사항	• 정보 습득 경로
		• 정보 습득 장소
		• 정보 습득 만족도
			• 정책평가(인지도, 인지 경로 이
			  용 경험, 이용만족도)
			• 협업화 지원(인지도 가입 여부,
			  가입 의향, 기대 효과, 애로사항)

(3) 소상공인의 특성

소상공인은 소상공인 → 중소기업 → 중견기업 → 대기업으로 성장하기 위한 씨앗 역할을 수행한다. 초기단계에서 중견 및 대기업과의 하청분업 관계에서 부품을 생산 및 조립하거나 생산품의 도소매 등 경제 시스템의 하부 구조를 형성하고 있고, 우리나라 중산층 형성의 중심 역할을 수행하고 있다. 이러한 경제적인 기여에도 불구하고 이들은 현실적으로 매우 취약한 경영 상태를 가지고 있다.

① 영세한 자본 규모

소상공인은 자본 규모의 영세성으로 사업 규모 및 범위가 제한적이다. 그러므로 사업 확장 및 업종 전환 시 금융기관 등 외부 자금의 도입이 없이는 경영이 어려운 것이 현실이다. 특히 담보나 신용의 부족으로 제도금융권을 이용하지 못하고, 친인척 및 고리대금업자 등 사채시 장의 의존도가 높다.

② 소유와 경영이 동일

외부 자본의 참여 없이 소유자가 직접 경영하는 가족주의적인 경영 형태를 지니고 있다. 소유와 경영이 분리되는 주식회사의 형태보다는 개인 기업의 형태를 취하고 있음에 따라 객관적인 외부 감사나 통제 장치가 없어 방만하게 운영되기 쉬운 취약점이 있다.

③ 가계 자금과 기업 자금의 미분리

기업 운영자금과 가계 생활자금의 구분이 없다. 기업의 수익은 가계의 생활자금으로 그대로 유입되어 손익의 개념이 희박하고, 각종 장부나 서류체계가 미흡하다. 무계획적인 자금 관리로 금융기관의 신용도도 낮다.

④ 창업 업종의 집중화

소상공인의 창업 업종은 창업이 용이하고 운영이 비교적 편리하다고 인식되는 도소매업, 음식업, 서비스업에 집중되고 있다. 그리고 소상공인 사업 비즈니스 운영에 실패하고 폐업 후 재창업 시에도 동종 업종을 선택하는 비율이 70~80% 이상으로 매우 높다.

4) 요구 분석

〈조사 개요〉
- 표본 수: 16개 시도 10,490개 소상공인 사업체(표본오차 ±0.97%, 95% 신뢰수준)
- 조사방법: 표본추출(업종·지역별 우선 비례할당)에 의한 방문 및 면접조사(표본추출 틀: 통계청 2011년 전국사업체조사)
- 조사기관: 소상공인시장진흥공단

〈표본 특성〉
- 연령·성별: 평균 연령 50.6세, 남성 57.2%/여성 42.8%
* 40대 이상 분포 추이: (2007) 81.7% → (2010) 83.5% → (2013) 87.1%
- 영업 기간: 평균 영업 기간 9.7년
- 사업체 형태: '독립점포(단독사업체)' 91.4%, '중소계열 가맹점' 7.2%, '대기업계열 가맹점' 1.4%
- 소유 형태: '보증부 월세' 65.5%, '소유' 25.2%, '월세' 4.8%
- 성장단계: '쇠퇴기' 47.8%, '성숙기·안정기' 30.0%, '성장기' 10.6% 순

* 소상공인 조사내용

조사 분야	조사 항목	주요 조사내용	
응답자의 기본 정보	응답자 현황	• 지역 • 업종	• 성별 • 연령
소상공인 일반현황	사업체 특성	• 사업체 형태 • 창업년도 • 종업원 수	• 사업장 소유 형태 • 사업장 입지 유형 • 성장단계(영업 상황 단계)
	사업체 일반 현황	• 고객 수 증감 • 주된 경쟁 상대 • 월평균 매출액	• 매출액 증감 및 이유 • 월평균 영업이익(순이익) • 월평균 영업이익 증감
	창업 관련 사항	• 창업 동기 • 현 사업 이전 직종 • 창업 준비 기간 • 창업 시 애로사항	• 창업 비용 • 자기 자본 비율 • 사업체 운영 경험
사업체 경영일반	경영활동 사항	• 영업활동 시 애로사항 • 종업원 관리 애로사항 • 외부 자금 사용 경험 여부	• 외부 자금 사용 출처 • 부채 규모 • 협회 및 단체 가입 여부
구조 개선	사업 전환 관련사항	• 향후 운영계획 • 업종 전환 시 애로사항	• 취업계획 • 근로자 취업 애로사항
정책 평가	정책 관련 사항	• 정보 습득 경로 • 정보 습득 장소 • 정보 습득 만족도	• 정책 평가(인지도, 인지 경로 이용 경험, 이용만족도) • 협업화 지원(인지도 가입 여부, 가입 의향, 기대 효과, 애로사항)

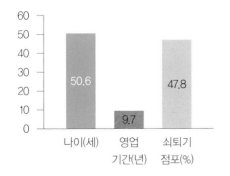

소상공인 창업 평균 나이, 영업기간, 쇠퇴기

소상공인 최초 평균 창업비용 7,257만 원

평균 창업 준비 기간 8.6개월

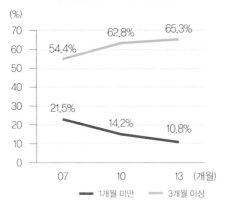

창업 동기

한국의 전통시장 SWOT 분석

strenth	weakness	opportunity	threat
S	W	O	T

• 주택가 근거리 위치
• 흥, 덤, 단골 거래 방식
• 시장골목의 정취적 매력
• 지역 커뮤니티의 역할
	• 편의시설과 여유 공간
	  의 부족
	• 전근대식 거래 환경
	• 상인의 노령화 및 의지
	  부족
	• 소비자 욕구 대응 미흡
		• 중앙 정부 및 지자체
		  의 지원과 투자
		• 관광자원으로서의
		  잠재력
			• 기업형, 온라인 유통
			  점 등장
			• 소비자 소비 형태의
			  복합적 변화

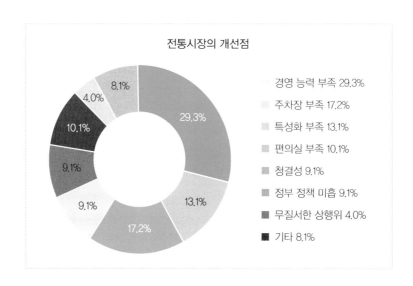

전통시장의 개선점

경영 능력 부족 29.3%
주차장 부족 17.2%
특성화 부족 13.1%
편의실 부족 10.1%
청결성 9.1%
정부 정책 미흡 9.1%
무질서한 상행위 4.0%
기타 8.1%

5) 교육목표 설정 및 진술

[교육목적]

　교육 여건이 열악한 소상공인들을 위하여 전문가를 통한 소상공인 경영이론의 학습뿐 아니라 금융, 세제, 마케팅 등의 실질적이고, 효율적인 교육 콘텐츠 개발 및 보급이 목적

[교육목표]

　교육을 통해 자신감을 회복하고 나의 일에 대한 의미와 가치를 깨달을 수 있다.

　새로운 정보와 최신 트렌드를 이해함으로써 매출 상승을 시킬 수 있다.

　우리 가게만의 영업 전략을 수립함으로써 매출 상승에 도움이 되는 정보를 분석할 수 있다.

　매장에서 고객서비스 응대 향상으로 고객을 만족시킬 수 있다.

6) 프로그램의 교육방법 매체 선정

　교육과정 구성 개요: 12주 강의, 매주 월, 수, 금 3일 강의

　학기 총 강좌 수 = 개설 9강좌(3강좌 선택)

　매일 2시간 × 3강좌 (오전 1강좌, 오후 2강좌)/총 교육과정 이수시간: 72(시간)

　〈교육과정 특색〉

　• 대학 교육 시스템 수준의 창업교육 제공

* 교육목표별 편성과목 분류표

교육목표	과목
교육을 통해 자신감을 회복하고 나의 일에 대한 의미와 가치를 깨닫는다.	일의 가치
	스트레스 매니지먼트
새로운 정보와 최신 트렌드를 이해함으로써 장사에 도움을 준다.	SNS 마케팅
	POP 손글씨
우리 가게만의 영업 전략을 수립함으로써 매출 상승에 도움이 되는 정보를 실천한다.	상권분석
	재무관리
	경제교실

매장에서 고객서비스 응대 향상으로 매출액 증가	서비스 마인드
	서민부자

(1) 과목명: 경제교실	(영문: Economics)
(2) 학점−강의−실습: 2−2−0	(3) 이수 구분: 필수
(4) 개설 요일/시간: 월/ 10:00~11:50	(5) 과목 구분: 이론

(6) 교과목 개요

경제교실은 시장경제의 기본 단위인 가계와 기업의 행위, 즉 소비자 행동과 기업 생산을 분석하여 시장 형성의 기본원리를 분석하며, 시장기능은 자원 배분과 소득 분배를 어떻게 규정짓는가를 중심으로 학습한다. 주요내용은 경제학의 기초이론을 포함하여 대전의 경제 이해, 대전 지역 주민의 소비 패턴 분석, 경제 관련 신문 및 뉴스로부터 정보 습득 등이다

(7) 선수 · 후수 과목 여부 및 과목명: 없음

(8) 적정 수강자 수: 40	(9) 수업 장소: 일반 강의실

(10) 강사 자격 요건: 경제학 박사 혹은 석사학위 소지자 중 5년 이상 경력자

(11) 운영방법: 단독 수업

(12) 성적: 알파벳 학점(A+: 95~100, A: 90~94), B+, B, C+, C, D+, D, F)

- 소상공인 창업을 준비하는 30~40대 이상의 대전 시민을 위한 맞춤형 교육 제공
- 기수 중심의 학사 운영으로 수강생들이 창업 동반자로 성장할 수 있도록 수강생들의 강좌 후 자체 모임 활성화 기회 제공
- 본 교육 강좌는 3개 학기 강좌 ① 창업 강좌, ② 창업 후 운영 및 마케팅 강좌, ③ 도약을 위한 비즈니스 확장 및 재창업으로 구성된 시리즈 강좌의 첫 학기 수업으로 진행
- 멘토 교수제도를 활성화하여 학기 중이나 학기 후에도 창업 지도를 받을 수 있는 교육 시스템 운영

프로그램	목표	프로그램 내용	교수방법	교수매체 및 보조 자료	시간	장소
스트레스 매니지먼트	• 스트레스의 의미를 이해할 수 있다. • 스트레스를 관리함으로써 어려움을 극복할 수 있다.	• 스트레스란? • 좋은 스트레스 VS. 나쁜 스트레스 • 직무 스트레스 관리 • 스트레스 지수 측정	강의식 조별 토의	교재, 설문지, 빔 프로젝터, 동영상	2시간	강의실
서비스 마인드	• 서비스 마인드를 함양함으로써 고품격 서비스를 제공할 수 있다.	• 고객의 의미 • 인사 • 서비스 화법 • 미소 • 컴플레인 응대	토의 발표식, 시범 실습식	빔 프로젝터, PPT 자료	2시간	강의실
상권분석	• 현재, 미래의 입점 상권을 분석함으로써 미래의 가치와 트렌드를 읽고, 상권에 대한 이해를 할 수 있다.	• 실태조사 • 상권조사 프로그램 사용방법 • 현재 상권분석 실습 • 미래 목표 설정	조별 토의, 시범 실습식	PPT 자료, 인터넷 활용, 전지	2시간	강의실
마케팅전략	• 다양한 마케팅 방법을 배우고 실행함으로써 매출을 향상시킬 수 있다.	• SNS 마케팅 • 마케팅 실습 • 마케팅 전략 수립 • 실습 • 피드백	시범 실습식, 강의식, 조별 발표	전지, 필기도구, 핸드폰 또는 개별 노트북	2시간	강의실

(1) 과목명: 상권분석　　　　　　　　　　　　　(영문: Marketing Area Analysis)

(2) 학점-강의-실습: 2-2-0　　　　　　　　　(3) 이수 구분: 필수

(4) 개설 요일/시간: 월/ 13:00〜14:50　　　　(5) 과목 구분: 실습/이론

(6) 교과목 개요

소상공인시장진흥공단에서 제공하는 전국소상공인 실태 조사, 전국지역 상권분석 시스템을 활용하는 방법을 강의한다. 실태 조사와 상권분석 시스템을 이해할 수 있도록 관련 이론과 개념을 강의하고, 수강생들이 창업 시 업종 및 지역 선택에 대한 유용하고 신뢰성 높은 정보를 얻을 수 있도록 강의한다.

(7) 선수 · 후수 과목 여부 및 과목명: 없음

(8) 적정 수강자 수: 40　　　　　　　　　　　(9) 수업 장소: 일반 강의실

(10) 강사 자격 요건: 경제학 박사 혹은 석사학위 소지자 중 5년 이상 경력자

(11) 운영방법: 단독 수업

(12) 성적: 알파벳 학점(A+: 95〜100, A: 90〜94), B+, B, C+, C, D+, D, F)

7) 자원 배분

정부 지원 사업 또는 대기업 지원 사업으로 내부 강의 자원을 주로 활용 또는 재능 기부 형태로 시설 및 자원도 자체적으로 활용하기 때문에 별도로 비용 지출 부분이 없다.

8) 마케팅과 홍보

- 홍보 대상: ○○ 지역 소상공인 또는 전국적
- 홍보 방법: SNS 활용 대학생 서포터즈, 창업 관련 카페, 개인 블로그, 상인회보, 신문 지면, 위탁업체 자체 홍보, 다양한 SNS 등
- 홍보 기간: 연중
- 홍보 자료 제작: 자체 제작
- 홍보 예산: 별도

* 창업 관련 카페

2014 ○○ 소상공인 창업박람회(2014 Daejeon Small Business Expo)	
명칭	2014 ○○ 소상공인 창업박람회
기간	2014/9/25(목)~9/26(금) / 2일간
장소	○○광역시청
참가 규모	70업체 100부스
주요행사	소상공인을 위한 창업과 성장의 모델 제시, 컨설팅 등
주최	○○광역시
주관	○○경제통상진흥원, ○○일보사
후원(예정)	○○상공회의소, 중소기업중앙회 ○○△△지역본부, ○○신용보증재단 한국프랜차이즈협회 ○○ 충남지회 등

구분	09/25 (목)	09/26 (금)
	10:00~18:00	10:00~18:00
개막식	10:00~11:00	
본 행사	−창업아이템 전시관	−창업아이템 전시관
	−사회적 기업 및 3대 30년 업소 홍보관	−사회적 기업 및 3대 30년 업소 홍보관
	−1인 창조 기업 및 시니어 비즈플라자 홍보관	−1인 창조기업 및 시니어 비즈플라자 홍보관

9) 평가 및 보고

소상공인 성장 클리닉 설문조사

1. 오늘 진행된 교육의 전체적인 만족도는 어떠한가요?

☆ ☆ ☆ ☆ ☆

2. 강사는 교육의 내용을 이해하기 쉽게 전달하였나요?

☆ ☆ ☆ ☆ ☆

3. 교육에 이용된 교재의 내용은 적절한가요?

☆ ☆ ☆ ☆ ☆

4. 주어진 강의시간이 적절히 활용되었나요?

☆ ☆ ☆ ☆ ☆

5. 나는 이 교육에 적극적으로 참여하였나요?

☆ ☆ ☆ ☆ ☆

6. 이 수업을 통해 많은 것을 배우고 그것을 현장에 적용할 수 있나요?

☆ ☆ ☆ ☆ ☆

오늘 진행된 교육의 전체적인 만족도는?

답변한 수: 1 건너뛴 수: 0

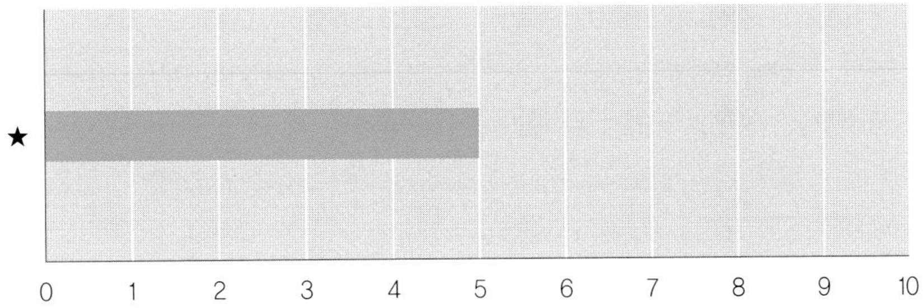

	1	2	3	4	5	총계	가중 평균
★	0.00% 0	0.00% 0	0.00% 0	0.00% 0	100.00% 1	1	5.00

1. 프로그램 개발 사례를 통해 보완해야 할 내용에 대해 토론하시오.

2. 프로그램 개발 사례를 통해 본인의 관심 분야에 대해 토론하시오.

3. 미래 평생교육 프로그램 개발의 방향성에 대해 토론하시오.

참고문헌

김용현, 김종표, 문종철, 이복희(2010). 평생교육 프로그램 개발론. 경기: 양서원.

김기희(2011). 대전 소상공인 실태조사 및 활성화방안 연구. 대전: 대전발전연구원.

남윤형, 전민우(2010). 전통시장 지원정책 방향 재정립에 관한 연구. 서울: 중소기업연구원.

대전평생교육진흥원(2014). 시민요구 맞춤형 평생교육 프로그램 개발 연구.

대전발전연구원소상공인진흥원(2010). 전국소상공인실태조사 보고서.

기영화(2014). 평생교육 프로그램 개발. 서울: 학지사.

김상곤, 최승희, 안정선(2012). 사회복지 프로그램 개발과 평가. 서울: 학지사.

김영숙, 김욱, 엄기욱, 오만록, 정태신(2002). 사회복지 프로그램 개발과 평가. 경기: 교육과학사.

김영종(2004). 사회복지행정. 서울: 학지사.

김진화(2011). 평생교육 프로그램 개발론. 경기: 교육과학사.

김종명, 구재관, 김성철, 김명근, 김재원, 신기원, 이순호, 현영렬(2014). 경기: 양서원.

신용주(2017). 평생교육 프로그램 개발론. 서울: 학지사.

이화정, 양병찬, 변종임(2014). 평생교육 프로그램 개발의 실제. 서울: 학지사.

정무성, 정진모(2001). 사회복지 프로그램 개발과 평가. 경기: 양서원.

정세구 외 공저(2003). 윤리와 사상. 교육과학기술부. 서울: 지학사.

조은산(2016). 평생교육담당자의 평생학습상담 실천에 대한 요구분석. 동의대학교 대학원 석사학위논문.

지은구(2005). 사회복지 프로그램 개발과 평가. 서울: 학지사.

최정임(2002). 요구분석. 서울: 학지사.

최은수, 김미자, 윤한수, 진규동, 임정임, 최연희, 이재남(2016). 평생교육 프로그램 개발론. 경기: 공동체.

통계청(2007). 사업체 기초 통계 조사.

통계청(2008). 사업체 기초 통계 조사.

통계청(2009). 사업체 기초 통계 조사.

통계청(2012). 한국 사업체 조사.

통계청(2013). 한국 사업체 조사.

황성철(2005). **사회복지 프로그램 개발과 평가**. 경기: 공동체.

Boone, E. J. (1985). *Developing programs in adult education*. Englewood Cliffs, NJ.:Prentice-Hall. Inc.

Kerlinger, F. N. (1985). *Foundations of behavioral research* (3th ed.). New York: Holt, Rinehart and Winston, Inc.

Moore, D. E. (1998). Needs assessment in the new health care environment: Combining discrepancy analysis and outcomes to create more effective CME. *The Journal of Contiuning Education in the Health Professions, 18*(3), 133-141.

Skidmore, R. A. (1995). *Social work-administration*. Needham Heights, MA: Allyn & Bacon.

York, R. O. (1982). *Humam service planning: Concepts, tools and methods*. Chaper Hill, North Carolina : The University of North Carolina Press.

네이버지식백과 '계획' (2021. 1. 22. 검색).

평생교육 프로그램 운영과 관리

지식은 정신의 음식이다.

─ 소크라테스 ─

학습목표

1. 프로그램 운영과 관리에 대해 이해할 수 있다.
2. 프로그램 교수학습 관리에 대해 이해할 수 있다.

학습 개요

　　평생교육기관의 지속적인 발전을 위해서 중요한 임무 중의 하나는 프로그램의 운영과 관리이다. 프로그램 운영과 관리가 제대로 이루어지지 아니하면 평생교육기관의 책임성과 정당성을 확보하기가 어렵다. 평생교육 프로그램을 계획하고 그것이 계획대로 수행되고 있는지를 여러 가지 차원에서 관리할 필요성이 있다. 이 장에서는 프로그램 운영과 관리, 프로그램 교수학습 관리에 대해 살펴보고자 한다.

1. 프로그램 운영과 관리

1) 프로그램의 운영

평생교육기관이 유지되고 발전하는 데 있어 가장 중요한 직무가 프로그램의 운영과 관리로, 이는 평생교육기관이 보유한 인적·물적 자원을 투입하여 기관의 수익을 창출할 수 있도록 실행하는 것을 의미한다(최은수, 배석영, 2009).

2) 프로그램의 관리

아무리 잘 고안된 교육 프로그램이라고 할지라도 프로그램 운영과 관리가 제대로 이루어지지 아니하면 프로그램의 가치에 의문이 제기될 수밖에 없다(김진화, 2011). 가장 기본적인 것은 프로그램 참여자와 진행 과정에 대한 정보들이 관리되고 기록물이 정리되어야 한다(김상곤 외, 2012).

(1) 정보체계 관리

평생교육기관은 프로그램을 위한 정보체계 관리를 구축하고 필요한 정보를 효과적으로 활용할 수 있어야 한다. 일반적으로 평생교육기관에서 관리해야 할 정보는 지역사회 정보, 학습자 정보, 서비스 정보, 직원 정보, 자원 할당 정보(전체 비용, 특수한 유형의 서비스 비용, 예산 및 결산 보고서를 위해 필요한 자료 등) 등이다.

(2) 기록과 문서 관리

평생교육사는 프로그램 실행의 결과물들을 어떠한 형태로든 정리하여 이해관계자들에게 인정을 받아야 한다. 프로그램 기획에서부터 프로그램의 시작과 진행, 성공과 관련이 있는 실질적인 이해당사자들이 누구인지를 규명하고 그들의 요구에 부합하는 정보들을 수집하고, 기록물을 남기고, 문서로 정리할 것인가를 결정하고, 기록체계를 수립하는 것도 평생교육사가 담당해야 할 주요한 과업이다(김상곤 외, 2012).

(3) 인적 자원의 선정과 관리

프로그램 실행 과정에는 인적 자원과 물적 자원에 대한 확보 및 관리도 포함된다. 이러한 자원의 확보 및 관리는 프로그램의 성패를 좌우하는 중요한 요소로서 좋은 프로그램도 필요한 자원이 확보 및 관리되지 않으면 효율적으로 실천될 수 없다(김영숙 외, 2001).

평생교육기관의 인적 자원은 프로그램 실행에 필요한 지도자, 관리자, 교수자로, 교수자는 단순히 지식이나 기술, 태도를 일방적으로 전달하는 사람이 아니라, 일반적으로 학습 과정을 도와주는 자원인의 역할을 한다(기영화, 2014). 일정한 목표를 가지고 있는 프로그램을 효과적이고 효율적으로 실행하고 운영하기 위해 평생교육사는 실제 평생교육 현장에서 교수자의 교수 행위와 학습자의 학습 행위 그리고 운영 요원의 운영 및 관리 행위에 대한 기초적인 이해가 선행되어야 가능하다(김진화, 2011).

성공적인 프로그램을 위해 교수자는 다음의 요건을 갖추어야 한다(기영화, 2014).

첫째, 주제에 관해 충분한 지식을 갖추었는가?

둘째, 다양한 교수 기법에 숙달되어 있고, 학습자의 특성과 상황에 따라 다른 교수 기법을 사용할 수 있는가?

셋째, 학습자의 배경과 경험에 따라 융통성 있게 반응할 수 있는가?

넷째, 학습자들의 상황과 경험을 진심으로 이해하고, 그들의 공감대를 형성할 수 있는가?

다섯째, 가르침과 학습자에 대한 열정을 갖고 있는가?

여섯째, 유머를 효율적으로 사용할 수 있는가?

일곱째, 상황에 따라 학습활동을 변경할 수 있는 능력을 갖고 있는가?

평생교육사는 직접 학습자를 대상으로 가르칠 기회를 갖거나 아니면 가르치지는 않는다고 할지라도 학습을 어떻게 관리할 것인가에 대한 기초적인 원리를 이해하고 있어야 한다(김진화. 2011).

(4) 물적 자원의 확보와 관리

물적 자원은 조직 차원에서 확보 및 관리하는 것이 일반적인데, 프로그램 개발자는 조직이 이미 확보하고 있는 자원과 새롭게 확보해야 할 자원으로 구분하여야 한다(김영숙 외, 2001). 또한 프로그램은 그 활동을 구체적으로 실행하기 위한 제반 시설과 설비를 필요로 하며, 물리적인 편의시설은 프로그램의 효과에 직접적인 영향을 미치기 때문에 물리적 시설은 학습자들에게 편안하고 사용하기에 편리하며, 교수자와 학습자의 상호작용을 극대화시킬 수 있는 것으로 갖추어져야 한다.

3) 프로그램의 관리 기법과 운영 관리의 과정

(1) 프로그램 관리 기법

평생교육기관에서 프로그램에 대한 기획만으로는 그 목적과 목표를 달성할 수 없다. 학습자들의 요구를 충족하고, 교육문제를 해결하기 위한 프로그램은 기관의 적절한 과정을 통해 기획된 후에 실행이 이루어져야 한다. 또한 기획된 프로그램의 목적과 목표를 달성하기 위해서는 프로그램에 대한 관리가 지속적으로 이루어져야 한다. 프로그램을 잘 운영하기 위해서는 프로그램 관리 기법을 활용해야 한다. 프로그램에 대한 관리 기법으로는 ① 목표 달성에 대한 관리 기법, ② 문제 발견 및 예측에 대한 관리 기법, ③ 프로그램 진행에 대한 관리 기법 등이 있다(성규탁, 1998; 정무성, 정진모, 2001: 김영숙 외, 2001에서 재인용).

표 13-1 프로그램 관리 기법

프로그램 관리기법	내용
① 목표 달성에 대한 관리 기법	기획 과정에서 설정한 목적 및 목표의 달성이 어느 정도 이루어지고 있으며, 영향을 미치는 요인들이 무엇인지를 파악하여 적절한 조치를 취하기 위한 기법이다.
② 문제발견 및 예측에 대한 관리 기법	5W1H 체크리스트 기법은 실행 주체(Who), 실행 목적(Why), 실행 활동(What), 실행 방법(How), 실행 시기 및 기간(When), 실행 장소 및 여건(Where) 등의 여섯 관점에서 프로그램 실행 과정을 확인하여 문제점 등을 발견 및 예방하기 위한 기법이다.
③ 프로그램 진행에 대한 관리 기법	프로그램 진전 상황 검토와 보고, 프로그램의 완결을 위한 구체적인 진행 계획이 마련되어야 한다. 이러한 진행 계획은 프로그램이 활동적, 능동적으로 운영되도록 하는 데 도움을 준다.

출처: 김영숙 외(2001), pp. 211-214을 재구성하였다.

(2) 프로그램 운영 관리의 과정

평생교육기관에서 교육 프로그램을 운영하는 담당자가 프로그램 과정을 이끌어 나가는 것은 중요한 과업 중의 하나이다. 기획된 프로그램이 원활하게 진행되기 위해서는 각 단계마다 운영담당자의 적절한 역할 수행이 수반되어야 한다. 프로그램 실행단계에서 평생교육 담당자가 프로그램을 직간접적으로 참여하고 관리 역할을 담당하는 운영 관리의 과정에 대해 살펴보면 〈표 13-2〉와 같다.

표 13-2 프로그램 운영 관리의 과정

운영 관리의 과정	내용
① 준비단계	프로그램이 효율적으로 진행되고, 높은 성과를 얻기 위해서는 교육이 실행되기 전에 교재의 준비, 강사의 섭외, 교육 장소, 강의실 점검, 교육 기자재와 보조 자료, 출석부 등을 철저하게 검토해야 한다.
② 실시단계	프로그램의 실시는 프로그램의 가치를 확인하는 것이 가능한 단계로, 원만한 진행을 위해 필요한 사항은 사전 점검, 진행담당자의 역할 분담이 명확해야 하며, 상황 분석을 통해 돌발 상황에 대비하는 것이 필요하다.
③ 정리단계	이 단계에서는 프로그램의 실행 과정과 결과를 기록하고 정리 및 요약함으로써 피드백에 도움을 주고 다음 교육에 참고가 되도록 한다. 이러한 기록은 체계적인 평가를 위한 자료로 활용하기에 용이하다.

출처: 최은수, 배석영(2009), pp. 226-228을 재구성하였다.

2. 교육 프로그램 운영담당자의 역할

평생교육기관의 교육 프로그램 운영담당자는 「평생교육법」에서 규정한 평생교육사의 업무인 기획, 진행, 분석, 평가, 교수 등의 역할을 수행한다.

표 13-3 평생교육 프로그램 운영담당자의 역할

역할	내용
① 프로그램 활동의 기획	기획은 평생교육기관이 추구하는 교육이념의 목표를 달성하기 위한 준비 과정으로, 프로그램의 개발에서부터 관리까지 포함한 운영 기획을 수립하여 실행하여야 한다.

② 프로그램의 진행	프로그램 운영담당자는 교육성과를 달성하기 위해 프로그램 진행의 기본방향과 준수사항 등을 숙지하여 진행에 임하도록 해야 한다.
③ 프로그램의 분석과 평가	분석은 원만한 프로그램 진행 여부, 교수자·프로그램 진행에 대한 만족도, 프로그램의 목표 지향 여부, 다양한 자료 수집 분석을 해야 한다. 평가는 프로그램 목적, 프로그램 내용, 참여자의 반응에 대한 평가 등이다.
④ 교육담당자의 주의할 점	교육담당자는 교육 프로그램 진행 과정에서 복장, 표정, 언어, 행동, 태도 등에서 프로그램 참여자들에게 귀감이 될 수 있도록 모든 면에서 주의해야 한다.

출처: 최은수, 배석영(2009), pp. 221-226을 재구성하였다.

3. 프로그램 교수학습 관리

일정한 목표를 가지고 있는 프로그램을 효과적이고 효율적으로 실행하고 운영하기 위해 평생교육기관의 평생교육사는 실제 평생교육 현장에서 교수자의 교수 행위와 학습자의 학습 행위, 운영 요원의 운영 및 관리 행위에 대한 기초적인 이해가 선행되어야 한다(김진화, 2011).

1) 프로그램 학습 관리

평생교육사는 평생교육 현장에서 성인학습자의 학습 촉진에 관련된 성인학습자의 특성, 학습 촉진 원리를 이해하는 것이 필요하다. 이를 구체적으로 살펴보면 다음과 같다.

구분	내용
① 생리적 특성과 학습 원리	• 성인의 감각 수용 능력, 특히 시력과 청력은 점차 그 기능이 감소되는데, 이러한 변화는 성인이 학습하는 데 많은 영향을 끼친다. • 성인들은 몸이 건강한 상태에서, 편안하고 긴장이 없는 상태에서 학습을 보다 잘하게 된다. • 성인들은 시간상 장애요인들이 있는 경우에 효과적으로 학습하지 않는다.

② 성인의 자아개념 및 자아존중감	• 학습의 견지에서 볼 때, 학습자가 가지고 있는 모든 새로운 경험은 자아와 관련하여 상징화되고 조직화된다. • 성인은 학습활동에 영향을 미치는 자기 자신에 대한 조직화된 기제(자아개념)와 느낌(자아존중감)을 가지고 학습활동에 참여한다. • 긍정적인 자아개념과 높은 수준의 자아존중감을 가지고 있는 성인은 학습에 훨씬 더 민감하며, 학습 환경에 의해 영향을 덜 받는다.
③ 감정, 긴장, 걱정	• 감정이란 인간이 무엇인가 요구하고 있는 상태와 바라지 않는 상태를 표현하기 위해 사용되는 용어이다. • 긴장은 사실에 대한 모호한 반응의 일종이며, 신체 혹은 자아에 대한 지각된 위협을 말한다. • 염려는 막연한 두려움과 위험에 반응하는 긴장 상태를 말한다. • 앞의 정의에서 볼 수 있듯이, 개인에게 계속되고 해결하지 못하는 위협을 제공하는 측면에서 이들은 비슷한 생리적인 과정과 행동 결과를 공유한다. • 성인들은 내적 · 외적 요인에 의해 자극을 받거나, 각성을 받거나, 긍정적인 방향으로 동기화되었을 때 가장 잘 학습한다. • 성인들은 너무 많은 자극이 주어졌을 때 혹은 스트레스나 불안의 경험이 있을 때는 학습하지 않는다.
④ 과거의 경험	• 성인은 아동에 비해서 실제적인 경험을 훨씬 더 많이 가지고 있어서 새로운 경험을 지각하고 이해하는 데 유형화된 다양한 방식을 개발시켜 왔다. 이러한 성인들의 과거의 경험은 성인 학습에 있어서 아주 중요한 요소로 새로운 학습을 촉진시키는 요인으로 기능하기도 하고, 학습을 방해하는 장애요인이 되기도 한다.
⑤ 시간	• 성인은 시간을 과거에 대한 기억과 더없이 지나가는 것, 긴박한 현재 그리고 유한한 미래로서 이해하는 경향이 있다. • 성인 학습은 현재의 즉각적인 문제해결에 초점을 맞추고, 학습내용은 학습자들의 요구에서부터 비롯되어야 한다. • 과거의 경험은 성인들이 점점 나이가 들어감에 따라 점차 중요성이 커진다.
⑥ 동기	• 동기(motivation)는 조직화된 행동을 산출하는 경향성으로 규정된다. 사회심리학적 측면에서 보면 인간의 동기는 생존을 위한 요구와 만족에 의해 동기화되지만 여러 가지가 복합적으로 작용하기 때문에 매우 복잡하다. • 동기는 학습자가 학습활동을 시작할 때 느끼는 욕구(needs)이다. • 성공과 만족은 더 나은 학습을 위한 학습과 동기의 강화에서 비롯된다.
⑦ 학습 스타일과 능력	• 스타일이란 개인이 경험을 조직화시키는 과정에서 선호하는 방법으로 해석될 수 있다. • 거의 모든 성인은 정보를 처리하고 학습하는 데 자신만의 독특한 스타일을 가지고 있으며, 또한 능력도 개인적인 유형과 수준을 가지고 있다. • 평생교육기관에 근무하는 평생교육사는 모든 학습 스타일과 인지적 스타일에 반응할 수 있는 능력을 가지고 있어야 하며, 또한 자신의 스타일을 인식하고 학습자를 보조하는 과정에 영향을 끼치는 요인들에 대해 반드시 알고 있어야 한다.

구분	내용
⑧ 성인기의 발달단계와 전이	• 인간 발달은 주로 나이와 관련하여 육체적 · 사회적 · 생리적인 영역에서 이루어지는 것으로 여긴다. • 성인들의 행동은 고정되어 있는 것이 아니라 내적 · 외적인 압력에 반응하면서 변화한다. • 성인학습자들은 자신의 발달단계 중 과도기(transition points) 상태에 있는 동안에 학습 기회에 보다 더 쉽게 반응한다.

출처: 김진화(2011), pp. 368-380을 재구성하였다.

2) 프로그램 교수 관리

평생교육사는 직접 학습자를 가르치는 경우와 교수자를 도우면서 학습 상황을 점검하는 역할을 수행할 수도 있기 때문에 교수의 기초적인 원리를 알고 있으면 교육 상황을 이해하는 데 도움을 얻을 수 있다(김진화, 2011). 프로그램 교수 관리에 대해 구체적으로 살펴보면 다음과 같다.

구분	내용
① 내용 중심의 교수 원리	• 내용 중심 교수의 기초 원리는 인지주의적 학습 철학에 토대를 두고 있으면서 학습내용의 규명을 토대로 교수 · 학습을 촉진하는 과정 또는 절차를 강조하는 것으로, Bruner와 Gagné의 이론으로 크게 요약될 수 있다. • Bruner(1966)의 교수 · 학습 과정에서는 지식의 구조, 학습 경향성, 계열화, 강화의 형태 및 활용 등을 고려하는 것을 이해하는 것이 중요하다. • Gagné(1977)의 교수이론은 교수 행위를 통해 학습자에게서 일어날 수 있는 변화에 초점을 맞추는 것으로 학습자에게서 일어나는 변화, 즉 학습 결과로 지적 기능, 인지 전략, 언어 정보, 태도, 운동 기능 등으로 규정하고, 교수 · 학습 과정에서 다루어야 할 것은 이것들과 관련된 학습 내용이어야 한다는 것이다.
② 개인차 중심의 교수 원리	• 개인차 중심 교수의 기초 원리는 교수 · 학습 과정에 있어서 학습자에게 초점을 두고 연령과 같은 학습자의 제반 특성을 고려하여 교수 · 학습 진행을 강조하는 것이다.
③ 시간 중심의 교수 이론의 원리	• 시간 중심의 교수이론의 원리는 행동주의적 철학에 토대를 두면서 주로 적정 학습 환경을 기술하기 위하여 교수 · 학습 과정에 관여하는 주요 요인 중 시간의 중요성을 강조하여 교수 원리를 제시하는 것이다.

출처: 김진화(2011), pp. 381-389를 재구성하였다.

토론 문제

1. 평생교육 프로그램 실행과 운영에서 평생교육 담당자의 역할에 대해 토론하시오.

2. 평생교육 현장에서 효율적 운영과 관리에서 효과적인 프로그램 운영 방안에 대해 토론하시오.

3. 평생교육 프로그램 관리 기법 중 목표 달성에 대해 토론하시오.

참고문헌

기영화(2014). 평생교육 프로그램 개발. 서울: 학지사.

김상곤, 최승희, 안정선(2012). 사회복지 프로그램 개발과 평가. 서울: 학지사.

김진화(2011). 평생교육 프로그램개발론. 경기: 교육과학사.

김영숙, 김욱, 엄기욱, 오만록, 정태신(2002). 사회복지 프로그램 개발과 평가. 경기: 교육과학사.

성규탁(1998). 사회복지행정론. 경기: 법문사.

최은수, 배석영(2009). 평생교육경영론. 경기: 양서원.

찾아보기

내용

저자 소개

김미자(Kim Mi Ja)

숭실대학교 교육학 박사

평택대학교 사회복지학 박사

숭실대학교 교육대학원 초빙교수

숭실대학교 사회복지대학원 초빙교수

숭실대학교 대학원 평생교육학과 초빙교수

호서대학교 기초교양학부 외래교수

현 (사)CR리더십연구원 이사

　　구로구시설관리공단 인사위원회 위원

　　양천구 생활보장위원회 위원

〈저서〉

결혼과 가족(저, 공동체, 2018), 교육복지 프로그램 개발의 이론과 실제(공저, 공동체, 2020),
　평생교육론(2판, 공저, 학지사, 2019), 사회복지 프로그램 개발과 평가(공저, 양서원, 2014)

〈논문〉

교육학 박사학위: 전이학습 관점에서의 여성 결혼이민자의 직업교육과 취업 경험에 대한 사
　례연구(2014. 6.).

사회복지학 박사학위: 북한이탈 여성의 주관적 삶의 질에 영향을 미치는 요인에 관한 연구
　(2008. 7.)

김성환(Kim Sung-hwan)

숭실대학교 평생교육학 박사

현 한국고용노동교육원 교수

　　한국진로창업경영학회 부회장

　　한국공인노무사회 조정중재단 고문

〈저서〉

노동인권과 취업(공저, 단국대학교, 2020), 기업가정신과 창업(공저, 북넷, 2014)

〈논문〉

대학생의 셀프리더십이 사회적 지지를 매개로 창업의지에 미치는 영향(공저, 학습자중심교
　과교육연구, 2018)

예비창업자의 자기결정성이 기업가정신과 창업의지에 미치는 영향(공저, 벤처창업연구, 2015)

이병호(Lee Byong-Ho)
- - - - - - -
숭실대학교 평생교육학 박사

세종대학교 교육대학원 겸임(객원)교수

숭실대학교 평생교육학과 겸임교수

숭실대학교 교육대학원 겸임교수

교육부 외국교육기관설립 심의위원장

교육부 장학관(영어편수관)

서울시교육청 교육정책국장

서울교육연수원장

LA 총영사관 LA 한국교육원장

현 (사)CR리더십연구원 원장

    숭실대학교 한국평생교육 · HRD 연구소 연구교수

〈저서〉

고등학교 교육과정 해설: 외국어(영어)(교육부, 2000)

〈논문〉

지역사회발전을 위한 평생교육정책과정 추이 분석: 새마을교육과 평생학습도시 정책을 중심
    으로(박사학위논문, 2010), 한국의 평생교육 정책과정 추이 분석에 관한 연구: 지역사회 발
    전 평생교육 정책 사례들을 중심으로(공저, 한국평생교육HRD연구 5권 3호, 2009)

강혜옥(Kang hei ok)
- - - - - - -
숭실대학교 평생교육학 박사

한화생명 교육효과성 분석 담당 및 사내교수

한화생명 메타버스 플랫폼 연수원 'Life Plus Town' 기획 및 개발 담당

한화생명 CS 컨설턴트 & 카운슬러 등

현 MAP 컨설팅 대표

    한국표준협회 경영 부문 전문위원

〈저서〉

멘토코칭: 인생을 바꾸는 확실한 선택, 멘토코칭에서 답을 찾다(공저, 박영story, 2021)

〈논문〉

중소기업 팀리더를 위한 온정적 합리주의 리더십 프로그램 개발과 효과성 평가(2019), 보험
    영업 관리자의 CR리더십이 여성 보험설계사의 오센틱 리더십에 미치는 영향(2017)

평생교육 프로그램 개발론
The Theory of Lifelong Education Program Development

2023년 3월 30일 1판 1쇄 발행
2023년 10월 20일 1판 2쇄 발행

지은이 • 김미자 · 김성환 · 이병호 · 강혜옥
펴낸이 • 김 진 환
펴낸곳 • (주) **학지사**

04031 서울특별시 마포구 양화로 15길 20 마인드월드빌딩 5층
대표전화 • 02) 330-5114   팩스 • 02) 324-2345
등록번호 • 제313-2006-000265호

홈페이지 • http://www.hakjisa.co.kr
인스타그램 • https://www.instagram.com/hakjisabook

ISBN 978-89-997-2875-4 93370

정가 19,000원

출판미디어기업 **학지사**

간호보건의학출판 **학지사메디컬** www.hakjisamd.co.kr
심리검사연구소 **인싸이트** www.inpsyt.co.kr
학술논문서비스 **뉴논문** www.newnonmun.com
원격교육연수원 **카운피아** www.counpia.com